Turkish Migration Conference 2016
Programme and Abstracts Book

Compiled by Fethiye Tilbe, Ibrahim Sirkeci, Anett Condick-Brough

TRANSNATIONAL PRESS LONDON
2016

Turkish Migration Conference 2016 - Programme and Abstracts Book
Compiled by Fethiye Tilbe, Ibrahim Sirkeci, Anett Condick-Brough

Copyright © 2016 by Transnational Press London
All rights reserved.

First Published in 2016 by TRANSNATIONAL PRESS LONDON in the United Kingdom, 12 Ridgeway Gardens, London, N6 5XR, UK.
www.tplondon.com

 Transnational Press London® and the logo and its affiliated brands are registered trademarks.

This book or any portion thereof may not be reproduced or used in any manner whatsoever without the express written permission of the publisher except for the use of brief quotations in a book review or scholarly journal.
Requests for permission to reproduce material from this work should be sent to: sales@tplondon.com

Paperback

ISBN: 978-1-910781-25-8

Cover Design: Nihal Yazgan @nihalidea.com

Conference website: www.turkishmigration.com

CONTENT: SESSIONS AND TIMETABLE

Welcome to TMC 2016 vi
Main Speakers: vii
Organising Team ix
CONFERENCE CHAIRS ix
CONFERENCE SCIENTIFIC COMMITTEE ix
LOCAL ORGANISING COMMITTEE x
Supporting Organisations x
TMC 2016 Schedule xi
Conference Gala Dinner: xi
Conference Venue: University of Vienna, Waehringerstrasse 29 xii

12 JULY 2016, TUESDAY - 15:00-19:30 - HORSAAL 1
PLENARY SESSION & WELCOMING SPEECHES 1
KEYNOTE SPEECH 1
ROUNDTABLE I: 1

13 JULY 2016, WEDNESDAY - 09:00-19:00 - SR3, SR4, SR5, SR6, SR7
SESSION 1A – Migration and Insecurity 2
SESSION 1B – Gender and Turkish Migration 4
SESSION 1C – Old Migrants – New Migrants: Perceptions and Expe-riences of Syrian Refugees 7
SESSION 1D – Kamu Yönetimi ve Göç - I 9
SESSION 1E – Edebiyat ve Göç I - Açılış Oturumu 12
SESSION 2A – Beyond Borders: Constructing and Maintaining Communicative Spaces 15
SESSION 2B – Return Migration 17
SESSION 2C – Göç ve Toplumsal Cinsiyet - I 19
SESSION 2D – Göç ve Ekonomi - I 22
SESSION 2E – Edebiyat ve Göç II 25
SESSION 3A – Seeking Refuge and Media 27
SESSION 3B – Gender and Turkish Migration 30
SESSION 3C – Legal Perspectives and Refugees 33
SESSION 3D – Göç ve Ekonomi - II 35
SESSION 3E – Edebiyat ve Göç - III 38
SESSION 4A – Citizenship and Participation 41
SESSION 4B – Diasporas 43
SESSION 4C – Population Movements - Historic Perspectives 45
SESSION 4D – Syrian Movers 48
SESSION 4E – Edebiyat ve Göç - IV 50
SESSION 5A – Education and Migration - I 52
SESSION 5B – Refugees and Media 55

SESSION 5C – Integration and Migration Policy 59
SESSION 5D – Göç, Kültür ve Kalkınma 62
SESSION 5E – Göçer Edebiyatı - I..66
14 JULY 2016, THURSDAY - 09:00-19:00 - SR3, SR4, SR5, SR6, SR7
SESSION 6A – Geography of Turkish Migration 68
SESSION 6B – Migrant Integration - I...71
SESSION 6C – Expressions and Migration 73
SESSION 6D – Göç, Kalkınma ve İşgücü - I..76
SESSION 6E – Göçer Edebiyatı - II..77
SESSION 7A – Migration Policy..80
SESSION 7B – Syrians in the Public Sphere..83
SESSION 7C – Seasonal Migrant Workers in Agriculture 86
SESSION 7D – Göç, Kalkınma ve İşgücü - II..88
SESSION 7E – Göç ve Sinema - I...90
SESSION 8A – Politics of Migration 93
SESSION 8B – Demographic Patterns 95
SESSION 8C – Göç ve Kimlik...98
SESSION 8D – Türkiye'de İçgöç..100
SESSION 8E – Göç ve Sinema - II..103
SESSION 9A – Identity, Migration, Diaspora 104
SESSION 9B – Movers and Integration 107
SESSION 9C – Attitudes and Perceptions 110
SESSION 9D – Göç ve Kentleşme 112
SESSION 9E – Göç ve Sanat 115
SESSION 10A – Education and Skilled Migration 117
SESSION 10B – Syrians and Local Communities...120
SESSION 10C – Gypsies on the Move..123
SESSION 10D – Tarımda Mevsimlik Göçmen İşçiler.......................................126
SESSION 10E – Çocuk Edebiyatında Göç...128
15 JULY 2016, FRIDAY - 09:00-18:30 - SR3, SR4, SR5, SR6, SR7
SESSION 11A – Migrant Integration..130
SESSION 11B – Migration in Austria - I..133
SESSION 11C – İçgöç 135
SESSION 11D – Göçü Çözümlemek...137
SESSION 11E – Edebiyat ve Göç - V...140
SESSION 12A – Religion and Diaspora - II..142
SESSION 12B – Round Table II: Refugee Migration and Integration in Austria Today144
SESSION 12C – 93. Yılında Türk-Yunan Nüfus Mübadelesi..........................144
SESSION 12D – Göç ve Azınlıklar..146
SESSION 12E – Göçer Edebiyatı - III..149

SESSION 13A – Kurdish Migration and Identity - I 151
SESSION 13B – Movers from Turkey in Austria - II 154
SESSION 13C – Balkan Göçleri 156
SESSION 13D – Göç ve Avrupa 158
SESSION 13E – Edebiyat ve Göç - VI 161
SESSION 14A – Syrians and Refugee Politics 163
SESSION 14B – Migrant Identities 167
SESSION 14C – Göç ve Uyum 169
SESSION 14D – Göç ve Eğitim - IV 172
SESSION 14E – Göç ve Edebiyat - VII 175
SESSION 15A – Kurdish Migration and Identity - III 176
SESSION 15B – Movers from Turkey in Austria - III 179
SESSION 15C – Workshop: Göç Çalışmalarında Faktöryel Modelin Kullanımı 181
SESSION 15D – Workshop: Türkiye'de Göçmen Sağlığı ve Sağlık Kayıtlarında Göç Verileri 181
Author Index 182

Turkish Migration Conference 2016
Programme & Abstract Book
12th – 15th July - University of Vienna, Vienna, Austria

Welcome to TMC 2016

The Turkish Migration Conference 2016 is the fourth event in this series, we are proud to organise and host at the University of Vienna, Austria. Perhaps given the growing number of participants and variety in scope of research and debates included at the Conference, it is now an established quality venue fostering scholarship in Turkish Migration Studies.

Turkey has recently and suddenly turned into a major destination country with the arrival of over 3 million Syrians and Iraqis fleeing the crisis in the region. There has been already strong flows of Turkish origin migrants and returnees from Europe as well as flows of transit and asylum movers. Turkey and its international partners therefore faces new challenges in managing migration to, from and through Turkey. European Union and the neighbouring countries are seriously tested on the arrival of a million Syrians through Aegean. These hot topics as well as other more settled issues of migration scholarship will be discussed during the conference.

Over the last five years, we have seen over 1000 abstracts submitted to the conference and year on year the number of accepted presentations grew. This year, the conference accommodates over 350 presentations by over 400 participants from all around the world. The Migration Conference attracting such a healthy number of academics is a good indicator of the success and means the conference serving its purpose and offer a good opportunity for scholarly exchange and networking.

I would like to thank all our colleagues who serves on the conference committee, hundreds of authors who also reviewed substantial number of abstracts and papers so far. We thank to the University of Vienna for hosting the event. We also thank to our supporters University of California Davis Gifford Centre for Population Studies, Manisa Celal Bayar University Faculty of Economics and Administrative Sciences and Center for Population and Migration Studies, Regent's University London Centre for Transnational Studies, Danube University Krems, Global Policy Strategy, J. Hornig Coffee, Vieanna Convention Bureau, Ria Money Transfer, Hans Biffl, Transnational Press London, for their support and contribution to the Conference.

Prof Dr Ibrahim Sirkeci
Conference Chair and Ria Professor of Transnational Studies & Marketing
Director of Regent's Centre for Transnational Studies
Faculty of Business and Management, Regent's University London, United Kingdom

E-mail:
sirkecii@regents.ac.uk & sirkecii@gmail.com
www.regents.ac.uk /rcts & www.sirkeci.co.uk

Main Speakers:

Samim Akgönül is Professor at Strasbourg University, Institute of International Relations, Department of Turkish Studies and a researcher at the CNRS, France. He is co-editor of *Yearbook of Muslims in Europe*. He was awarded the "Prize of Scientific Excellency" by French Minister of Higher Education. Akgönül is author of *Old and New Minorities in Europe*, published by Brill Publishers. He has also authored, co-authored and edited several books in Turkish on minorities in Turkey, particularly on Greeks. His recent works include *La Turquie et l'Europe: une évolution en interaction* (with B Dedeoğlu, L'Harmattan, 2013) and Muslims as minorities in *Islam, Religions and Pluralism in Europe* (Springer, 2016).

Gudrun Biffl is Professor of Economics at Danube University Krems, Austria, where she is also the Head of Department for Migration and Globalisation. Priorly she was the Dean of the Faculty Business and Globalisation at the same university. Professor Biffl is a member of the Statistics Council of the Federal Office of Statistics since 2009 and Chair of the Statistics Council since 2015. Biffl's research focuses on economic impact of migration, labour economics, education and training, institutional change, international economics, business cycle analysis and forecasting. She has served as a consultant to OECD. Her recent works include *Migration and Health in Nowhereland - Access of Undocumented Migrants to Work and Health Care in Europe* (edited with Altenburg, F., omninum, Bad Vöslau, 2012), Independent migration commissions in Europe: The case of Austria, *Migration Letters* (2014, Vol. 11, No. 1, 43-53).

Jeffrey H. Cohen is Professor of Anthropology at Ohio State University. His research focuses on three areas: migration, development and nutrition. Since the early 1990s he as studied the impact, structure and outcome of migration from indigenous communities in Oaxaca, Mexico to the US with support from the National Science Foundation. He has also conducted comparative research on Mexican, Dominican and Turkish migration. His work on traditional foods, nutrition and migration was supported by the National Geographic Society. In addition to ongoing work in Oaxaca, he is currently studying the migration of Mexicans to Columbus. He is one of the founding co-editors of *Migration Letters* journal. His books include *Cultures of Migration* (co-authored by I. Sirkeci, University of Texas Press, 2011) which was named "Outstanding Academic Title in 2012". His most recent book is titled *Eating Soup Without Spoon* (University of Texas Press, 2015).

Philip L. Martin is Emeritus Professor at University of California Davis, Department of Agricultural and Resource Economics. Prof Martin is the Editor of Migration News and Rural Migration News while also chairing the UC Comparative Immigration & Integration Program. Prof Martin's research focuses on economic development, competition, farm labour, and immigration policy. Professor of Agricultural and Resource Economics, Chair UC Comparative Immigration & Integration Program. Philip Martin received his degree from the University of Wisconsin-Madison in 1975. His research focuses on: immigration, farm labour, and economic development. Martin is Chair of the University of California's Comparative Immigration and Integration Program. Martin has earned a reputation as an effective analyst who can develop practical solutions to complex and controversial migration and labour issues. In the U.S., he was the only academic appointed to the Commission on Agricultural Workers to assess the effects of the Immigration Reform and Control Act of 1986. He received UC Davis' Distinguished Public Service award in 1994. He assessed the prospects for Turkish migration to European Union between 1987 and 1990, evaluated the effects of immigration on Malaysia's economy and its labour markets in 1994-95, and Martin was a member of the Binational Study of Migration between 1995 and 1997.

Karen Phalet obtained her Masters degree in Psychology at the K.U. Leuven in 1986 (maxima cum laude). In 1993, she obtained her PhD in Psychology at the K. U. Leuven in 1993. Since 1992, she has worked at the Faculty of Social Sciences, Utrecht U., first as Assistant Professor and later as Associate Professor. In the period 2005-2006, she accepted a special chair at the Faculty of Social Sciences, Radboud University Nijmegen. Since Fall 2006 until now, she is Full Professor at the Psychology Department of the K.U. Leuven. She is also affiliated to the Faculty of Social Sciences of Utrecht U and a senior research fellow of the European Research Centre On Migration and Ethnic Relations (Ercomer) at Utrecht University, the Netherlands. Her research interests include intergroup contact and conflict, acculturation and identity, emotion and motivation.

Katharine Sarikakis is Professor of Media Industries, Media Organisation and Media Governance at the University of Vienna, Department of Communication. Previously, she worked at the University of Leeds (2004-2011). Professor Sarikakis researches the political processes and political economic dimensions of media and communications governance, nationally and globally. Professor Sarikakis is the founding co-editor of the *International Journal of Media and Cultural Politics* with Prof Neil Blain (Univesity of Stirling, UK). She has served as Chair of the Communication Law and Policy Section of ECREA for six years. She is also a re-elected member of the Executive Board of ECREA and a member of the international council of IAMCR.

Ibrahim Sirkeci is Ria Professor of Transnational Studies & Marketing and Director of Centre for Transnational Studies at Regent's University London. Ibrahim Sirkeci received his PhD in Geography in 2003 from the University of Sheffield. Before joining the European Business School London in 2005, he worked at the University of Bristol. His main areas of expertise are remittances, integration, conflict, labour markets, minorities, and segmentation. Sirkeci is known for his work on insecurity and human mobility as well as his conceptual work on culture of migration and conflict model. He has also coined the term "transnational mobile consumers" as he examines connected consumers and the role of mobility in consumer behavior within a transnational marketing context. He is the founding editor of *Migration Letters* journal, *Göç Dergisi* and *Remittances Review*. His recent books include *Conflict, Security and Mobility* (2016, with Cohen and Yazgan), *Migration and Remittances during the Global Financial Crisis and Beyond* (2012, with Cohen and Ratha), and *Cultures of Migration, the global nature of contemporary mobility* (2011, with Cohen). Professor Ibrahim Sirkeci can be contacted at sirkecii@regents.ac.uk and @isirkeci.

Organising Team
CONFERENCE CHAIRS

- Prof Ibrahim Sirkeci, Regent's University London, United Kingdom
- Prof Jeffrey H. Cohen, Ohio State University, United States
- Prof Philip L Martin, University of California Davis, United States
- Prof Gudrun Biffl, Danube University Krems, Austria

CONFERENCE SCIENTIFIC COMMITTEE

- Prof Samim Akgönül, University of Strasbourg, France
- Dr N. Ela Gökalp Aras, Gediz University, Turkey
- Dr Bahar Başer, Coventry University, United Kingdom
- Dr Tuncay Bilecen, Kocaeli University, Turkey
- Dr Sema Buz, Hacettepe University, Turkey
- Prof Dilek Cindoğlu, Abdullah Gul University, Turkey
- Dr Yaprak H. Civelek, Istanbul Arel University, Turkey
- Prof Ali Çağlar, Hacettepe University, Turkey
- Dr Özlen Çelebi, Hacettepe University, Turkey
- Dr Didem Danış, Galatasaray Üniversitesi, Turkey
- Dr Saniye Dedeoğlu, Muğla Sıtkı Koçman University, Turkey
- Dr Oğuzhan Ömer Demir, Giresun University, Turkey
- Dr Mehmet Ali Dikerdem, Middlesex University, United Kingdom
- Prof Dalkhat Ediev, IIASA and the North-Caucasian State Humanitarian-Technological Academy, Austria
- Prof Nuray Ekşi, Yeditepe University, Turkey
- Dr Tahire Erman, Bilkent University, Turkey
- Prof Thomas Faist, Bielefeld University, Germany
- Prof Ayşe Gedik, Middle East Technical University, Turkey
- Dr Sarah E. Hackett, Bath Spa University, United Kingdom
- Dr Emine Uçar İlbuğa, Akdeniz University, Turkey
- Prof Sibel Kalaycıoğlu, Middle East Technical University, Turkey
- Prof Ayhan Kaya, Istanbul Bilgi University Turkey
- Dr Mehmet Rauf Kesici, Kocaeli University, Turkey
- Prof Kuvvet Lordoğlu, Kocaeli University, Turkey
- Dr Altay Manço, Institut de Recherche, Belgium
- Dr Fulya Memişoğlu, Çukurova University, Turkey
- Prof Nadja Milewski, University of Rostock, Germany
- Prof Mustafa Miynat, Celal Bayar University, Turkey
- Prof Mustafa Mutluer, Ege University, Turkey
- Dr Liza M. Mügge, University of Amsterdam, Netherlands
- Dr Mehmet Okyayuz, Middle East Technical University, Turkey
- Prof Apostolos G Papadopoulos, Harokopio University of Athens, Greece
- Prof Karen Phalet, KU Leuven, Belgium
- Dr Barbara Pusch, Orient-Institut Istanbul., Turkey
- Prof Katharine Sarikakis, University of Vienna, Austria
- Dr Deniz Şenol Sert, Özyeğin University, Turkey
- Prof Ibrahim Sirkeci, Regent's University London, United Kingdom
- Dr Levent Soysal, Kadir Has University, Turkey
- Dr Sabine Strasser, University of Bern, Switzerland
- Dr Wadim Strielkowski, Charles University Prague, Czech Republic

- Dr Ulaş Sunata, Bahçeşehir University, Turkey
- Dr Betül Dilara Şeker, Celal Bayar University, Turkey
- Dr Güven Şeker, Celal Bayar University, Turkey
- Prof Helga Rittersberger Tılıç, Middle East Technical University, Turkey
- Dr Ali Tilbe, Namık Kemal University, Turkey
- Dr Deniz Eroglu Utku, Trakya University, Turkey
- Dr Östen Wahlbeck, University of Helsinki, Finland
- Dr Sutay Yavuz, Turkey and Middle East Public Administration Institute, Turkey
- Dr Pınar Yazgan, Sakarya University, Turkey
- Dr Mustafa Murat Yüceşahin, Ankara University, Turkey
- Dr Welat Zeydanlioglu, Managing editor Kurdish Studies, Sweden
- Dr Sinan Zeyneloğlu, Zirve University, Turkey

LOCAL ORGANISING COMMITTEE
- Prof Ibrahim Sirkeci, Regent's University London, United Kingdom
- Dr Ali Tilbe, Namık Kemal University, Turkey
- Prof Gudrun Biffl, Danube University Krems, Austria
- Prof Medine Sivri, Eskişehir Osmangazi Üniversitesi, Turkey
- Dr Güven Şeker, Celal Bayar University, Turkey
- Dr Fethiye Tilbe, Namık Kemal University, Turkey
- Dr Mustafa Murat Yüceşahin, Ankara University, Turkey
- Dr Welat Zeydanlioglu, Managing editor Kurdish Studies, Sweden
- Dr Joost Jongerden, Wageningen University, Netherlands
- Dr Anett Condick-Brough, Regent's University London, United Kingdom
- Deniz Özalpman, Vienna University, Austria
- Emine Akman, Celal Bayar University, Turkey

Supporting Organisations
- University of California Gifford Center for Population Studies, USA
- Celal Bayar University Faculty of Economics and Administrative Sciences, Turkey
- Celal Bayar University Population and Migration Research Center, Turkey
- Danube University Krems, Austria
- University of Vienna, Austria
- Regent's University London, Regent's Centre for Transnational Studies, UK
- Global Policy and Strategy, Ankara, Turkey
- J. Hornig Coffee, Austria
- Ria Money Transfer
- Vienna Convention Bureau
- Hans Biffl
- Transnational Press London
  Journals:
- Remittances Review
- Migration Letters
- Göç Dergisi
- Kurdish Studies
- Journal of Gypsy Studies
- Border Crossing

TMC 2016 Schedule

	12 July - TUE	13 July - WED	14 July - THU	15 July - FRI
08:30		REGISTRATION	REGISTRATION	REGISTRATION
09.00 – 10.40		Parallel Sessions I	Parallel Sessions VI	Parallel Sessions XI
10:40 – 11:00		COFFEE BREAK	COFFEE BREAK	COFFEE BREAK
11:00 – 12:40		Parallel Sessions II	Parallel Sessions VII	Parallel Sessions XII
12:40 – 13:40		LUNCH BREAK	LUNCH BREAK	LUNCH BREAK
13:40 – 15:00	REGISTRATION	Parallel Sessions III	Parallel Sessions VIII	Parallel Sessions XIII
15:20	Welcoming Speeches &			
15:20 – 15:40	**Keynote Speech** 15:20-16:00	COFFEE BREAK	COFFEE BREAK	COFFEE BREAK
15:40 – 17:00	**Roundtable I** 16:00-18:00	Parallel Sessions IV	Parallel Sessions IX	Parallel Sessions XIV
17:00 – 17:20		COFFEE BREAK	COFFEE BREAK	COFFEE BREAK
17:20 – 17:45		Parallel Sessions V	Parallel Sessions X	Parallel Sessions XV
19:00	**Wine Reception** 18:00-19:00			
19:30 – 21:30				GALA DINNER

Conference Gala Dinner:

19:30 -21:30 GALA DINNER and PRIZES
Wiener Rathauskeller – Rittersaal
Rathausplatz 1
1010 Vienna

Conference Venue: University of Vienna, Waehringerstrasse 29

Turkish Migration Conference 2016 is hosted by the University of Vienna, Austria. The conference venue is Währingerstrasse 29 buildings of the University of Vienna. Conference venue is quite central and within walkin distance of the historic city centre as well as the Rathause, where the Conference Gala Dinner will be hosted.

The meeting will take place in Währingerstrasse 29, [Währinger Straße 29], 1090 Vienna, Austria. TMC will be held in rooms SR2 to SR7 (see room information and plan on the conference website). The building at Währinger Strasse 29 (WS 29) houses the Faculty of Computer Science and the Department of Communication of the University of Vienna.

Vienna: Währinger Strasse 29 (WS 29) – Walking distances

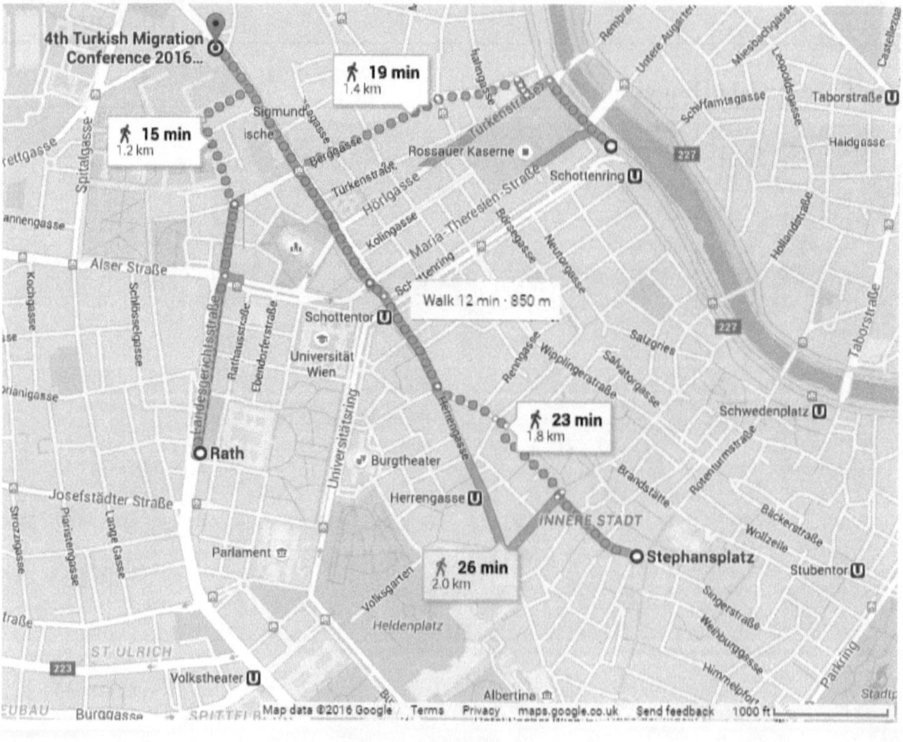

PLENARY SESSION & WELCOMING SPEECHES

14:00-18:00	**REGISTRATION DESK OPEN**

Hörsaal 1

15:00-15:20	**WELCOMING SPEECHES** Ibrahim Sirkeci, Conference Chair, Regent's University London, United Kingdom Jeffrey H. Cohen, Conference Co-Chair, Ohio State University, USA
15:20-16:00	**KEYNOTE**: "National identities and religious boundaries in European societies: Perspectives from Muslim minority children in Belgium, England, Germany, Netherlands and Sweden" Prof Karen **Phalet**, KU Leuven, Belgium
16:00-18:00	**ROUNDTABLE I:** Gudrun Biffl, Danube University Krems, Austria Philip L. Martin, University of California Davis, USA Katharine Sarikakis, University of Vienna, Austria Ibrahim Sirkeci, Regent's University London, UK Q & A
17:30-17:45	Wine Reception - Sponsored by Hans Biffl

SESSION 1A – Migration and Insecurity

	Room: SR 3
Chair	Jeffrey H. Cohen, Ohio State University, USA
391	Transnational Politics, Syrian Migration and Conflict in the Geographic Margins of Turkey - **Pınar Hatice Şenoğuz**
291	Migration and Security: Three Capitals and Three Terrorist Attacks as Reflected in the World Press - **Filiz Göktuna Yaylacı, Mine Karakuş Yetkin, Melis Karakuş**
349	Cross-Border Lives in the Eyes of the Children: A Qualitative Study - **Ezgi Arslan, Tuba Yüceer Kardeş**
237	Displaced People and Right to Evacuation – **Gökhan Akgün**
159	Beyond Migration: Conservative Challenges in the Northern Part of Cyprus - **Başak Ekenoğlu, Yücel Vural, Sertaç Sonan**

Transnational Politics, Syrian Migration and Conflict in the Geographic Margins of Turkey
(391) Pınar Hatice Şenoğuz (Gaziantep University)

New wars in the Middle East and governmental politics have generated mobilities and conflicts across the regional borders. Based on field research on the urban margins of Gaziantep, this paper explores the urban impact of Syrian migration with reference to the ways the urban dwellers negotiate the Turkish politics in the Middle East, the temporary protection regime towards fleeing Syrians by assigning them 'guest' status and non-refoulement policy encouraging their concentration at the border cities, sometimes in violent terms. The prolonged stay of Syrian refugees and their outnumbering in ghetto-ized areas, particularly around the poor neighborhoods, changed the demographics of urban settlements and escalated tension among locals into sporadic and widespread violence against refugees, which crosscut former ethnic-religious clashes among the locals, especially surrounding the 'Kurdish question'. In the outskirts of the border city Gaziantep, for instance, refugee homes have been attacked in the late summer of 2014, which has been followed by the violent clashes between Kurdish and Turkish locals after Kobane protests that took the Kurdish locals on the street upon the ISIS offensive on this small besieged Kurdish city in the northern Syria. When refugee homes were attacked, they were again protected by the locals. Hence, this paper also addresses the ways in which old and new forms of discrimination and marginalization develop affective relationships between old and new migrants in the conflict-ridden outskirts, informing new social bonds and citizenship practices among local communities.

***

Migration and Security: Three Capitals and Three Terrorist Attacks as Reflected in the World Press
(291) Filiz Göktuna Yaylacı, Mine Karakuş Yetkin, Melis Karakuş (Anadolu University)

Especially after 9/11, international migration has come to be seen as a phenomenon that challenge and even "threaten" the social order and national identity. Accordingly, the securitization discourse gradually dominates both the public and private spheres when migration is concerned. As Securitization Theory suggests, a phenomenon becomes a threat to security when that particular phenomenon is presented as a threat by the political institutions and actors or the media. Similarly, with irregularization of international migration, the efforts to regularize migration is accompanied by a discourse that securatize migration. That is to say, for the attempts to regularize and control migration, the discourse adopted by the politicians and the media construct migration as a "problem" and even as a "threat" to the social order. Within this theoretical framework, the purpose of the study is to analyse the three terrorist attacks in three different capitals, namely Ankara on 10 October 2015, Beirouth on 12 November 2015 and Paris on 13 November 2015, how policies and strategies that are developed in the three countries after the attacks are reflected on the policy and discourses on migration, migrants and minority groups in these countries. For that purpose, discourse analysis is employed on the news published in the four newspaper, Hurriyet from Turkey, The Daily Star from Lebanon, Le Monde from France and The Daily Telegraph from United Kingdom. Hurriyet, The Daily Star and Le Monde are analysed in order to understand how the attacks are presented on the media of the relevant countries. The Daily Telegraph is reviewed for the purpose of elaborating how these attacks are reflected on the European press. The newspapers are selected according to their circulation rate, reputation and on-line accesibility. For each newspaper news published within the ten days following the incidents are scanned and analysed.

***

Cross-Border Lives in the Eyes of the Children: A Qualitative Study
(349) Ezgi Arslan, Tuba Yüceer Kardeş (Ankara University)

Civil war in the countries and forced migration of local community, adverse effects brought about by the war and adaptation problems in the countries migrated to affect physical, psychological, social, economic and cultural developments of the individuals' at all ecological levels. When all such unfavorable effects are considered, the age, gender and other characteristics of an individual cause level of the impact of the migration and war on the individual to increase. The individuals who essentially need to be protected from the war and migration are the women, children and elderly people. The people of Somali in Sub-Saharan Africa have been struggling against domestic disturbances and war for the last 25 years. Due to insufficient institutional state structure in Somali, unfounded civil peace and piracy, the community was forced to migrate and they requested asylum to Turkey by 1999. In 2009, they settled in Isparta province, which was designated as one of the "satellite town for refugees". That there are Somalian children migrated to Turkey with or without any company makes important that analyzing and investigating experiences of those children. Therefore, it is of great critical importance that the problems encountered by the children during the war and migration and discovering adaptation problems in the countries migrated. The study is a qualitative one to be carried out with the aim of revealing experiences of the children in terms of migration, adaptation problems in the countries migrated and being an immigrant or asylum seeker in a war environment. Data for the study will be collected through snowball sampling. Children will be interviewed face to face by using semi-structured interview forms for the stories of the children and hence it will contribute to psycho-social and social work intervention to be provided for asylum seeker children.

***

Displaced People and Right to Evacuation
(237) Gökhan Akgün (Turkish Naval War College)

There are some wars, conflicts, rebellions and other political or environment problems in the most places of the world. Due to this, there have been lots of people displaced around the world. Some of these people have been internally displaced people and the others have been forced to go out of the country. Sometimes, events can spread very quickly or a very wide range and people could stay in the middle of the war or disaster. Some people could succeed to escape from conflict region in time but the others couldn't leave from their places. People have right to evacuation, and this is exactly about right to life. At this situation, the countries where the event occurred or the countries of the citizenship must evacuate people from the conflict environment to the safe locations. If there are some problems with the country which has to carry out evacuation operation, other countries or international organizations should carry out this operation. There is an order of precedence in international law about who will carry out the evacuation operations. In accordance with the Article 2(4) of the UN Charter, the initiative in this matter must be in the country where the event occurred and evacuation operations must be carried out within the framework of national and international law. In this study, it is highlighted that the right to evacuation should be one of the most basic human rights by considering the situation of displaced people and a model has been revealed regarding authority that carries out the evacuation operation.

***

Beyond Migration: Conservative Challenges in the Northern Part of Cyprus
(159) Başak Ekenoğlu, Yücel Vural (Eastern Mediterranean University), Sertaç Sonan (Cyprus International University)

The territorial division and forced evacuation of the Greek-Cypriot population from the northern part of Cyprus in 1974 was followed by a massive population transfer from Turkey. Examining this process, this paper argues that this and subsequent flow of Turkish citizens towards the island have paved the way to a new demographic dualism in the island; a fractionalization between native Turkish-Cypriots and Turkish migrants/settlers (or a divided society). The data used in the research derive from around fifty interviews conducted with opinion leaders from different professions, origins and ideological backgrounds, which aim to measure values and attitudes of the two groups on a number of factors relating to cultural, socio-political, identity and religious issues. The results show that Turkish Cypriots are more likely to support individual rights, territorial identity and secular society while migrants are more likely to support authority, ethnic identity and religiousness. It seems that native Turkish Cypriots' liberal individualism is being challenged by the Turkish migrants' conservatism through most of the abovementioned factors. The paper concludes that these significant divergences in values and attitudes derive from three interconnected factors: (1) The ideological motives of Turkish population flows to Cyprus i.e. Turkification and Islamization of the northern part of Cyprus (2) the direct influence of Ankara i.e. political tutelage and dependency created through the Turkish military-political-diplomatic institutions in the island and (3) the inter-communal conflict in the island, which reflects a reaction to Cyprus-centric tendencies in the northern Cyprus (ethnic consciousness). The paper also elaborates on the possible results of the rise of Islamic identity in Turkey on this conservative challenge.

***

SESSION 1B – Gender and Turkish Migration

	Room: SR 4
Chair	**Saniye Dedeoğlu, Muğla Sıtkı Koçman University, Turkey**
138	Ethnic Minority Women's Work-Family Conflict Experiences: the Case of Turkish Belgian Women - **Sinem Yılmaz, Bart Van de Putte, Peter Stevens**
125	A Feminist Critique: Economic Restructuring, Capital Intensive Production and Gender Based Transnational Migrations in the Middle East – **Murat Yüceşahin**
249	The Migration of Turkish Women in France: Aspirations, Tested the Couple Separation and Divorce - **Ceylan Turtuk**
258	For Love or for Papers?' Marriages of Convenience Among (Potential) Turkish Migrants - **Işık Kulu-Glasgow**

| 160 | Family Perspective in Migration: A Qualitative Analysis on Turkish Families in Italy - **Gül İnce Beqo** |

Ethnic Minority Women's Work-Family Conflict Experiences: The Case of Turkish Belgian Women
(138) Sinem Yılmaz (University of Ghent), Bart Van de Putte, Peter Stevens

Drawing on semi-structured in depth interviews with Turkish and Flemish women in Belgium, the primary purpose of the present qualitative study is to reflect work-family conflict experiences of women who were socialized in different family systems. It also employs Reher's (1988) family ties as a typology to integrate existing research with mostly referred structural and cultural components on work-family conflict and identifies additional features that might inform women's WFC experiences. The study shows that different family systems can inform different WFC experiences and coping strategies but as a result, all women are in a difficult position in a different way regardless of their family types.

***

A Feminist Critique: Economic Restructuring, Capital Intensive Production and Gender Based Transnational Migrations in the Middle East
(125) Murat Yüceşahin (Ankara University)

Migration has to be understood as a social and political process which is part of the various gender politics of migrants' lives and in general political and economic processes. The starting point of any gender analysis of migration has to be that economic push and pull factors are not gender neutral. Research has shown that in macro-economic terms economic development affects gendered roles differently, promoting or hindering the migration of women and men by distance and destination to a different extent. In receiving countries, the economic structuring is also gendered. Therefore, how different cultures view the economic participation of women and men also has a remarkable impact on the gender make-up of the flows of migration and eventually, on the sex ratio of urban or total populations. The term neopatriarchal state, adopted from Hisham Sharabi, is a useful umbrella term for the various state types in the Middle East. The neopatriarchal state and the patriarchal family reflect and reinforce each other and both have been subject to challenges from women's educational attainment and labour force participation. The aim of this paper is to contribute a critical and intersectional feminist analysis and a methodological approach to debates about the production of gendered transnational spaces in the case of Middle East. Firstly, I try to explain how oil-based growth and capital-intensive production limit female labour supply and demand in the region. And then, I explore how these economic restructuring are gendered and promoted or hindered the migration of women and men between the Gulf States and the others. My findings support the hypothesis that international flows of migration and the production of transnational spaces are gendered and these flows are responsible for the long-term asymmetrical distribution of the population by age and sex in the countries of the Middle East.

***

The migration of Turkish women in France: aspirations, tested the couple separation and divorce
(249) Ceylan Turtuk (EHESS)

How to meet the institution of the family and the experience of immigration, immigrants face in case of separation and divorce and this meeting realized in what social context? Immigrant women are not all mothers, illiterate and inactive, as it tends to represent them in the imagery of immigration. On the contrary, we believe that immigrant women can make decisions and act as an actor. For us it is important the experiences of immigrant women who have completed their wedding in the migration process. Since 1970, migration from Turkey to Europe, is male dominated and brought family reunification. The migration to the west, still has the potential to create a crisis between couples. Therefore, it is important to determine the social and personal dynamics in the decision of these women. This separation process is changing the way to organize the lives of immigrant women in France. These women are beginning to make the relationship with the institutions by reconfiguring the female figure migrant in the public sphere.

***

For Love or for Papers? Marriages of Convenience Among (Potential) Turkish Migrants
(258) Işık Kulu-Glasgow (Research and Documentation Centre, The Hague/The Netherlands)

As the countries of the European Union (EU) become more restrictive in their immigration polices towards non-western migrants, their political attention to combat 'marriages of convenience' - marriages that are entered with the sole aim of obtaining a residence permit - is also increasing. Although more measures are being taken to combat such marriages, there is still scattered information regarding the extent and nature of such marriages. This paper will answer the following research questions: 1) What can be said about the extent to which marriages of convenience occur among (potential) Turkish migrants in the Netherlands? 2) What are the reasons why these marriages are named as 'marriages of convenience'? 3) In which forms such marriages present themselves (e.g. 'service for friends') and how are they constructed? The results will be based on quantitative and qualitative methods and different data sources. The first research question will be answered in two ways: 1) by analysing the divorce rates of couples (of which at least one partner is a first generation Turkish immigrant) around the period when an immigrant is entitled to an independent residence permit (until recently three years). These rates will be compared with those of a control group where both partners belong to the second generation. The data come from the registers of Statistics Netherlands and will cover all the Turkish marriages conducted between 1999 and 2008. 2) by using data from a random sample of 260 files of (potential) marriage migrants who applied for a Dutch residence permit between 2009 and June 2014. The second and the third research questions will be answered by using qualitative data from the file research and interviews. Where possible, comparisons will be made with other population groups.

***

Family Perspective in Migration: A Qualitative Analysis on Turkish Families in Italy
(160) Gül İnce Beqo (Universita' Cattolica Del Sacro Cuore Di Milano)

This paper is a preliminary study and a part of my doctoral thesis which seeks to analyse, through a theoretical background and the field work, how the ties with the origin can affect the integration process of Turkish immigrants into Italian society and furthermore the impact of migration on family relations in recent Turkish immigrants in Italy, focussing in particular on the change eventually occurred at the level of family practices and cultures and the challenges/resource associated with integration into Italian society. These aspects have been analysed through qualitative and exploratory interviews with first generation Turkish migrants identified by snowball sampling (N.30, two interviews for each family) who are currently residing in North Italy (Novara). Questions are outlined around a few major topics, such as the history of the family, their migration choice, the comparison between 'here' and 'there', the migration experiences and the changes that it produces in the family relationships, the difficulties and community networks, etc. Through analysing an understudied community in Italy like the Turkish one within a perspective of family relations, this research proposes to provide an original resource both for Turkish migration and for family studies.

***

SESSION 1C – Old Migrants – New Migrants: Perceptions and Expe-riences of Syrian Refugees

	Room: SR 5
Chair	**Tahire Erman, Bilkent University, Turkey**
274	Perceptions and Experiences of Turkish Immigrants Regarding Syrian Refugees in Denmark: Competition Vs. Cooperation - **Can Eminoğlu**
359	"Together We Are Going to Rebuild Syria with Our Hands": Being A Refugee Teenager in Turkey – **Selin Akyüz**
135	Crisis or Opportunity? Public Debate and Perception on Syrian Refugees in Turkey - **Oğuzhan Ömer Demir**
323	Syrian Refugees in a Slum Neighbourhood in Ankara: Conflict and Solidarity with Neighbours - **Tahire Erman**
367	Public Opinion on the Syrian Refugees in Turkey: the Case of Ankara – **Çiğdem Manap**

Perceptions and Experiences of Turkish Immigrants Regarding Syrian Refugees in Denmark: Competition Vs. Cooperation
(274) Can Eminoğlu (Bilkent University)

For Syrians, in their journey of seeking a new life, European states are the number one destination because of their high life standards together with the numerous social supports given by the governments of these states. Denmark is among those popular European states for Syrian refugees due to its welfare and social policies. With the increasing number of refugees, Danish politics as well as Danish society are going through a turbulent period. Even though there are multiple aspects of the Syrian refugee influx, the most populous immigrant of Denmark, Turks, have a lot to say on this issue. Therefore, my research topic is about the views of Turkish immigrants in Denmark about Syrian refugees. In particular, the perceptions and experiences of Turkish immigrants in Denmark about the incoming Syrians are studied. I argue that the economic burden of Syrians to the social welfare state, their future competition for employment, ethnic division in businesses and in enterprises might produce negative perceptions of Syrians for Turkish immigrants in Danish society. On the other hand, the shared religion, Islam, may create some positive attitudes towards this group of refugees, especially producing social cooperation. The research is based upon Skype interviews with Turkish immigrants living in Denmark.

***

"Together We Are Going to Rebuild Syria with Our Hands": Being A Refugee Teenager in Turkey
(359) Selin Akyüz (Bilkent University)

This work is based on an analysis of Syrian refugee teenagers living in Gaziantep, Turkey. Findings are based on a two-day event, organized by an American humanitarian aid agency, which involved 75 male and female Turkish and Syrian youth. It aimed at understanding the needs and future aspirations of Syrian and Turkish adolescents. The analysis derives from this study, focusing on Syrian teenagers' reflections on war and being refugees in Turkey. This specific work aims to report initial findings of how the Syrian teenagers viewed the war and how their departure from Syria has shaped their self-identity, their daily experiences, their view of Turkey as the host country, and their expectations for the future. Particular attention was given to how their experiences of war and everyday struggle for survival in a foreign country differed for girls and boys. These teenagers' perception toward their homeland, their formulation of nationality, and re-building of the nation needs to be analyzed for understanding the future shaping of Syria and future relations of Syria with host countries.

***

Crisis or Opportunity? Public Debate and Perception on Syrian Refugees in Turkey
(135) Oğuzhan Ömer Demir (Giresun University)

Since the beginning of the Syrian civil war in 2011, it is estimated that more than 2.4 million Syrian refugees have been entered in Turkey. Few of them are settled in camps that are close to Turkish-Syrian border. Most of them, however, are spread in almost every provinces of Turkey. Many of them are in dire need of food, clothing, and lodging. Most Syrians have found jobs in industry and agriculture without any work permit and social security support. Turkish Government provide free access to basic health and education services to registered refugees. However, nearly 60% school aged Syrian children do not have access to educational institutions. Adult refugees have limited Turkish language knowledge, and therefore, communication channels between local people and refugees are quite limited. Despite all these negative conditions, Turkish people and refugees have got used to live together. This paper outlines the ongoing public debate on refugees, and then presents a recent public perception survey on Syrian refugees. Then it will discuss the potentials of whether this crisis can also be an opportunity for Turks as well as refugees.

***

Syrian Refugees in a Slum Neighbourhood in Ankara: Conflict and Solidarity with Neighbours
(323) Tahire Erman (Bilkent University)

This paper is based upon a field study carried out in the Önder neighborhood of the Siteler district in Ankara, which is now called the 'Little Aleppo.' The district is known for its furniture stores, which have attracted Syrian refugees because of the possibility of employment, usually informally. Since 2012, Syrian refugees have been coming to the neighborhood, and today they make almost half of the local population. With the local stores they have opened and the houses they rent, Syrians have transformed the neighborhood into a place in which the public visibility of Syrians is striking-- Arabic more than Turkish has become the dominant language. Önder neighborhood has a negative reputation as the place of illegality, both before and after the Syrian flux, and its residents are stigmatized for engaging in criminal activities such as burglary and drug dealing. It is a slum area of deteriorated housing, which, because of cheap rentals, has attracted Syrian refugees to this locality. The neighborhood has become the site of another urban transformation project of the district municipality (i.e., Altındağ Municipality); in the summer of 2015, some 500 houses were demolished, rendering Syrian refugees homeless for the second time, the first one caused by their fled from the civilian war. More demolitions are planned by the municipality, causing residents much stress, Turks and Syrians alike. The field research has investigated the relationship between old migrants in the locality, who are the very poor among which there are Roma people from Bolu, and the newcomers to the neighborhood, who are Sunni Arabs from the war-torn Syria. This research has demonstrated the varied reactions of the local population to the incoming Syrians, ranging from feeling pity and believing in helping their 'Muslim brothers' to defining them as job stealers and the source of new difficulties in their already troubled lives. Accordingly, we witness both hostility and hospitality in the locals' approach towards the newcomer foreigners in this locality of those at the very bottom of society, sharing the experience of victimization on the one hand, and feeling resentment in the face of perceived injustice and the threat to their vulnerable lives on the other hand.

***

Public Opinion on the Syrian Refugees in Turkey: The Case of Ankara
(367) Çiğdem Manap (Middle East Technical University)

The principal goal of this study is to examine the perceptions about refugees from local people standpoint and from the view point of workers and representatives working in the agencies and institutes involved in the field. This work is the product of field research that has included observations, in-depth interviews, investigation of legal and popular texts, images, observations. The study data came from major research techniques, in-depth interview. In this study, qualitative research methods used, such as participant observation and in-depth interviews because they form an efficient way to provide a better understanding of the perceptions, beliefs, feelings and cultural characteristics of the respondents. The sample was chosen with the help of the snowball technique. The fieldwork consisted of 14 in-depth interviews conducted with selected the respondents from representatives and workers of UNHCR, governmental institutions such as Ministry of Interior Directorate General of Migration Management and in several NGOs such as Association for Solidarity with Asylum Seekers and Migrants, Human Rights Association and INGOs such as Amnesty International, in Ankara and 25 interviews conducted with selected respondents from local people who have refugee neigh bour. All interviews were recorded, transcribed and the transcribed texts were used for analysis. Relevant report by the UNHCR and NGOs, INGOS, and the scholarly literatures on migration and asylum and on transit migration and asylum seeking through Turkey was examined.

***

SESSION 1D – Kamu Yönetimi ve Göç - I

	Room: SR 6
1D	Kamu Yönetimi ve Göç – I
Chair	Mustafa Ökmen, Celal Bayar University, Turkey
206	İnşaatta Göçmen Olmak: İnşaat Sektöründe Göçmen İşçi İstihdamı Üzerine Alan Araştırması - **Mehmet Akif Kara, Miris Meryem Kurtulmuş**
260	Türk Kamu Yönetiminde Göç Politikalarının ve Göç Yönetiminin Belirlenmesinde Avrupa Birliği ve Avrupalı Değerlerin Yeri – **Yusuf Soyupek**
344	Emeğin Dolayımında Aracı Formlar ve Egemenlik İlişkileri - **Mina Furat, Bayram Ünal**
466	Suriyeli Sığınmacı Krizi ve Türk Kamu Yönetimine Etkisi: Göç Yönetiminde Yeniden Yapılanma - **Fikret Elma**
497	Yabancıların Yerel Düzeyde Kamu Hayatına Katılmaları ve Kentsel Hakların Geliştirilmesi: Türkiye Örneği – **Mustafa Ökmen**

İnşaatta Göçmen Olmak: İnşaat Sektöründe Göçmen İşçi İstihdamı Üzerine Alan Araştırması

(206) Mehmet Akif Kara (Giresun University), Miris Meryem Kurtulmuş (Marmara University)

Uluslararası göç ve göçmen işçilerin istihdamı konusu sosyal bilimciler tarafından, gittikçe artan bir biçimde ele alınmakta ve çok sayıda araştırmaya konu olmaktadır. Uluslararası göçün nedenleri, göçmen işçilerin istihdam, yaşam ve çalışma koşulları, sosyal ağları ve hem menşe hem de hedef ülkelerin sosyal, siyasal, kültürel ve ekonomik durumlarına etkileri farklı disiplinler tarafından incelenmiştir. Türkiye'ye dönük uluslararası düzensiz emek göçü birçok araştırmada bütünlüklü olarak çalışılmasına karşın göçmen işçilerin inşaat sektöründe istihdamlarına ilişkin araştırma sayısı çok azdır. Bu çalışmanın amacı Türkiye'ye yönelik düzensiz emek göçünü ve inşaat sektöründe göçmenlerin istihdamını incelemektir. Bu amaç çerçevesinde inşaat sektöründe çalışan göçmen işçiler, göçmen işçileri istihdam eden işverenler ve göçmen işçilere iş bulan aracı ile yarı yapılandırılmış, yüz yüze görüşmeler gerçekleştirilmiştir. Çalışma bulgularına göre inşaat sektöründe göçmenlerin yoğun olarak istihdam edildikleri, işverenler tarafından ucuz iş gücü olarak görüldükleri ve çalışma ile yaşam koşullarının güvencesiz, sağlıksız oldukları ortaya çıkmıştır.

***

Türk Kamu Yönetiminde Göç Politikalarının ve Göç Yönetiminin Belirlenmesinde Avrupa Birliği ve Avrupalı Değerlerin Yeri

(260) Yusuf Soyupek (Çankırı Karatekin University)

Türk kamu yönetiminde ve kamu kamu politikalarının belirlenmesinde yaklaşık 200 yıldır önemli bir yere hatta başat role sahip olan Avrupa'nın bu etkisi sahip olduğu ve her defasında öne sürdüğü ilkelerden ve üye devletlerin ekonomik başarısından kaynaklanmaktadır. Kurucu anlaşmalarında insan haklarına ilişkin evrensel ilkeleri temel ilkeler haline getiren Avrupa Birliği son yıllarda yaşadığı krizlere bir yenisini, belki de en önemlisini, göçmen krizini de ekleyerek varoluşsal temellerine yönelik bir ikilemde kalmıştır. Suriye Krizinin ardından ortaya çıkan göçmen ve mülteci akını sonrasında değerler ve çıkarlar ikileminde eleştirilerin hedefi olan Birlik, göç ve iltica politikalarını revize etmek durumunda kalmıştır. Söz konusu göçmen akını sebebiyle birkaç yıl içinde dünyada en fazla göçmen barındıran ülke haline gelen Türkiye ise ilkesel çerçevede (politik-insani yaklaşım) hareket etmiştir. Türkiye'nin Suriyeli göçmenleri kabul etme noktasında AB'den farklı yaklaşması yaklaşık 200 yıldır devam eden kamu yönetimi ve politikalarında Avrupa'nın örnek alınması olgusunu değişime uğratmış ve Avrupalılaşma yaklaşımının tersine "Avrupalılaşma karşıtlığı" (De-Europeanisation) tartışmalarının ortaya çıkmasına sebep olmuştur. Birliğe tam üyelik müzakereleri yürüten Türkiye göçmen krizi sebebiyle AB ile bu sefer mülteci müzakerelerine başlamış ve daha önce olduğu gibi hukuki ve idari yapısında AB'den gelen talepler doğrultusunda bir takım düzenlemeler yapmıştır. Suriye'den gelen 3 milyona yakın nüfusun büyük kısmının ülkede kalacağı gerçeğinden hareket ederek, göç politikalarının ve göç yönetiminin bütüncül ve kapsayıcı bir yaklaşımla ele alınması gerekmektedir. Tarihi boyunca göç ve göçmen olgusuna hiç de yabancı olmayan Türkiye'nin net ve belirgin göç politikalarının olmaması uzun vadede sorunların çözümü konusunda umut vermemektedir. Bu çalışmada Türk göç yönetimi ve politikalarının belirlenmesinde Avrupa Birliği ve Avrupalı değerlerin yeri, Avrupa değerlerinden hareket edilerek ele alınacak ve Türk göç politikalarının nasıl olması gerektiği ile ilgili öneriler ileri sürülecektir.

***

Emeğin Dolayımında Aracı Formlar ve Egemenlik İlişkileri
(344) Mina Furat, Bayram Ünal (Nigde University)

Bu çalışma tarım alanindaki üretim sürecinin geçici bileşenleri olan emek ve sermaye arasindaki ilişkinin nasıl kurulduğunu anlamayı amaçlamaktadır. Bu ilişkinin varsayıldığı gibi özgür emeğe ve rekabete dayalı rasyonel bir formda kurulmamışlığı, bu çalışmanın gerekliliğini açıkbir şekilde ortaya koymaktadır. Kırsal alandaki üretim biçimleri üzerinde yoğunlaşıldığında iki temel üretim biçimi üzerine odaklanılır: Kendisi için üretim ve piyasa için üretim yapan köylülük. Sahip olunan toprak, özellikle bizim çalışma alanımızdaki geçici tarım işçi-köylü hanelerini doyurmaktan ve köylünün yeniden üretimini organize edebilmekten çok uzaktır. Köylünün toprağa yatırımı, sadece niteliksel bir dönüşüm doğrumayan hane içi emek miktarına bağlı bulunmaktadır. Gerek geçimlik gerekse piyasa odakli üreitmi olanaklı kılan sermaye olarak toprağın köylü ve kapitalist üretici arasındaki orantısız paylaşımı, kırsaldaki emeği kendi toprağında geçimlik-gereklilik için ve kendisinin olmayan toprakda ise artık ürün için şekillendirmektedir (Kula, 1985). Bu ilişki, hem köylünün sınırlı toprağından ve üretimin mevsimsellikten ötürü daralan geçimlik ekonominin eksiğini tamamlayacak hem de kırsal hanenin yeniden üretilebilirliğini olanaklı hale getirecek bir kaynak olarak görülür. Çalışmamızın temel iddiası, üretim ilişkilerinin hiç bir formda özgür emek ile ilintisinin olmadığıdır. Bundan dolayı emek ile sermaye ekonomipolitiğin öngördüğü şekliyle doğrudan ilişkiye hiç bir zaman girmemiş sosyopolitik bir dolayım ile patriarka ile kapitalismin bir birlikteliği formunda yürütülmüştür. Veriler 2014 yılında Niğde ilinin Ovacık ve Konaklı kasabalarına gelen mevsimlik tarım işçileri ile yapılan derinlemesine ikili görüşmeler ve doğrudan katılımlı gözlem aracılığıyla toplanmıştır.

***

Suriyeli Sığınmacı Krizi ve Türk Kamu Yönetimine Etkisi: Göç Yönetiminde Yeniden Yapılanma
(466) Fikret Ema (Celal Bayar University)

Suriyeli sığınmacı ve mülteci krizinin Türk kamu yönetimi üzerine en temel yansımalarından bir tanesini, göç yönetimiyle ilgili idari yeniden yapılanma konusu oluşturur. Bu bağlamda, Göç İdaresi Genel Müdürlüğü ve Göç Politikaları Kurulu gibi yeni yönetsel mekanizmaların inşası gerçekleştirilmiş bulunmaktadır. Gerçekte bu yeniden yapılanma, bir ihtiyaç hatta zaruret sonucunda açığa çıkmış bulunmaktadır. Suriye'deki iç savaş nedeniyle ülkeye giriş yapan üç milyona yakın göçmen nüfusun hemen hemen ülkenin her il ve ilçesine yayılması sonucu bu yeniden yapılanmaya gidilmiştir. Bu bağlamda, Suriyeli sığınmacı ve mülteci krizinin Türkiye ve Türk kamu yönetimi üzerinde en az Ağustos 1999 depremi kadar etki yaptığı söylenebilir. Bu çalışmada, esasen Suriyeli sığınmacı ve mülteci krizinin etkisiyle Türkiye'de son dönemde göç yönetimi konusunda açığa çıkan yönetsel yapılanmanın ilgili literatür ve mevzuat çerçevesinde incelenmesi amaçlanmaktadır.

***

Yabancıların Yerel Düzeyde Kamu Hayatına Katılmaları ve Kentsel Hakların Geliştirilmesi: Türkiye Örneği
(497) Mustafa Ökmen (Celal Bayar University)

Günümüzde tüm etkileriyle yaşanan küreselleşme ve hızlı kentsel büyüme süreci, kentsel hizmetlere yönelik talepte büyük bir artış ve çeşitlenmeyi beraberinde getirmektedir. Bu gelişmeler, yerel düzeyde yeni ve dinamik bir yönetim anlayışını gerektirmekte ve bu çerçevede, insana yönelik, daha yaratıcı, esnek ve rasyonel yönetsel yapılar ve tekniklerin geliştirilmesine olan gereksinimi ortaya çıkarmaktadır. Bütün bu talep ve eğilimler, merkezi düzeyde olduğu kadar yerel düzeyde de katılım odaklı kamu politikası oluşturmayı ve kentsel hakların geliştirilmesini gerekli kılmaktadır. Bu kapsamda, yerel düzeyde kamu politikası geliştirilmesini hedefleyen kurumsal düzenlemelerin önemli bir boyutunu, kentsel hizmetlerin sunulması konusundaki alışılagelmiş yaklaşımların yeniden gözden geçirilmesi ve daha katılımcı, kentsel hakların geliştirilmesini önceleyen mekanizmaların ihdas edilmesi oluşturmaktadır. Günümüzde yerel yönetimler, bir yandan hizmet sunumunda etkinlik ve verimliliği arttırmak, öte yandan da belde halkının yönetime ve hizmet sunum sürecine katılımına özendirmek amacıyla, yeni bir anlayış ve yaklaşımla hizmet sunumuna yönelmektedir. Özellikle üçüncü kuşak bir insan hakkı olması bağlamında kentsel hakların geliştirilmesi noktasında giderek yaygınlaşan bu yeni eğilim Türk kamu yönetimi ve kent yönetimleri açısından da reel sonuçlar ortaya koymaktadır. Etkinlik, verimlilik, katılım, şeffaflık vb. ilkelerin yanında çeşitlenmeyi de içeren bu gelişmelerin bir boyutunu da bu yönetimlerin yabancılara yönelik sunduğu hizmetler oluşturmaktadır. Türkiye'de kent yönetimlerin yabancılara yönelik sunduğu bu hizmetlerin bir boyutunda kentlerin uluslararasılaşması ya da global kent kavramı yer alırken konu ağırlıklı olarak mevzuat planında katılım ve kentsel hakların geliştirilmesi bağlamında somutlaşmaktadır. Bu çalışmada, özellikle yerel düzeyde yabancıların kamu hayatına katılımlarını çerçeveleyen gelişmeler ve yaklaşımların, kentsel hakların geliştirilmesi odaklı olarak Türkiye'deki yansımaları analiz edilecektir. Konu, aynı bağlamdaki uluslar arası standartlar ve yaklaşımlar çerçevesinde, Türkiye örneği üzerinden irdelenecektir.

***

SESSION 1E – Edebiyat ve Göç I - Açılış Oturumu

	Room: SR 7
Chair	**Ali Tilbe, Namık Kemal University, Turkey**
172	Amin Maalouf: "*Ölümcül Kimlikler*"in Düşündürdükleri - **Tuğrul İnal**
211	Öznenin Arada Bir Yerde Kayboluşu: Bilinmeyene Göç - **Ayşe Kıran**
519	Sylvie Germain'in Magnus adlı yapıtında 'umuda' doğru çıkılan yolculukta dil ve kimlik sorunsalı - **Emine Güzel**
232	Le Clézio'nun Göçmen Yıldız Adlı Romanında Göçerlik ve Hareketlilik Olguları – **Kamil Civelek**
473	Bir İçgöç Öyküsü: Tahsin Yücel'in Kumru ile Kumru'su – **Pınar Sezgintürk**

Amin Maalouf: 'Ölümcül Kimlikler'in Düşündürdükleri
(172) Tuğrul İnal (Hacettepe University)

Düşüncelerini olabildiğince duru bir zihinle, yalın, açık ve sorgulayıcı biçimde yürüten A. Maalouf, en basit, en bilindik sözcüklerin ve kavramların kimi zaman en karmaşık, en yanıltıcı ve en tehlikeli olduğunu söylerken odak noktası olarak "kimlik" kavramını sorguluyor. Gerçekten de en az kuvvet yasası sonucu bu sözcüğün ne anlama geldiğini, gündelik yaşamımızda ne ifade ettiğini bildiğimizi sanırız. Dahası, dinsel, etnik ve ulusal ya da başka kimlikler adına, türlü çatışmalara neden olduğunu düşünmeden geçmişi ve sürmekte olan anlaşmazlıkları kişisel bilgi ve tanılarımıza güvendiğimizden, göz ardı ederiz. Kimlik mekanizmasının karmaşıklığını gösteren onca acılı örneği görmezden geliriz. Birbirinden farklı insanları, tek bir aidiyet içerisinde düşünürüz. Maalouf "kimlik" olgusunu özellikle göçmen statüsü dolayında içtenlikle ve çok boyutlu biçimde sorgularken kimliği tek bir aidiyete indirgeyen düşünce yanlışlığına dikkatimizi çekiyor. İvmesi giderek artan ve küreselleşen yeni zamanlarda yeni ve çoğul bir kimlik anlayışının zorunlu olduğunu belirtiyor. Önerisini de şu şekilde açıklıyor: Çoğul aidiyetlere saygılı olmak, çeşitlilikleri önemsemek, farklı inanç ve kültürlerle uzlaşmak, kalıpçı dar düşüncelerden ve komplekslerden sıyrılmak. Maalouf "ölümcül kimlik" anlayışına karşı öneri ve düşüncelerini ifade ederken, göçmen statüsü kavramına da açıklık getiriyor. Göçmen statüsünün ülke değiştirme kategorisiyle sınırlı olmadığını, geniş anlamda güçler dengesinin göçmenin aleyhinde olduğunu, bu nedenle de ruhsal, toplumsal, kültürel vb. alanlarda kimlik gerilimlerinin başka alanlarda olduğunda çok daha ölümcül sapmalara yol açabildiğini belirtiyor. Bu anlamda göçmen, azınlık mensubu olarak yel değirmeni karşısında karikatürleştirilen bir "Don Hiçkimse"dir. Ruhsal dönüşümlerle, baskıcı dış etkiler arasında savaş veren korunaksız bir Don Kişot konumundadır. Bir hal ve gidiş kodu bulmak ve onu uygulamak durumundadır. Maalouf'un kimlik konusundaki sorgulamaları ve önerileri, Afrika ve Orta Doğu başta olmak üzere Avrupa ve Amerika'da yaşanmakta olan "ölümcül kimlikler" dikkate alındığında, günümüzde her zamankinden daha önemli ve anlamlı.

***

Öznenin Arada Bir Yerde Kayboluşu: Bilinmeyene Göç
(211) Ayşe Kıran (Hacettepe University)

Sabâ Altınsay'ın Kritimu (Giritim Benim) başlıklı romanı mübadele ve zorunlu göç olgusunu hazırlayan toplumsal, özellikle de bireysel dönüşümleri Girit uzamı içinde sergilemektedir. Bu yapıt Maingeuneau'nun sunduğu "çevreyerdeşlik ve sözceleme sahnesi" (paratopie et scène d'énonciation) ve Coquet'nin özne kuramı çerçevesinde incelenecektir. Gerçek yaşaman yansıtıldığı bu yapıtta çevreyerdeşlik kişi, zaman ve uzam bağlamında yerini bulmaktadır. Kuramcıya göre, "Çevreyerdeşlik" terimi yerleşik, ölçünlü olanların dışında ya da aralarında kalan anlamlarını taşır. Coquet ise özne kuramını kişinin iradesini oluşturan istek, güç ve bilgi kipliklerine bağlı olarak tanımlar. Romanda baş rolü oynayan uzam Yunanistan ile Türkiye, anakara ile deniz arsında kalmış, hem Osmanlı İmparatorluğunun hem Yunanistan'ın, hem Müslümanlığın hem Hristiyanlığın etkilerini somut bir biçimde taşımaktadır. Anlatı zamansal açıdan 1875 yıllarıyla 1923 yılı arasında, Akdeniz ve Balkan siyasetinin değiştiği, Osmanlı İmparatorluğundan Türkiye Cumhuriyetine geçişin gerçekleştiği bir süreci kapsamaktadır. Kahramanlar ise zorunlu olarak uzamsal arada kalmışlıktan, siyasal dönüşümden doğrudan etkilenmektedirler. Başlangıçta, dilleri bir, soyadları benzer; dinleri, görenekleri ayrı iki topluluk bir arada BİZ olarak huzur içinde yaşamaktadır. Ama siyasal dönüşümlerin başlamasıyla, düşman olmasalar da BEN (Türk ve Müslüman)/SEN (BAŞKASI Rum ve Hristiyan) ayrımının vurgulanmasıyla endişeli ve temkinli olma başlar. Rum toplumu Yunanistan ile birleşmek isterken Türk toplumu hep tevekkülle Osmanlı İmparatorluğunun kendisine sahip çıkmasını bekler. Burada ilginç olan iki toplumun birbirini dışlamaması, siyasal dönüşümlere ve zorunlu mübadeleye boyun eğmek zorunda bırakılmasıdır. Türk topluluğu yalnız alıştığı iklimi ve doğasıyla adasından değil ailesinden, Rum ve Türk komşularından ve işinden de koparılmaktadır. İnsanlar arada bir yerde, ama bildikleri, göreceli olarak rahat yaşadıkları bir uzamdan belli bir yere istemeyerek göç ettirilmektedir. Zorunlu göç ile önce BEN/SEN ilişkisi kopar, Türk Müslüman kahramanlar adalarında kalmak istemelerine karşın ne kendilerinde, Türkiye Cumhuriyetinde bu isteklerini destekleyecek gücü ve bilgiyi bulamadıkları için artık özne olma özelliklerini yitirip, zorunlu mübadele sürecinde arada bir yerlerde beklerlerken birer nesneye dönüşürler

***

Sylvie Germain'in Magnus adlı yapıtında 'umuda' doğru çıkılan yolculukta dil ve kimlik sorunsalı
(519) Emine Güzel (Namık Kemal University)

Eski çağlardan günümüze kadar gelinen süreçte coğrafi sınırların siyasal, ekonomik ve doğal nedenlerle sürekli değiştiği görülmektedir. Eski çağlarda otlak ve verimli tarım arazisi bulmak için başlayan zorunlu göçler, zamanla farklı biçimlere bürünmüştür. 18. yüzyıldan itibaren gerçekleşen Sanayi Devrimi sonucunda ortaya çıkan gelişmeler, sömürgeciliğin doğmasına neden olmuş ve servet edinmek isteyen « beyaz adamlar » büyük umutlarla, ülkelerinden uzaktaki topraklara göç etmişlerdir. Ayrıca, değişik anakaralarda gerçekleşen Birinci ve İkinci Dünya Savaşları, yalnızca ülkelerin sınırlarını yeniden belirlemekle kalmamış, aynı zamanda kitleler halinde göçleri de zorunlu kılmıştır. Özellikle II. Dünya Savaşı'nı başlatan Alman Hitler rejimi, « arı ırk » oluşturma planı bağlamında, kendinden olmayanı yok ederek insanlığa büyük acılar yaşatmıştır. Bu denli büyük olayların ve yıkımların yaşandığı çağa ya da ailelerinin acıklı öykülerine tanıklık eden yazarlar, düşünürler ve sanatçılar, yaşananlara kayıtsız kalmayıp tüm kötülükleri, acıları ve her şeye karşın süren yaşam umutlarını yapıtlarına taşımışlardır. Çağdaş Fransız yazarlarından birisi olan Sylvie Germain yapıtlarında, tüm insanlığı derinden etkileyen ve ortak bellekte kapanmaz yaralar açan olayları, kötülük sorunsalı bağlamında irdelemektedir. 2005 yılında yayımlanan ve iki büyük ödülle taçlandırılan yazarın Magnus'unda, 1943 yılında Hambourg kentine düzenlenen bombardıman sırasında annesini ve belleğini kaybeden bir çocuğun, Nazi bir aile tarafından evlat edinilmesi sonrasındaki olaylar öykülenir. Yaşadığı büyük travma sonucunda geçmişine ilişkin hiçbir şey anımsamayan anlatı kişisine evlatlık alındığı aile tarafından yeni bir bellek ve kimlik yüklenir. Ancak, Hitler rejiminin sona ermesiyle birlikte can güvenliği kalmayan aile bireylerinin de farklı kimlikler altında değişik kentlere ve ülkelere göç ettikleri görülür. Bu çalışmada, Sylvie Germain'in Magnus adlı romanından hareketle güvenlik sorunu nedeniyle ülkelerinden umuda göç eden anlatı kişilerinin yaşadıkları zorluklar, dil - kimlik sorunsalı çerçevesinde incelenecektir.

***

Le Clézio'nun Göçmen Yıldız Adlı Romanında Göçerlik ve Hareketlilik Olguları
(232) Kamil Civelek (Atatürk University)

İnsanların bireysel ya da kitlesel olarak çeşitli nedenlerle bir yaşam alanından bir başka yaşam alanına doğru yaptıkları yer değişikliğinin süreci ve sonucu olarak kısaca tanımlanabilecek göç olgusu insanlık tarihinin her evresinde varlığını duyumsatır. Toplum bilimleri açısından bakıldığında göçün çok değişik tanımlamalarına tanık olunur. Her bir bilim dalı göçe kendi penceresinden farklı anlamlar yükler. Yazın alanı ise özellikle roman türünde birey/toplum, tarih, coğrafya, felsefe, gibi birçok alanının harmanlandığı, merkezine insanı alan gerçeklik ile kurgunun birbirlerine karıştığı zengin ve incelemeye değer bir içerik sunar. Kendisi de bir anlamda göçebe yaşamı süren Jean-Marie Gustave Le Clézio 2008 yılında yapıtlarının bütünlüğü ve insanlığa katkılarından ötürü Nobel Edebiyat ödülü alır. Le Clézio'nun Göçmen Yıldız adlı romanı, kendini ve hayatı anlamaya çalışan, kendini gerçekleştirme, geliştirme ve tanıma arayışındaki insanın bir yandan tinsel öte yandan gerçek anlamdaki çoğu zaman zorunlu kimi zaman gönüllü göçmen yaşamının öykülendiği bir yapıttır. Le Clézio, 20. yüzyılın en önemli sorunlarından II. Dünya Savaşı ve Arap-İsrail Savaşları sürecinde ve devamında yaşananları kendine özgü bir kurgu ve anlatımla biri Yahudi diğeri Filistinli iki genç kızın yaşamları aracılığıyla dile getirir. Bunu yaparken yazın, birey/toplum, tarih ve coğrafya eksenlerinde göç/göçmenlik olgusunu hem nesnel hem de öznel bir yaklaşımla ele alır. Bir yandan Yahudi Esther örneğinde Fransa'da başlayan İtalya, İsrail ve Kanada'ya öte yandan Filistinli Nejma örneğinde Akka'da başlayan Amman yollarına uzanan iki yaşam sürecinde kimi zaman sığınmacı kimi zaman mülteci çoğunlukla da zorunlu bir göçmenlik anlatısına tanıklık eder okur. Bu çalışma yazınsal göstergebilimsel ile çatışma ve göç kültürü modeli üzerinden göçerlik ve hareketlilik olgularının Göçmen Yıldız'da kimlik, çok kültürlülük ve uyum sorunlarındaki görünümlerini tarihsel, yazınsal, yapısal, anlatımsal ve ekinsel yönleriyle ele almaya çalışacaktır.

***

Bir İçgöç Öyküsü: Tahsin Yücel'in Kumru ile Kumru'su
(473) Pınar Sezgintürk (Namık Kemal University)

Ülkemizde, uzun yıllardır, ekonomik, toplumsal, siyasi ve doğal nedenlerle köyden ya da kırsaldan kente doğru iç göçler yaşanmıştır. Toprağını, ailesini, anılarını geride bırakarak daha iyi bir yaşam umuduyla yola çıkanlar, tamamen yabancısı oldukları bir dünyaya tutunmaya çalışmışlar ancak çoğu kez başarısız olmuşlardır. Sosyo-kültürel, siyasi ve ekonomik yönleri ile çok boyutlu sosyolojik bir olgu olan göçün, yazın alanına da yansıması kaçınılmaz olmuş ve göç yazını kapsamında değerlendirilebilecek yapıtlar ortaya çıkmıştır. Göç ettikleri ortama uyum sağlamak için kimliğini, kendi değer yargılarını arkalarında bırakıp, çevresindeki yeni kenter anamalcı toplumsal yapıya öykünerek, sınıf atlama çabasında olan, ancak bu arada da kendi benliğine ait her şeyini yitirip yabancılaşan bir kadının öyküsünün anlatıldığı Kumru ile Kumru (2005), izleksel olarak köyden kente göç sorunsalını konu edinen yapıtlardan biridir. Türk yazının çok yönlü usta kalemlerinden biri olan Tahsin Yücel'in Kumru ile Kumru'su, kent yaşamının bir parçası olma adına kimlik kargaşası yaşayan, topluma her şeyden önce kendine yabancılaşan bireyin uçuruma sürüklenişini işler. Bu çalışmada, kentli kalıbına girmeye çalışan Kumru'nun, anamalcı düzenin zorunlu kıldığı yer değiştirmeden kaynaklı yabancılaşan, kendi değer yargılarını yitiren öteki Kumru ile iç mücadelesi, göç sorunsalı çerçevesinden incelenecektir.

***

SESSION 2A – Beyond Borders: Constructing and Maintaining Communicative Spaces

	Room: SR 3
Chair	**Katharine Sarikakis, University of Vienna, Austria**
5555	The Reception Analysis of the Short Movie Bawka (Father) - **Arda Umut Saygın**
5556	Home-building between Physical Places and Social Media Pages - **Nour Halabi**
5557	Romani People and Right to the City in Turkey: Gentrification in Canakkale Fevzipasa Neighbourhood – **Recep Volkan Öner, A. Aslı Şimşek**
5558	Gentrification in Istanbul and Its (In)adequate Mediation of "Distant" Suffering - a Documentary Analysis - **Isabelle Mariacher**
5559	Turkish TV Drama Series – **Deniz Özalpman**

The Reception Analysis of the Short Movie Bawka (Father)
(5555) Arda Umut Saygın (Gazi University)

The subject of this study is a reception analysis of the short movie "Bawka (Father)" by people who has different nationalities and are familiar with the refugee concept today because of the socio-political reasons. The main theme of the movie, which directed by Norwegian director of Kurdish origin Hisham Zaman, is the story of a father and his little son's escape to Norway and become refugee there. The reception analysis of the film will be made with 8 different country citizens through deep interwieving. Before watching the movie, questions about the immigration, refugees and crisis of refugee which has been experienced all around the Europe will be asked to partipicants to determine their viewpoints. In addition to this, questions for participants to learn how they evaluate the news about refugee crisis in their country's media will be asked. After watching the movie, questions such as "if audiences are sensitive to messages and socio-demographic variables vary on the content of the movie, does the movie reflect truths, at what rate does participant make dominant, negotiational and oppositional reading, and at what rates their ideas about refugees change after watching movie" will be asked to show up the answers and viewpoints of participants.

***

Home-building between Physical Places and Social Media Pages
(5556) Nour Halabi (University of Pennsylvania)

Home-building in exiled communities is a continuous process that responds to the collective experience of nostalgia for home, and a need to cope with the sense of loss of home, and the need to reconstitute the sense of "feeling at home" in a new environment. This project examines the reconstruction of home both metaphorically and physically in Sarouja restaurant, a Syrian restaurant established in the upscale neighborhood of Dubai Marina. In this article, I identify the characteristics of the restaurant that point to its existence as a project of nostalgia. Further, I engage with the material and mediatized aspects of the restaurant in order to understand the ways in which Syrians consume the space and contribute to it in order to recreate home. At the intersection of the representation of Syrian immigrants in the local media of the national media of their new environments, and the lived experience of Syrian migrants in their new homes, lies the mediatized aspects of the lived experience of Syrian refugees in their environments. Here, this effort to create an online presence for Sarouja restaurant serves not only to mediatize the space as embodied memory of Syrians, but also to create avenues for the media presence of Syrian immigrants in alternative media in particular. Using the theoretical prism of Svetlana Boym's concepts of restorative and reflective nostalgia, alongside Pierre Nora's concept of lieux de memoire, I ask the question; how do mnemonic practices produce a creative nostalgia that achieves the rebuilding of Syrian collective identity post-conflict? To answer that question, the paper presents this case study as emblematic of restorative nostalgia that eternalizes memory in space, while adapting the identity of home to a new setting. In the meantime, I argue that the nostalgia manifested in Sarouja emerges as a nostalgia that is both purposeful and creative, and the adaptations made in the mnemonic practices to accommodate a new time and space in Sarouja demonstrate the collective renegotiation of the Syrian collective identity in order to overcome past divisions, and in order to adapt to the migrant experience.

***

Romani People and Right to the City in Turkey: Gentrification in Canakkale Fevzipasa Neighbourhood
(5557) Recep Volkan Öner, A. Aslı Şimşek (Atılım University)

The aim of this paper is how gentrification works in Fevzipasa – a Romani neighbourhood which violates the right to the city of Romani People in Canakkale. In terms of being one of the first studies in the context of gentirification, it is thought that this study is going to make a contribution to the literature. The right to the city is – namely as "strategic reading" by Peter Marcuse, determined as an umbrella category which consists the urgent demands of groups excluded from the city life because of the deprivation of access to the fundamental opportunies necessary for living a life worthy of human dignity and facing discrimination. Gentrification is - understood as interpreted by Neil Smith and David Harvey, a process of displacement of the residents to retain the ground rent which emerges from the result of uneven development of city land markets. From this point of view gentrification is asserted as a kind of forced migration. For analysing the process, a three dimensional classification related to each other is done. First dimension of the classification is "production of space" referred to Lefebvre. According to Lefebvre producing meta in space tuns to producing space as a meta. In this context the effects of urban transformation to Fevzipasa and infrastructure projects planned to be built in this neighbourhood is going to be discussed. In the second dimension, legal infrastructure of gentrification is going to be examined in accordance with the Mass Housing Law no. 2985, Law no. 6306 on the Transformation of the Spaces Under the Disaster Risk and other relevant legislation. It is going to be argued how displacement done legally by finance and real estate capital in Turkey in the light of higher judicial decisions through the changes on the legislation in the first decade of 2000's.

***

Gentrification in Istanbul and Its (In)adequate Mediation of "Distant" Suffering - a Documentary Analysis
(5558) Isabelle Mariacher (University of Vienna)

The purpose of this article is to illustrate the policy of silencing faced by the urban poor and other vulnerable groups by means of restrictive mediations and the lack of a clear legal framework for homeowners and tenants in Istanbul. It investigates the ongoing gentrification process in Istanbul and addresses mediations of forced evictions and forced migration. The case study was designed to investigate mediations of urban transformations through a multimodal critical discourse analysis of the documentary Ekümenopolis (2012), as well as interviews with the documentary's director, grassroots media activists and people affected by gentrification in Istanbul. Based on the results of this study, it can be concluded that some subaltern groups were silenced more strongly than others and that these same subaltern groups also had less access to property rights or legal defense. The dualism of the need to report on inequities on the one hand, and conserving the dignity and humanness of people in need on the other hand can be overcome by means of an emancipative mediation in which people in need are represented as human agents worth acting on. Although the documentary Ekümenopolis (2012) established a largely cosmopolitan portrayal of vulnerable middle-aged men, the documentary failed to fully emancipate other vulnerable groups and, to a certain extent, violated their human rights. Human rights are crucial regarding the alleviation of urban poverty and social inequities. Several human rights violations could be found on two levels: the displacement of urban dwellers, and the mediation of forced migrants, vulnerable others.

***

Turkish TV Drama Series
(5559) Deniz Özalpman (University of Vienna)

In recent decades, economists seek to find the answers of two very fundamental questions "why has world trade grown, and what are the consequences of that growth?". Two sources that come to mind immediately are trade liberalisation and of imports and exports. On the other hand, as expected, economic size and distance have positive and negative effect respectively on trade.

***

SESSION 2B – Return Migration

	Room: SR 4
Chair	**Sinan Zeyneloğlu, Gaziantep Zirve University, Turkey**
161	Independence As A Factor of Core-To-Periphery Migration From Germany to Turkey - **Sinan Zeyneloğlu, Ibrahim Sirkeci, Jeffrey H. Cohen**
336	Finding the Paradise? Life-Story Narratives of the German-Turkish 'Return' Migrants to the Southern Turkey – **Nilay Kılınç**
123	Stigmatization of Turkish Return Migrants in Turkey - **Filiz Künüroğlu**
411	Returning Home: William Saroyan and Onnik Dinkjian - **Esin Gülsen**

Independence as a Factor of Core-To-Periphery Migration from Germany to Turkey
(161) Sinan Zeyneloğlu (Zirve University), Ibrahim Sirkeci (Regent's University London), Jeffrey H. Cohen (Ohio State University)

The time of our being is predetermined, our location, however, we are largely free to choose. It is influenced by our origin, but not dictated. To find the right location is essential for a successful life as it is for a thriving business" as August Lösch argued in 1943. Despite his work was praised as *"a class of work which each generation produces very few"* (Valavanis, 1955) in the fields of regional studies and economic geography, to our best knowledge, his insight on human mobility has never been applied to return migration and/or counter urbanisation movements. Most of his work is devoted to economic geography, however, relevant assessments and comments on migration are there to exploit. His approach might be appropriate as the location of economic activities and places of residence can hardly be analysed in isolation from each other. Our study is an attempt to explore Lösch's concept of independence –and that of safety as a counter-dynamic– as a major factor of human mobility, especially in return migration and international retirement migration (IRM). Further, we argue that IRM-related moves are not fundamentally different from return-migration. Following a review of existing literature, we test our hypothesis using the example of contemporary migration from Germany to Turkey, a typical example of core-to-periphery emigration, comprising return as well as lifestyle or amenity oriented (including second home migration) moves contrasted to non-migrant comparison groups, using Turkish census data, with an emphasis on the 2000 Census which is the last *de facto* census in Turkey.

***

Finding the Paradise? Life-Story Narratives of the German-Turkish 'Return' Migrants to the Southern Turkey
(336) Nilay Kılınç (Surrey University)

The Turkish labour migration to Germany has evolved into four generations in the last 55 years. However, the number of Turkish resettling in Turkey has been rapidly increasing. This research uses a lifestyle-migration lens to explore the 'return' of the second generation to their parents' country of origin. The research location is Antalya, where the 'returnees' try to pursue their project of living a 'better life' by utilising the forms of capital they acquire. The research aims to understand motivations for return and lifestyle choices after re-settling in this tourism hub. The research adopts semi-structured, in-depth interviews to capture the life-story narratives of the returnees. 30 interviews collected in 2014 and 55 interviews were conducted in 2015 in Antalya region. Through thematic analysis, the research explores the individual and familial accounts of the 'return' phenomenon. The research's goal is to contribute to migration studies literature, firstly by using the term "lifestyle migration", challenging the assumption that economic factors per se dominate individuals' migratory trajectories. Secondly, by introducing lifestyle motivations, the research points to the emergence of deconstruction and reconstruction of "return migration" theorisations. Focusing on a touristic region, the research bridges tourism and migration disciplines in explaining individuals' lifestyle decisions based on their perceptions of places. Finally, the interplay between the self and place is explored through the individuals' economic and non-economic activities to investigate how they sustain their lifestyle choices, with the goal of changing the paradigm of evaluating migration as a finalised project.

***

Stigmatization of Turkish Return Migrants in Turkey
(123) Filiz Künüroğlu (Tilburg University)

We investigated the perceptions of majority Turks in Turkey towards Turkish (re)migrants from West European countries. Turkish migrants who form a 'migrant identity' in Western countries are labelled as 'almancı' meaning 'German-like' in their home country. The term 'almancı' has a connotation of 'otherness' and reflects the idea that they are culturally distorted and spoiled. The study tried to get insight into themes and issues emerging in the cultural contact of (re)migrants with the Turks back in Turkey and explicate the dimensions of the perceived stigmatization of Turkish (re)migrants. Application of the qualitative findings of our studies regarding perceived discrimination of return migrants and 'almanci' stigma, were implemented in the construction of a questionnaire investigating the underlying dimensions of the 'almanci' stereotype. The study used an original survey instrument (N = 606), in which the items are generated based on the semi-structured interviews with 53 informants (48 return migrants and 5 Turkish majority members). On the basis of the survey results, a model was developed and validated. The results of the study are discussed within the frameworks of intergroup relations in social psychology and social categorization of the social identity approach. The findings reveal that perceptions towards return migrants have three different dimensions. The dimensions are positive attitudes on return migrants and reintegration processes, negative attitudes on return migrants and reintegration attitudes and the sources of conflict. The main reasons of conflict between groups were found to stem from failure to abide by normative and behavioral expectations.

***

Returning Home: William Saroyan and Onnik Dinkjian
(411) Esin Gülsen (Middle East Technical University)

It is a very challenging question for children of migrants whether their home is the homeland of their parents or the place where they were born. Children of migrants generally grow with stories about the homeland of their parents and they wonder about that country and its culture. They feel a complicated sense of belonging. In this study, this challenging problem will be examined based on experiences of two Anatolian Armenians whose families migrated from Anatolia before they were born. A world-famous author, William Saroyan was born in the US and again, a world-famous musician Onnik Dinkjian was born in France although their families were born in Bitlis and Diyarbakır, respectively. Both of them visited cities of their parents for the first time when they were old (Saroyan was 56 years old and Dinkjian was 75 years old) and their visits have been documented with two documentaries called Saroyan Land and Garod (Longing). They always considered homeland of their parents as their homes and were very affected by their visits. It will be questioned what it meant to be at "home" for the first time and whether those cities and countries were really home for them based on these two documentaries, novels and stories of Saroyan, compositions and songs of Dinkjian and interviews made with them.

***

SESSION 2C – Göç ve Toplumsal Cinsiyet - I

	Room: SR 5
Chair	M. Murat Yüceşahin, Ankara University, Turkey
376	Göç Sürecinde Kadının Konumu ve Göçün Kadınlaşması - **Arzu Kökcen Eryavuz, Hamdi Emeç, Şenay Üçdoğruk Birecikli**
255	Toplumsal Cinsiyet, Göçmenlik ve Güvenlik: Yerli ve Göçmen Kadınların

	Kentsel Çevrelere İlişkin Güven(siz)lik Algılarının Gruplararası İlişkiler Bağlamında İncelenmesi - **Pelin Karakuş**
547	Almanya'daki Yüksek Vasıflı Göçmen Türk Kadınlar Üzerine Sosyolojik Bir Araştırma - **İsmail Güllü**
458	Mülteci Olmanın Gündelik Hali - **Hilal Uludağ**

Göç Sürecinde Kadının Konumu ve Göçün Kadınlaşması
(376) Arzu Kökcen Eryavuz (Dokuz Eylül University), Hamdi Emeç, Şenay Üçdoğruk Birecikli

İnsanlık tarihi kadar eski olan göç olgusu, günümüzde nedenlerinin ve sonuçlarının yanında, ekonomik ve sosyal hayatta olumlu ve olumsuz etkileri ile toplumsal bir sorun olarak karşımıza çıkan nüfus hareketidir. Kendi isteği ile ya da zorla göç hareketiyle karşı karşıya kalan bireyin de hayatının her yönünü etkileyen ve sosyal değişimlere neden olan bir olgudur. Son 50 yılda özellikle kentleşmeyle birlikte kırdan kente olan göç zamanla kentten kente, kentten kıra ve kırdan kıra şeklinde çeşitlilik kazanmıştır. Bu hareketin içinde kadın göçü önemli bir yer tutmaktadır. Bu göç literatürde göçün kadınlaşması olarak ifade edilen yeni bir kavramı ortaya çıkarmıştır. Türkiye'de ise son yıllarda özellikle kadın göçünün giderek yaygınlaştığı görülmektedir. Göç sürecindeki etkenler ortaya konulurken kadının yeri, konumu ve önemi dikkate alınmalıdır. Kadının göç etme nedenlerine bakıldığında kişisel nedenler olduğu kadar göç etmede bağımlı olduğu eş ve ailevi nedenlerin de çok fazla etkili olduğu görülmektedir. Buradan da kadın göçünün, kadının kontrol edemediği nedenlerden dolayı ortaya çıktığı anlaşılmaktadır. Bu çalışmanın amacı ekonometrik modeller ile göçün kadınlaşmasının ve bunun nedenleri ile sonuçlarını incelemektir. Bu amaç doğrultusunda Hacettepe Nüfus Etütleri Enstitüsünün 2013 yılında yapmış olduğu Nüfus ve Sağlık Araştırması anket verilerinden faydalanılmıştır. Böylece 15-49 yaş arasındaki kadın göçünü etkileyen demografik, sosyal ve ekonomik etmenlerin yanında göç türü ve nedenleri de incelenerek karar mekanizmaları için yardımcı olabilecek sonuç ve yorumlar ortaya koyulmuştur.

***

Toplumsal Cinsiyet, Göçmenlik ve Güvenlik: Yerli ve Göçmen Kadınların Kentsel Çevrelere İlişkin Güven(siz)lik Algılarının Gruplararası Ilişkiler Bağlamında İncelenmesi
(255) Pelin Karakuş (Gediz University)

Göç hareketleri temelinde düşünüldüğünde, günümüzün kentleri, farklı kültürel arka plana sahip göçmen grupları ile çoğunluk grup olarak tarif edilebilecek kentin yerlilerinin değişen güç farklılıkları (sayısal, ekonomik ya da politik) eşliğinde karşı karşıya geldikleri gruplararası ilişki alanları olarak tarif edilebilir. Farklı kimlik grupları arasındaki güç ilişkilerine bağlı olarak gelişen bu sosyal etkileşimler, kent içinde çatışmalı çevreler yaratabilmekte ve bu mücadele alanları, kentlerin belirli bölgelerinin güvensiz algılanmasına yol açabilmektedir. Sosyal psikoloji alanında bu konuda yürütülen çalışmalarda, kentsel çevrelerin kalabalık düzeylerinin, tehdit olarak algılanan sosyal grupların varlığının, etnik çeşitliliğin, bu çevrelerin güvensiz algılanmasıyla yakından ilişkili olduğu görülmüştür. Ayrıca geçmiş araştırmalarda, güvenliği tehdit edici durumlara maruz kalma korkusunun, birtakım sosyo-demografik özelliklere (örn. cinsiyet, yaş, etnik köken, azınlık olma ve sosyal sınıf) bağlı olarak yükseldiği vurgulanmaktadır. Cinsiyet açısından bakıldığında çok sayıda araştırma bulgusu, kadınların kentsel mekanlarda herhangi bir suça kurban gitme, fiziksel veya psikolojik şiddete maruz kalma korkularının erkeklere kıyasla daha yüksek olduğuna isaret etmektedir. Öte yandan kültürlerarası psikoloji alanında yürütülen göç çalışmalarında, kadın göçmenlerin çevreyi tanımama ya da dil bilmeme nedeniyle, erkeklere kıyasla sosyal açıdan daha dışa kapalı oldukları ve kent yaşamına katılımlarının hem göçmen hem de kadın olmalarından kaynaklanan dezavantajlı konumları nedeniyle oldukça sınırlandığı anlaşılmıştır. Bu bağlamda özel olarak kadınların kent içi sosyal yaşama eşit bir biçimde katılımının sağlandığı ve desteklendiği eşitlikçi ve barışçıl yaşam alanlarının yaratılması ve sürdürülebilmesi için bu gruplara özgü deneyimlerin daha bütüncül bir bakış açısıyla derinlemesine incelenmesine ihtiyaç vardır. Nitekim bu çalışmada, özel olarak yerli ve göçmen kadınların kentsel çevrelere ilişkin güven(siz)lik algılarının belirleyicileri, gruplararası ilişkiler bağlamında, kültürlerarası sosyal psikoloji ve çevre psikolojisi bakış açılarını birleştiren bütüncül bir teorik çerçevede, Türkiye'de iç göç deneyimleri ve toplumsal cinsiyet ideolojisi üzerinden karşılaştırmalı olarak ele alınacak ve kadınların, kent içi mekansal hareketliliklerini ve sosyal yaşama katılımlarını arttırmaya yönelik politikaların neler olabileceği üzerinde durulacaktır.

***

Almanya'daki Yüksek Vasıflı Göçmen Türk Kadınlar Üzerine Sosyolojik Bir Araştırma
(547) İsmail Güllü (Karamanoğlu Mehmetbey University)

Türkiye'den Almanya'ya göç süreci özellikle 1. ve 2. Kuşak Türk göçmenler üzerinden daha çok işçi göçü kavramı etrafında ele alınmıştır. Aradan geçen yarım asırlık göç tecrübesi neticesinde Almanya'daki Türk nüfusu önemli bir değişim ve dönüşüm yaşamış, dikey toplumsal hareketliliklerin artması ile birlikte yüksek vasıflı, nitelikli mesleklere sahip genç bir kuşak oluşmuştur. Bu genç kuşak anne ve babalarından farklı bir sosyolojik profil sunmaktadır. Bu kuşağın çok büyük bir çoğunluğu Almanya'da doğmuş, orada eğitimini tamamlamış en az 2-3 yabancı dil bilen ve nitelikli mesleklerde yer alan bir kesimdir. Kuşaklar arası farklılaşma bağlamında ele alındığında ilk kuşaklardan farklı bir dünya görüşü, yaşam pratiği ve ilişki ağlarına sahip olan bu kesim iş hayatında, sosyal hayatta, kültürel ve kimliksel aidiyet anlamında farklı bir konumlanış içerisinde kendine özgü problemlere de sahiptir. Teorik anlamda Bourdieu'nun habitus ve sosyal sermaye kavramından hareketle çalışma kurgulanmıştır. Bu çerçevede yüksek vasıflı göçmen Türk kadınlarının sosyalleşme süreci içinde Almanya'daki eğitim, iş hayatı ve sosyal hayat içerisindeki ilişki ağlarına yönelik tutum ve davranışlar sosyolojik olarak analiz edilmektedir. Statü kazanma hiyerarşileri içinde kültürel sermayenin dini, eğitsel, bürokratik ve politik sermaye gibi inşa edilen toplumsal uzamın yapısına göre farklılaşan görünümleri bağlamında oluşturulan ağların çözümlenmesi amaçlanmaktadır. Bu bağlamda araştırmada 3. ve 4. kuşak yüksek vasıflı göçmen kadınların göç ve sosyo-kültürel yaşamlarına dair deneyimleri görüşme ve gözlem gibi nitel teknikler ile çözümlemeye çalışılmıştır. 2015 yılında Almanya'da yapılan görüşmelerden ve gözlemlerden elde edilen veriler NVivo nitel analiz programı ile değerlendirilerek sunulacaktır.

***

Mülteci Olmanın Gündelik Hali
(458) Hilal Uludağ (Gazi University)

Hayatta kalabilmek ve özgür olabilmek amacıyla gerçekleştirilen zorunlu göç genellikle anlık, çizgisel bir mekânsal değişim hareketi olarak düşünülür ve öznenin âtıl bırakıldığı makro bağlamlarda ele alınır. Fakat faili mülteci olan zorunlu göç, mekânsal değişimin hem öncesini hem de sonrasını kapsayan ve beraberinde ekonomik, sosyal, kültürel, psikolojik pek çok başka değişimleri de getiren geniş bir sürece işaret eder. Bu doğrultuda zorunlu göç sıradan, sürekli tekrarlanan, sabitlikler barındıran gündelik hayatın kesintiye uğraması veya parçalanması olarak anlaşılabilir; mülteci için ulaştığı yeni ülkede kurulacak yeni bir gündelik hayat söz konusudur. 2011 yılı itibariyle Suriye'de yaşanan çatışmalar sebebiyle zorunlu göç ile Türkiye'ye gelen Suriyeli mültecilerin gündelik hayattaki mültecilik deneyimlerine odaklanan bu çalışma; mültecilerin hayatlarındaki değişimler ve zorluklar, yerel ile ilişkiler, tanımlanmalar ve tanımlamalar ile mücadele pratikleri boyutlarında mülteciliğin nasıl inşa olduğunu ele almaktadır. Çalışma, mültecilerin seslerine kulak vererek büyük zorunlu göç anlatılarının içine sıkıştırılan zorunlu göçün öznelerinin deneyimlerinin görünür kılınmasını amaçlamaktadır. Diğer yandan gündelik hayatı bir mücadele alanı olarak ele alıp, mültecilerin yaşadıkları tüm zorluklarla birlikte onlarla nasıl başa çıkmaya çalıştıklarına odaklanarak mülteci olmanın aktif yanlarını görme çabası taşımaktadır.

***

SESSION 2D –Göç ve Ekonomi - I

	Room: SR 6
Chair	**Güven Şeker, Manisa Celal Bayar University, Turkey**
194	Beşeri Sermaye Kaynağı Olarak Diaspora: Almanya'da Yaşayan Nitelikli Türk Diasporası Üzerine Bir Saha Çalışması - **Atakan Durmaz, Adem Kalça**
173	Bir Dışsallık Örneği Olarak Göç: Suriye'den Türkiye'ye Göçün Türk Ekonomisine Olası Etkileri - **Pelin Mastar Özcan, Mustafa Mıynat**
408	Türkiye'de Köyden Kente Göçte Ekonomik Krizlerin Etkisine İlişkin Genel Bir Değerlendirme - **Oktay Aktürk, Ertuğrul Güreşçi**
236	Türkiye'de Kadınların Göç Etme Sebeplerini Belirleyen Faktörlerin Ekonometrik Analizi – **Sibel Selim, Yunus Purtaş**
186	19. Yüzyıl ve 20. Yüzyıldaki Kitlesel Göçlerin Türk Ekonomisi Üzerindeki Etkisi - **Ali Rıza Gökbunar, Hatice Handan Öztemiz**
335	Türkiye'de İç Göç Belirleyicileri: Genişletilmiş Çekim Modeli Yaklaşımı - **Kadir Karagöz, Rıdvan Keskin**

Beşeri Sermaye Kaynağı Olarak Diaspora: Almanya'da Yaşayan Nitelikli Türk Diasporası Üzerine Bir Saha Çalışması
(194) Atakan Durmaz, Adem Kalça (Bayburt University)

The inability to explain the current situation of the classic growth theories has caused the scientists to set off on new quests. As a result of these quests, classic theories get technology and human capitals as an exterior factor have become focal point of new growth models. Most countries' development policies have focused on increasing the human capital stock and producing commercialized innovative products. This case has caused the countries compete with themselves for human capital sources. Some of the developing countries along with these projects have geared to alternative sources to gain more shares in this competition. One of the main sources applied under brain gain strategy is reverse brain drain programs. These programs which are generally gathered as two main topics named "return and diaspora options", aim at augmenting human capital stock by regaining the human capital stock which left the country in the past years. The policy which was implemented from 1970s to 1990s is the "return option" policy. Thanks to changing and developing world order, this policy has replaced with "diaspora option" policy after 1990s. Notably increasing transportations and communication potential and reducing costs enabled the spillover effect without any returning. "Diaspora option" is an approach which projects to increase their home country's human capital stock thanks to networks which people -who don't want to return their homeland physically but willing to contribute with their ideas- make up with other diaspora members from both their homeland and outland. The most successful samples, China and India, have benefited from diasporas of developed countries to increase the human capital needed in accordance with their economic growth targets. At this point, aim of our research is to investigate that whether skilled Turkish Diaspora living in Germany as an alternative resource for human capital which Turkey needs or not.

***

Bir Dışsallık Örneği Olarak Göç: Suriye'den Türkiye'ye Göçün Türk Ekonomisine Olası Etkileri
(173) Pelin Mastar Özcan, Mustafa Mıynat (Celal Bayar University)

İşçi göçü, beyin göçü gibi değişik şekillerde ifade edilebilen emek göçü; emeğin sosyal ve ekonomik nedenlerden dolayı dış göç veya iç göç yoluyla yer değiştirmesini ifade etmektedir. Emek göçü, işgücünü dışarıya gönderen ülke yönünden olumlu veya olumsuz dışsallıklara neden olabilmektedir. Yurtdışında istihdam edilmek üzere işçi gönderen ülke, işsizliğin azalması, giden işçilerin her turlu ek maliyetinden kurtulma ve onların ülkeye getirebilecekleri döviz gibi kazanımlar elde etmektedir. Buna karşın sürecin ilerleyen aşamalarında göç veren ülke içinde bağımlılık oranının artması, kalifiye işçinin yurtdışına kaçması, giden işçilerin hem gittikleri yerde, hem de ileride geri döndükleri zaman ciddi sosyal uyumsuzluklar yaşamaları gibi dezavantajlarla karsı karsıya kaldığı görülmektedir. Konuyu göç alan ülke açısından değerlendirmek gerekirse göç alan ülkeye gelen kişi sayısı arttıkça toplumsal- ekonomik altyapı değişikliğe uğrayacaktır. Dolayısıyla göçün yaratmış olduğu pozitif ve negatif dışsallıkların çok geniş bir çeşitlilik ile göç sürecinde ortaya çıkmaktadır. Göç veren ve alan ülke arasındaki ilişki başlangıçta göç veren ülke lehine işliyormuş gibi görünmesine rağmen süreç içerisinde bu ilişkinin boyutu farklılaşmaktadır. Bu süreçte göç politikaları ile amaçlanan göçün yaratmış olduğu pozitif dışsallıkları arttırarak yaratabileceği negatif dışsallıkları minimize etmek olmalıdır. Bu nedenle çalışmada, göçün Türkiye ve Almanya ekonomisinde ortaya çıkardığı pozitif ve negatif etkilerinin neler olduğu dışsallık kavramı üzerinden açıklanmaya çalışılmıştır.

***

Türkiye'de Köyden Kente Göçte Ekonomik Krizlerin Etkisine İlişkin Genel Bir Değerlendirme
(408) Oktay Aktürk (Ahi Evran University), Ertuğrul Güreşçi

Türkiye'de özellikle 1950'li yıllardan sonra hızlanan iç göç hareketleri bölgeler arası gelişmişlik üzerine önemli etkiler meydana getirirken aynı zamanda hızlı kentleşme olgusu beraberinde önemli sosyal, kültürel ve ekonomik problemleri de doğurmuştur. Bu bakımdan hızlı kentleşmenin doğurduğu sorunları en aza indirmenin ve bölgeler arası dengesizlikleri azaltmanın bir yolu da göç hareketleri üzerinde etkili olan faktörlerin ortaya konulmasıdır. Ekonomik krizler ise göç olgusu üzerindeki en önemli faktörlerdendir. Bu çalışmada, Türkiye'de ekonomik krizlerin köyden kente göç üzerine etkisinin tarım, sanayi ve hizmetler sektörü esas alınarak ortaya konulması amaçlanmıştır. Bu amaç doğrultusunda ekonomik krizlerin nedenleri ile sonuçları yerel ve bölgesel olarak değerlendirilerek çalışmanın altyapısının oluşturulması sağlanmıştır. Çalışmada ekonomik krizlerin Türkiye'de köyden kente göç ve bölgeler arası göç açısından sektörlere bağlı olarak farklı etkiye sahip olduğu ve tarım sektörüne bağlı olarak göz hızının değiştiği sonucuna varılmıştır.

***

Türkiye'de Kadınların Göç Etme Sebeplerini Belirleyen Faktörlerin Ekonometrik Analizi
(236) Sibel Selim, Yunus Purtaş (Celal Bayar University)

Tarih boyunca insanlar sürekli bir göç eylemi içerisindedir. Dünya üzerindeki neredeyse bütün ülkeler göçten etkilenmektedir. İnsanlar bazen kendi istekleriyle bazen de zorunlu olarak göç etmek durumunda bırakılmıştır. Bu duruma neden olan etmenler ise doğal, ekonomik, sosyal ve siyasidir. Dünyanın her ülkesinde iç göçten bahsetmek mümkündür. İç göçler konusu pek çok çalışmada ele alınırken, eksikliklerden biri iç göçün kadın-erkek ayrımında çok az tartışılmış olmasıdır. Buna dayanarak bu çalışmanın amacı, Hacettepe Üniversitesi Nüfus Etütleri Enstitüsü'nün gerçekleştirmiş olduğu 2003, 2008 ve 2013 yılı Türkiye Nüfus ve Sağlık Araştırması (TNSA) verileri kullanılarak Türkiye'de 15-49 yaş arasındaki evli kadınların göç etme nedenlerinin Multinomial logit model kullanılarak analiz edilmesidir. Elde edilen bulgulara göre, Türkiye genelinde güney, orta, kuzey ve doğu bölgelerinde yaşayan kadınlar, sağlık, güvenlik ve diğer nedenlerle göç etmekten ziyade kişisel nedenlerle batıdaki bölgelere göre daha fazla göç etmişlerdir.

***

19. Yüzyıl ve 20. Yüzyıldaki Kitlesel Göçlerin Türk Ekonomisi Üzerindeki Etkisi
(186) Ali Rıza Gökbunar, Hatice Handan Öztemiz (Celal Bayar University)

Kitlesel göçlerin bireyler, sosyal sınıflar, kültürler ve ülkeler üzerinde farklı etkileri bulunmaktadır. İnsanlık tarihinin başlangıcından günümüze kadar devam eden bireysel ve kitlesel göçlerin ilk nedeni yiyecek kaynaklarına ulaşma olurken, daha sonraki süreçlerde daha iyi yaşam imkânlarına ulaşma (iklim, tarımsal arazinin verimi, servet sahibi olma) ve işgal edilen topraklardan kaçma göçün ana nedenleri arasına girmiştir. Diğer yandan sosyal, ekonomik ve kültürel değişim geçirmeyen toplumlarda göçmenler, yerleştirildikleri yerlerde ve bölgelerdeki eski kültür ve geleneklerin değişimlerinde etkili rol oynamaktadırlar. Bunun yanı sıra göçmenler sermaye ve teşebbüs kaynağı da olabilmektedirler. Amerika Birleşik Devletleri'ne göç edenlerin tümünün fakirlerden oluşmadığı, göçmenler arasında oldukça varlıklı ve eğitim görmüş kimselerin de bulunduğu ve ABD'nin gelişmesinde bunların birinci derece rol oynaması bu durumun en iyi örneklerden biridir. Osmanlı devleti zamanında ise Bulgaristan'dan göç eden (özellikle 1880 sonrasında) varlıklı bazı toprak sahipleri ve kasaba eşrafının İstanbul ve İzmir gibi yerlerde Müslümanlardan müteşekkil ilk kapitalist grubu teşkil ettiği gözlenmiştir (Karpat, 2003: 9). Yine 19. Yüzyılın sonlarına doğru Osmanlı Devletinde yaşanan göçler nedeniyle Anadolu ve özellikle İstanbul'a gelen pek çok göçmenin aynı zamanda yanlarında getirdikleri sermayeleriyle Türk Müteşebbislerinin temel nüvesini oluşturduğu görülmektedir. Bu bildiride Türk Sermayedar sınıfının gelişimi üzerinde kitlesel göçlerin etkisi incelenmiştir.

***

Türkiye'de İç Göç Belirleyicileri: Genişletilmiş Çekim Modeli Yaklaşımı
(335) Kadir Karagöz, Rıdvan Keskin (Celal Bayar University)

Türkiye 20. yüzyılın ortalarından itibaren artan iç göç akımına sahne olmuştur ve bu durum ülkenin doğu ve güneydoğusundaki kaotik ve güvensiz ortam nedeniyle giderek ivme kazanmıştır. Bu göç hareketi kabaca doğudan batıya, ülkenin az kalkınmış bölgelerinden daha sanayileşmiş ve dolayısıyla daha zengin bölgelerine doğrudur. Geçen yüzyılın ikinci yarısı boyunca önde gelen göç rotaları İstanbul, Kocaeli, Bursa, İzmir, Ankara ve Adana idi. Bu şehirler iller-arası göçün yaklaşık yarısını barındırmaktadır. Diğer taraftan, resmi istatistikler ve gözlemler son yıllarda Antalya, Muğla, Tekirdağ ve Bilecik gibi yeni rotaların da doğmakta olduğunu göstermektedir. İller arası göç konusunda belirleyici ve harekete geçirici etkenleri daya iyi anlamak ve uygun tedbirleri almak açısından göçün değişen kalıbını daha detaylı olarak incelemek gerekmektedir. Halihazırda konuyu belirleyiciler açısından ampirik olarak inceleyen bir grup çalışma vardır ancak bunlar ya konuyu bölgesel düzeyde (yani Düzey 2 seviyesinde) veya az sayıda il bağlamında ele almaktadırlar. Bu çalışmada biz konuyu, Düzey 3 seviyesinde daha geniş bir örneklemle ve Newton'un çekim kanunundan hareketle mekânsal nüfus hareketini ele alan genişletilmiş çekim modeli kullanarak araştırmayı amaçladık. Analizden elde edilen ilk bulgular kişi başına GSYH, istihdam imkânı, göçmen stoku ve nüfus yoğunluğunun içgöçü pozitif yönde, uzaklığın ise negatif yönde etkilediğini ortaya koymaktadır. Diğer taraftan ortalama sıcaklık ve suç oranı ise içgöç kararı üzerinde anlamlı bir etkiye sahip görünmemektedir.

***

SESSION 2E – Edebiyat ve Göç II

	Room: SR 7
Chair	**Tuğrul İnal, Hacettepe University, Turkey**
132	" Büyük Dönüşün" Dayanılmaz Acısı – **Tanju İnal**
452	Hakan Günday'ın Daha Adlı Yapıtında Göç Olgusu – **Ümran Türkyılmaz**
197	Göç Kültürü ve Çatışma Modeli Bağlamında Latife Tekin'in Sevgili Arsız Ölüm'ü - **Ali Tilbe**
409	Kimlik İnşası Bağlamında Mübadele Romanları – **Hülya Bayrak Akyıldız**
130	Göç Edebiyatını Arşivlemek - **Sevengül Sönmez**

"Büyük Dönüşün" Dayanılmaz Acısı
(132) Tanju İnal (Bilkent University)

"Bilmemek" - İgnorance -Çek asıllı Fransız uyruklu Milan Kundera'nın ve yurttaşlarının 1968 Rus Komünist işgali sırasında göç ettikleri ülkelerde ve Çekoslovakya'da yaşadıkları türlü sıkıntıları, sorunları, olumsuzlukları, bunalım ve kırgınlıkları anımsatan anlatı-roman türünde bir yapıt. Rus işgalinden sonra sığınmak zorunda kaldığı Paris'te uzun süre yaşadıktan sonra ülkesine dönen romancı, olumsuz anlamda karşılaştığı değişiklikler karşısında bir "düşüş" ortamı, acı yaşar. Geriye dönüş tam bir ruhsal yıkım olmuştur Kundera için. "Büyük Dönüş" diye adlandırdığı eve dönüş kırgınlıkla, pişmanlıkla sonlanmıştır. Bu anlamda da roman Truva savaşı nedeniyle ülkesinden uzak düşen ilk sıla kurbanı Ulysses'in yirmi yıl ayrılıktan sonra ülkesi "İthaque" yarımadasına dönüşüne bir gönderme yapmaktadır. Ulysse, çok büyük özlem duyduğu, acılar çektiği ülkesine dönüş sürecinde büyük mücadeleler vermiştir. Kundera, Prag-Paris-Prag üçgeninde, Prag'a dönüşünde ülkesinde yaşamış olduğu düş kırıklıklarına, ötekileştirilmeye, tutunamamaya, acı çekmeye, bellek yitimine odaklanmıştır. Bu bağlamda roman kişileri Paris'te mülteci İrina, Danimarka'da mülteci Joseph, Kundera'nın sözcülüğünü yapan birer protagonist durumundadırlar Ülysse 'in tersine ülkelerine, Prag'a, büyük bir özlem duymazlar. Kendi topraklarına ulaşamak için büyük bir mücadele vermezler. İrina Fransız arkadaşının zoru ile, Joseph ise ölmüş olan karısına verdiği söz yüzünden geri dönmek istemiştir. Kundera "dolce vita" Paris yaşamı ile Prag'da bulduğu yaşam biçimini karşılaştırırken bir tür içhesaplaşmaya koyulur. Bunu yaparken duygusallığın ağır bastığı geçmiş yaşamı ile şimdiki zamanın bir karşılaştırmasını yapar.

***

Hakan Günday'ın Daha Adlı Yapıtında Göç Olgusu
(452) Ümran Türkyılmaz (Gazi University)

Fransa'nın saygın roman ödülü olan Prix Médicis'nin 2015 yılının en iyi yabancı roman ödülünü verdiği Daha adlı yapıtında Hakan Günday; ülkelerindeki siyasi bunalım, ekonomik çöküntü ve dinsel nedenlerle anavatanlarını bırakarak, hiç tanımadıkları ve dilini bilmedikleri bir uzamda ellerindeki tek gerçek olan yaşama tutunmaya çalışan kaçak göçmenlerin trajik öyküsünü ayrıntılı bir biçimde imler. Yurtlarında uzun yıllardan beri süregelen savaş, açlık ve yoksulluktan kaçmak amacıyla, hep aynı umudu besleyerek ve kaçak yollara başvurarak göç etmeye karar verenlerin, tümüyle kendilerine yabancı ve sağlığa elverişli olmayan koşullar altındaki varoluş savaşımı etkin bir biçimde kaleme alınır. Günday, insanlık dışı edimlerle göçmen ticareti yapan kaçakçılık örgütü üzerine temellendirdiği romanında, yersiz ve yurtsuzluğa yazgılı göçmenleri irdeler. Yazar, yeni bir yaşamın başlangıcı olan yolculukları sırasındaki tinsel ve bedensel işkencelerle karşı karşıya kalan göçmenlerin sorunlarını, insanlık tarihi kadar uzun olan göç hareketinin kaçınılmaz zorluklarını açımlar. İnsan ticareti yapan babasının yanında küçük yaşlarından itibaren kaçakçılığa başlayan baş kahraman Gazâ'nın yaşama ve insana ilişkin düşünce dünyası ve ruhunun derinlikleri, yapıtın odak noktasında ayrıntılı bir biçimde ortaya konur. Okur, içinde bulunduğu koşulları benimseyen, benimsedikçe de koşulların gücünden daha da ürkütücü bir kişiliğe dönüşen Gazâ'nın varoluş sorunsalına tanıklık eder. Çalışmamızda Hakan Günday'ın Daha adlı yapıtında yeni bir yaşam kurmak amacıyla izlenen göç hareketindeki kaçış ve artan oranda yoğunlaşan acılarla örülü dünyalarında, göçmenlerin ortak paydası olan kopuş, sürgün, açlık, hastalık, şiddet, tecavüz, ölüm ve varoluş izlekleri metne dayalı inceleme yöntemi ışığında yorumlanıp çözümlenecektir.

***

Göç Kültürü ve Çatışma Modeli Bağlamında Latife Tekin'in Sevgili Arsız Ölüm'ü
(197) Ali Tilbe (Namık Kemal University)

Göç ile yazın ilişkisi eski (fr. antique) çağlara kadar uzanır, eski göç söylencelerinden, günümüzdeki göç anlatılarına kadar, bu ilişki yazın alanında hep var olagelmiştir. Özellikle Cumhuriyetimizin kuruluşunu izleyen yıllarda uranın gelişimine bağlı olarak, kentleşme sürecinin hızlanmasıyla birlikte, köyden kente göçler yoğunlaşır ve göç izleği Türk yazınında bir olguya dönüşür. Türkiye'den yurtdışına 1960'lı yıllardan başlayarak gerçekleşen Türk göçü, öteki alanlarda olduğu gibi yazın alanında da göç izleğine ulusötesi bir boyut kazandırır. Günümüzde Almanya başta olmak üzere Avrupa'nın birçok ülkesinde değişik adlarla anılan bir Türk göç/göçer yazını olgusundan söz açılabilir. Kuşkusuz bu olgu, toplumbilimsel, artırımsal, tinsel, tarihsel ve siyasal boyutlarıyla çok yönlü olarak değerlendirilirse anlamlı ve tutarlı bir biçimde anlaşılıp açıklanabilir. Biz incelememizde, göç ve yazın ilişkisini, güvenliksiz bölgeden güvenlikli bölgeye doğru bir devinim olarak niteleyen İbrahim Sirkeci ile Jeffrey H. Cohen'in birlikte geliştirdikleri göç kültürü ve çatışma modelinden yola çıkarak incelemeye çalışacağız. Sirkeci ile Cohen, makro, mezzo ve mikro düzeyde ulusal ve ulusötesi insan hareketliliğinin dinamik doğasına katkıda bulunan çatışmalara vurgu yaparak ulus(al/ötesi) hareketliliği tartışmaya açar ve çatışma temelli bir göç kuramı geliştirmeyi dener. Lucien Goldmann'ın yazın toplumbilimi, Gérard Genet'in anlatısal söylem çözümlemesi ile Georges Lucaks'ın tarihsel roman kuramlarından yararlanarak çerçevesini belirlemeyi denediğimiz, anlama ve açıklama düzeylerinden oluşan çatışma temelli göç/göçer yazını inceleme yöntembilimini, Latife Tekin'in özyaşamöyküsel izler taşıyan ve köyden kente göç eden bir ailenin öyküsünü anlatan Sevgili Arsız Ölüm adlı romanına uygulamayı erek ediniyoruz.

***

Kimlik İnşası Bağlamında Mübadele Romanları
(409) Hülya Bayrak Akyıldız (Anadolu University)

1923 tarihli Türk-Yunan Nüfus Mübadelesini konu alan romanlarda kimlik, uyum, ulusçuluk gibi konulara yaklaşım bakımından farklılıklar vardır. Hangi cepheden ve ideolojik çerçeveden bakıldığına bağlı olarak mübadele olgusunun farklı şekillerde yorumlandığı görülür. Bu bildirinin konusu söz konusu farklı yaklaşımların Türk romanındaki yansımaları ve bunun kimlik inşası ile ilişkisidir. Yılmaz Karakoyunlu'nun Mor Kaftanlı Selanik, Kemal Yalçın'ın Emanet Çeyiz, Kemal Anadol'un Büyük Ayrılık, Fikret Otyam'ın Pavli Kardeş, Mario Levi'nin En Güzel Aşk Hikayemiz adlı romanları başta olmak üzere mübadeleyi doğrudan ya da dolaylı olarak konu eden Türk romanlarından seçilecek bir örneklem üzerinden mübadelenin kimlik inşasına etkisi, "biz" ve "öteki" ilişkisi, alt kimlik (bireysel kimlik)- üst kimlik (etnik, ulusal, dinî kimlikler) ilişkisi bağlamında incelenecektir. Göçmenlik ve marjinalizasyon ve melez kimlik ilişkileri, kimliğin etnik ve dinsel temelde tanımlanmasına karşı hümanist ve evrensel kimlik anlayışları, kimlik ve mübadele olgusu arasındaki karşılıklı ilişkiler değerlendirilmeye çalışılacaktır. Bu değerlendirmelerde Edward Said başta olmak üzere kimlik kuramcılarının kuramlarından yararlanılacaktır.

***

Göç Edebiyatını Arşivlemek
(130) Sevengül Sönmez (Duisburg-Essen University)

Türkiyeli yazarların farklı nedenlerle (eğitim, çalışmak, iltica etmek vb.) ülke dışında yaşamak zorunda olduğu dönemler ve sonrasında kaleme aldıkları yayımlanmış ya da yayımlanmamış eserlerden yola çıkarak göç, göçmen anlatılarının / yazarlarının arşivini oluşturmak neden gereklidir sorusuna odaklanacak sunumda, Türkiye'de ve Türkiyeli yazarların yaşadıkları ülkelerde kurulacak transkültürel arşivlerin gerekliliği tartışılacaktır. Eğitim için Avrupa'ya giden Sabahattin Ali, Sait Faik Abasıyanık, Cahit Sıtkı Tarancı, Sabahattin Eyüboğlu, Yüksel Pazarkaya; çalışmak için giden Fakir Baykurt, Bekir Yıldız, Aras Ören, Fethi Savaşçı, Güney Dal, Emine Sevgi Özdamar, Habip Bektaş; siyasi nedenlerle Türkiye dışına çıkmak zorunda kalan Orhan Murat Arıburnu, Dursun Akçam, Doğan Akhanlı, Gün Zileli, Mehmet Uzun; kişisel tercihlerle Avrupa'da yaşayan Demir Özlü, Lütfü Özkök, Gürhan Uçkan, Feyyaz Kayacan vb. pek çok edebiyatçının eserlerini, yaşadıkları ülkeler hakkında yazdıklarını, bu dönemlere ait kişisel evrakı (mektup, günlük, fotoğraf vb.) bir araya getirecek bir tematik bir arşiv kurmak, göç ve göçmen edebiyatını daha yakından tanımak, kültürler arası ve kültür aşırı edebiyatın dinamiklerini anlamak için yapılacak çalışmalar için bir başlangıç noktası olacağı gibi, bu alanda yapılan çalışmalara yeni bir bakış açısı kazandıracaktır. Hem Türkiye'de hem de Avrupa'da bu konuda yapılacak araştırmalar için kaynak oluşturmak, söz konusu edebiyatçıların kişisel evrakını araştırmacılara açmak bu alanda yapılacak çalışmaları çeşitlendirecektir. Bu tür bir arşivin kurulması için yapılması gerekenler (maddi ve fiziksel koşullar, derlenmesi gereken koleksiyon, bu edebiyatçılar hakkında yapılmış çalışmalar) nelerdir? Adı geçen ve sayısı çoğaltılabilecek edebiyatçılara ait bu tür belgeler bugün nerede ve nasıl saklanmaktadır? vb. sorularla genişletilecek sunumda, Mehmet Uzun arşivinin İsviçre'den Diyarbakır'a yolculuğu, Sabahattin Ali ve Sait Faik arşivinin halihazırdaki durumu hakkında verilecek bilgilerle bu arşivlerden "Göç ve Göçmen Edebiyatı Arşivi" için nasıl yararlanılabileceği de anlatılacaktır.

***

SESSION 3A – Seeking Refuge and Media

	Room: SR 3
Chair	**Katharine Sarikakis, University of Vienna, Austria**
5551	Mediated Communication Among Syrian Refugees in Turkey and Belgium – **Kevin Smets**
5554	The Representation of Syrian Refugees in Turkish Mainstream Media – **Derya Kurtuluş**

5553	Use of Communication Technologies and the Social Media by Refugees in A Mediatized World – **İlke Şanlıer**
5552	The Smartphone is the Most Valuable Thing We Have – Insights from a qualitative study on how Syrian refugees use their smartphones on their journey to Europe - **Katja Kaufmann**
150	Peace Journalism or Mainstream (Common) Journalism: Refugees in Turkey Print Media – **Arda Umut Saygın**

Mediated Communication Among Syrian Refugees in Turkey and Belgium
(5551) Kevin Smets (Free University of Antwerp)

Research on media and forced migration has boomed over the last years, but the empirical focus has remained rather fractional. While a number of studies have explored issues of representation, much less academic research has been conducted on media use among forced migrants. Yet, there has been a lot of popular attention (both in mainstream and alternative media outlets) on mediated communication among forced migrants, and on the mediated nature of refugee trajectories. Recently some studies on the uptake of communication technologies (especially smartphones) and the communication needs of refugees have emerged, all pointing at the importance of these technologies in terms of affect, social and material wellbeing. The current study seeks to contribute to this emerging body of research by proposing a comparative study on mediated communication among Syrian refugees in Turkey and Belgium. The study is conducted among refugee populations in South-Eastern Turkey and among recently arrived asylum seekers in Brussels and mainly uses expert interviews with key actors from policy and aid organizations, as well as participant observations and in-depth interviews with refugees. The analysis and presentation mainly focuses on three central issues: (1) the tension between communication rights and securitization discourses; (2) the tension between personal and community level communication infrastructures; and (3) the diverse affordances of specific technologies, from material survival to entertainment.

The Representation of Syrian Refugees in Turkish Mainstream Media
(5554) Derya Kurtuluş (Çukurova University)

Due to the civil war conditions emanated on April 2011, 4,597,436 (UNHCR data of January 19, 2016) Syrian people have been displaced today. According to the official figures of UNHCR, from those who were forced to leave their country 2,503,549 people are in Turkey now, while 1,069,111 and 635,324 people are in Lebanon and Jordan, respectively. We know that there are a few Syrian people escaping the war in countries close to Syria (such as Iraq, Egypt, and Libya). In Europe, total number of official asylum applications through April 2011 and November 2015 was announced to be 813,599. Many Syrians whose number is not and cannot be known have passed away in the Aegean Sea while migrating as undocumented. We are facing the utmost migration wave of the world since the Second World War. Issue of Syrian refugees, with a population of 300,000 staying at the 27 camps affiliated to the AFAD (Prime Ministry Disaster & Emergency Management Authority of Turkey) and of approximately 2 million staying outside these camps, is one of the hot topics of everyday life, domestic and international policies of Turkey since 2011. The "guest" notion used both by the government of that time and its spokespersons referring the first Syrian refugees entering the country underlined the temporariness of their existence in Turkey, while representing also a violation of right which made them deprived of rights and opportunities of the "refugee" status. Facts, such as testing Turkey who have the right to the "geographical limitation" when taking refugees with "asylum", refugees perceived as "economic burden" by the public, criminalization while making news of them, make the way in which news of Syrian refugees are made at the mainstream media an important subject also from the point of rights journalism.

***

Use of Communication Technologies and the Social Media by Refugees in A Mediatized World
(5553) İlke Şanlıer (Koç University)

Since the onset of the Syrian civil war, the UNHCR and Turkish government have registered nearly two and a half million Syrian refugees in refugee camps and in the cities along the Syrian-Turkish border and as well as the cities such as Istanbul. In addition, many live unregistered in Turkey's towns and cities. While Turkey has generally been lauded for its open-door policy and comparatively comfortable camps and generous provision of resources, Syrians live under a temporary protection regime that places their legal status outside of the Geneva Convention. According to the Geneva Convention's geographical limitation, only Europeans can apply for asylum in Turkey and Syrians have thus been welcomed as "temporary guests". Official understanding of Syrian refugees as "guests" results in not providing them basic rights. By the beginning of summer in 2015, as public agitation grows and the Turkish government reaches its capacity to manage the situation, Syrian refugees have come to a point of choosing to leave Turkey and cross into Europe. Forced from their land and without any path to seek asylum and safety, these and refugees from other nationalities including Afghanistan, Iraq and Iran are risking their lives by dangerous voyages across the Mediterranean, smuggling networks and relentless border authorities. In this paper, I discuss the use of communication technologies by the refugees and social media practices during their refuge from mediatization perspective. I have conducted interviews with Syrian, Afghan, Iraqi and Iranian refugees in the cities Eskişehir, İstanbul and İzmir during the spring and summer of 2015. Participants included those who plan to cross to Europe in a short period of time and those who are on their way to Europe. Of course their testimonies include previous experiences of flights to Turkey as well. During their mobility practices, refugees rely on communication technologies which become more vital especially in a highly mediatized world. They use smartphones for orientation during their flight, utilize applications such as Zello to communicate, rely on social media to organize. I will also discuss the practice of documenting their deadly journeys.

***

The Smartphone is the Most Valuable Thing We Have – Insights from a qualitative study on how Syrian refugees use their smartphones on their journey to Europe
(5552) Katja Kaufmann (Alpen-Adria-University Klagenfurt)

In the fifth year of the war in Syria, and a middle east more shaken by terror and human rights violations than ever before, the stream of refugees to the West is going to continue: Being forced to turn their backs on their old lives, more people than ever seek shelter in Europe. In this situation, it is the smartphone that helps refugees to make their way against all odds. Individual journalists have been trying to justify why refugees possess smartphones and hence to disprove the alleged correlation between owning a piece of technology and lacking the need to seek international protection. This paper presents first conclusions from a qualitative interview study conducted in early 2016 with Syrian refugees on how they used the smartphone on their journey to Austria exploring the many different ways these devices prove useful to refugees on the move: Such as finding routes, connecting with relatives and friends scattered across countries, or guaranteeing emotional support.

***

Peace Journalism or Mainstream (Common) Journalism: Refugees in Turkey Print Media
(150) Arda Umut Saygın (Gazi University)

Bu çalışma, mültecilerin Türkiye'deki yazılı basında temsiline odaklanarak onların haber içeriklerindeki temsil biçimlerini ortaya çıkarmayı amaçlamaktadır. Bu bağlamda, örneklem olarak seçilen Türkiye'nin en fazla tirajı sahip olan Sözcü, Zaman, Posta, Sabah ve Hürriyet gazeteleri 1 Ocak 2016-1 Mayıs 2016 tarihleri arasında incelenecek, bu gazetelerde yer alan haberler içerik analizi yöntemiyle analiz edilecek ve Türk medyasının barış gazeteciliği mi yoksa onun karşıtı olan genelgeçer gazetecilik mi yaptığı belirlenmeye çalışılacaktır. Bu belirlenim, analizde mültecilerle ilgili yapılan haberlerin sayısı, dağılımı, içeriği, teması, temsil biçimi ve yaklaşımı gibi unsurların incelenmesiyle gerçekleştirilecektir. Böylece, Türk medyasında mültecilerle ilgili haberlerde "haberin değeri yalnızca doğal afetler, ölümlü kazalar, çatışmalar gibi olağandışılığa atfedilerek ve mülteciler yalnızca rakamlara indirgenerek genelgeçer gazetecilik mi yapılmaktadır" ile "Türk medyası mültecilerin seslerini duyurup onların sorunlarına dikkat çekerek insan haklarını gözeten barış gazeteciliği mi yapmaktadır" sorularının cevapları aranacaktır. Araştırma bulguları da Türk medyasının mülteciler konusundaki fotoğrafını vererek medyada mülteci temsilini niceliksel yönleriyle anlamaya yardımcı olacaktır.

***

SESSION 3B – Gender and Turkish Migration

	Room: SR 4
Chair	**M. Murat Yüceşahin, Ankara University, Turkey**
475	Translating Cultural, Social and Gendered Differences: Marriage Migrants' Performances of Cultural Translation in Germany – **Anıl Al Rebholz**
210	In and Out of the Community: Women in "Amicale Franco-Turque" in Paris – **Irmak Evren**
395	"Overseas Motherhood": Experiences of the Immigrant Women Involved in Childcare in Turkey - **Sibel Ezgi Ağıllı, Ebru Açık Turğuter**
472	The Effects of Refugee Crisis to Gender Policies: Studies on EU and Turkey – **Pelin Sönmez**
503	Women in Turkey's Migration Regime: Ugandan Women in Kumkapı – **Emel Coşkun**

Translating Cultural, Social and Gendered Differences: Marriage Migrants' Performances of Cultural Translation in Germany
(475) Anıl Al Rebholz (Okan University)

The study of marriage migration resembles a "micro social laboratory", investigation of which is linked to the much broader issues like changing conditions of intimacy in global era, cultural and social negotiations of manhood and womanhood in migration context, the transformation and contestation of migrant masculinities, redefinition/reformation of heteronormativity under the conditions of migration, negotiation of and resistance against social inequalities and axes of difference in the migration processes along the axes of difference like religion, gender, class and ethnic identity. The paper aims at the study of cultural, social, gendered and religious practices of the Non-EU marriage migrants in different spheres of life and institutional areas such as work, family, cultural and social life as the negotiation of the differences by migrants between the cultures of the host society and the cultures of the sending countries. Drawing on Homi Bhabha's concept of "cultural translation" I examine migratory processes as the site of cultural translation between different world views, social practices and common sense. Translating culture is not only a discursive practice related to bilingualism, to concept/knowledge production and to conceptual transformation, but should also be seen as a non-discursive performance including bodily practices and experiences (cf. Wagner 2011). The paper is based on biographical narrative interviews conducted with the men of Kurdish, Turkish and Moroccan origin, who could migrate to Germany through a marriage with a female descendant/daughters (belonging to the 2nd and 3rd generation) of a migrant family living in Germany, and with their wives. The presentation draws on the conceptual tools of transnational migration, hegemonic masculinity, transnational family, cultural translation; and focuses especially on the biographical accounts of migratory experiences by men of Kurdish, Turkish and Moroccan origin.

***

In and Out of the Community: Women in "Amicale Franco-Turque" in Paris
(210) Irmak Evren (Middle East Technical University)

DITIB France (Diyanet İşleri Türk İslam Birliği-Turkish Islamic Union for Religious Affairs), the largest transnational religious organization of Turkish Muslim migrants in France is established as an umbrella organization under the Turkish Presidency of Religious Affairs (Diyanet) in Turkey, composed of nearly 150 associations, only in Paris. The officials are assigned for these associations by Diyanet in Turkey, either for a year or four-year basis, that each official carries out several tasks, such as being an imam, müezzin, preacher, Quran instructor and also engage informally in psychological counselling (accueil familial) They aim to help the migrants to conserve their "cultural" and "religious" identities, hereby, accentuating both "Turkish" and "Muslim" values, which are nevertheless prone to "permanent differences" (Kastoryano, 2000:136) Oscillating between conservation and differentiation, gendered community of Turkish Muslim migrants in these associations well contributes to the oscillation. Among which, Amicale Franco-Turque, situated in Carrières sous Poissy in Paris represents a "place" for men while continues to be a "space" for women. The five time prayers are held by men, "lokal" is occupied by men as a coffeehouse, weekly held sohbets as well as side activites such as watching national football matches at the lokal is part of the everyday life of men in the related community. On the other hand, women are only present at the lokal at noon in each week on Saturday, gathered by the assigned officials' (imam) wife who is also trained as a Quran instructor in Turkey. Moreover, sohbets for women take place each week at the apartments, hosted by the community members' wife and daughters in rotation. In these sohbets, imam's wife is invited and activities where Quran reading, Q&A corresponding to practices, particularly related to family and working life are interpreted according to Islamic reading, organised mainly as gün meetings. In this respect, this study aims to analyse the ways of women's "limited" participation to the community circle, who claim a space both in and outside of this community through their husbands and sons- the active members of the community, and also through interaction with other women in gün meetings, conducted by using qualitative methods, participant observation and in-depth interviews.

***

"Overseas Motherhood": Experiences of the Immigrant Women Involved in Childcare in Turkey
(395) Sibel Ezgi Ağıllı, Ebru Açık Turğuter (Muğla Sıtkı Koçman University)

Since 1970, social, political and economic transformations experienced have resulted in the collapse of the welfare state and adoption of neo-liberal policies as a result of the crisis of capitalism has led to increase in the international immigration of labor force. This leads to the emergence of traditional social gender-based labor-division and the phenomenon of the feminization of immigration that regenerates the roles. As a result of the collapse of the welfare state and increasing participation of middle-class women in work life, immigrant women have begun to serve in the child-care sector which is one of the low-wage service sectors and whose value is decreased by calling it "labor of love". The relationship between the increasing demand for child-care and the feminization of immigration is evaluated through the concept of global care chains. In this connection, while immigrant women take the "motherhood responsibilities" of middle-class working mothers, they hire other women to undertake their own "motherhood responsibilities". While immigrant women try to adapt to their "overseas motherhood" roles, they experience the conflict of abandoning their children for the sake of ensuring a better prospect for them. On the other hand, they are expected to share the emotions that they could not share with their own children with children to whom they are offering their care. Thus, not only their material labor but also their emotional labor is exploited. Therefore, study aims to evaluate the "motherhood" experiences, working and living conditions of women involved in child-care by means of interviews to be conducted with them.

***

The Effects of Refugee Crisis to Gender Policies: Studies on EU and Turkey
(472) Pelin Sönmez (Nişantaşı University)

This paper aims to present current or (near) future policies and initiatives of EU and Turkey on Syrian refugee women. It, therefore, targets to make inference on their role through social reproduction process while observing their integration to EU and Turkish societies. As state and Union policies towards refugee women is our area of concern, the paper will specifically study how "housewifery" phenomenon that increases steadily since 1950's would change in Turkey after refugee crisis. Moreover, the paper will question whether EU's policies and initiatives for refugee women would be a potential for the solution of chronic aging population and decreasing employment problems of Europe. It would therefore open an argument on defining the place of Syrian women refugees in future construction of Turkish and European societies.

***

Women in Turkey's Migration Regime: Ugandan Women in Kumkapı
(503) Emel Coşkun (Düzce University)

Previous research shows that gender is an organising principle in migration processes for women. Gendered migration has also become visible in Turkey initially with the migration from ex-Soviet countries in 1990s and in new migration flows in 2000s. Recently, migrant women from Sub-Saharan African countries create a good example of new gendered migration flows in Turkey. This paper focuses on one of the most visible Sub-Saharan African women's groups, Ugandan migrant women's migration experiences in Turkey in order to explore the interactions between their gender and migration. Ugandan women are one of the most represented Sub-Saharan migrant women's groups in waged work and in prostitution area in Kumkapı where diverse migrant groups live in Istanbul. Based on an empirical research, this paper argues that Ugandan migrant women's experiences, both before and after migration, are highly sensitive to their gendered roles. They are in a highly fragile position under Turkey's migration regime especially as a result of their undocumented position and the pressure of sending money back home. Indeed, being employed in gendered segments of labour market, Ugandan migrant women often face labour exploitation, discrimination, racism and sexual harassment. When these difficulties are combined with the pressure from home and paying the debt, some Ugandan women are pushed to sell sex.

***

SESSION 3C – Legal Perspectives and Refugees

	Room: SR 5
Chair	Ülkü Sezgi Sözen, University of Hamburg, Germany
251	Working Rights For Refugees: A Comparison of the Turkish and the Australian Models in Achieving Humanitarian and Labour Objectives – **Sherene Özyürek, Ali Zafer Sağıroğlu, Rodger Fernandez, Andrew Clarke**
167	European Union's Irregular Migration "Paradox": the Case of EU-Turkey Readmission Agreement -**Yeliz Yazan**
382	Is a Refugee a Refugee Everywhere? Italian Law - **Annalisa Morticelli**
380	Is a Refugee a Refugee Everywhere? Brazilian Law - **Emilia Lana De Freitas**
381	Is a Refugee a Refugee Everywhere? Turkish Law - **Ülkü Sezgi Sözen**

Working Rights for Refugees: A Comparison of the Turkish and the Australian Models in Achieving Humanitarian and Labour Objectives
(251) Sherene Özyürek (Victoria University), Ali Zafer Sağıroğlu (Yıldırım Beyazıt University), Rodger Fernandez (Melbourne University), Andrew Clarke (Victoria University)

Generally, the conceptual development of the abstract is very good planned. Moreover, the abstract is highlighting an essential matter for refugee studies. The abstract opens a prosperous way to a new contribution for the literature. Comparative method is very useful and put new contributions in most of the cases and this will be also the case for this paper. Moreover, as far as it is expressed in the abstract, comparative method will be used properly in the paper. Another important point for this abstract is that the paper will touch relevance topics, in particular different law models and its policy aims. Nevertheless, the communication of the work could be done more effectively.

***

European Union's Irregular Migration "Paradox": The Case of EU-Turkey Readmission Agreement
(167) Yeliz Yazan (İstanbul University)

Migration and desire to live better will continue as long as humans exist. Accelerating effect of globalization has gradually transformed member states of the European Union into a destination country from the country of origin. Thus, irregular migrants have become a direct challenge on state's territoriality. As migration has politicized and Europe turned into "zone of migration", EU has structured policies around intergovernmental cooperation. Accordingly, the role of EU's institutions has been increased and the issue of migration codified. In spite of codifying process, to constitute common migration policies is hampered by member states that are still unwilling to relinquish their national authority on migration. When the increasing number of attempted illegal migration is taken into consideration, it is a fact that transform of authority is becoming inevitable. Thus, The Union finally has got authority to negotiate readmission agreement since Amsterdam Treaty, which was signed in 1999. The readmission agreements can be called as a "building stone" in construction of "Panopticon Europe" on the inside and "Fortress Europe" on the outside. Strategy of EU's readmission agreements is based on concentric rings. While the first circle consists of member states and members of Schengen Agreement, the second circle is formed by candidate countries. This study aims to examine EU's "paradox" on its human rights discourse by analyzing readmission agreement between EU and Turkey. To this end, the paper will argue that EU's readmission agreements, which entered into force to combat irregular migration, are built on security oriented approach and they shade rights based approach.

***

Is a Refugee a Refugee Everywhere? Italian Law
(382) Annalisa Morticelli (Hamburg University)

Within the scenario of the current refugee crisis, for the immigrants searching for a better life in Europe, Italy represents mostly a transit country through which allow to reach specially Germany and Sweden. Based on the Regulation of Dublin III of European Union, the request of international protection has to be presented in the country where the first identification has been occurred. Italy, as often member state of first landing, is thus dealing with increasing requests. Is the Italian refugee law effective? Italy is one of the signatory States Parties of the 1951 Geneva Convention and it has embraced the definition of "refugee status" enshrined in the Convention, protecting the right to asylum at constitutional level. Before the implementation of the European Union directives, the matter was regulated only by Martelli Law. The recent legal corpus on the subject is exclusively of European derivation. Is Italy applying properly the Geneva Convention and is respecting the European regulation? Italy has been criticized from European Union for its attempt to not give the first identification of immigrants passing by the country in order to reduce the request of international protection. On the other hand, Italy has claimed the implementation of some European regulation, as the Temporary Protection Directive, for Syrian in particular, with the aim to share with the rest of European Union the requests of applicants. That could allow a better implementation of the Geneva Convention and to find a solution for the crisis at European level. Afterwards, one shall discuss if these concepts are seen and understood the same way the 1951 Geneva Convention determines. The idea is to call the definition of the term "refugee" and the Geneva Convention into question, as well as to suggest some changings for an effective Refugee Law that the world needs these days.

***

Is a Refugee a Refugee Everywhere? Brazilian Law
(380) Emilia Lana De Freitas (Hamburg University)

Nowadays, in Brazil, one notes the immigration of people from different nations who glimpse in the country the opportunity to run away from dire situations in their home countries. Compared to the amount of refugees Turkey and Italy have been receiving in the last years, Brazil's reception of immigrants appears to be not that relevant. However, the South American country has been dealing with migration issues and, on a daily basis, has been identifying forced migration cases. According to the Brazilian authorities, the country has been welcoming the greatest amount of immigrants compared to the last few years. Moreover, Brazil has seen a 14-fold increase in the number of annual refugee applications in just four years. Brazil has a broader definition than many other countries when defining those who are considered to be refugees and, therefore, to whom it can be granted the refugee status. This refugee classification is based not only on the 1951 Geneva Refugee Convention, but also on the national Law n. 9.474/1997, and still on the 1969

African Refugee Convention and the Cartagena Declaration of Refugees. One could say Brazil has a modern way of determining the refugee status, as this decision involves not only the Brazilian State, but also the UNHCR and the civil society. Under this panorama, this special session aims at comparing the way Brazilian, Italian, and Turkish laws deal with the definition of refugee and the granting of the refugee status. Afterwards, one shall discuss if these concepts are seen and understood the same way the 1951 Geneva Convention determines. The idea is to call the definition of the term "refugee" and the Geneva Convention into question, as well as to suggest some changings for an effective Refugee Law that the world needs these days.

***

Is a Refugee a Refugee Everywhere? Turkish Law
(381)Ülkü Sezgi Sözen (Hamburg University)

In the globalized refugee crisis Turkey is playing the most significant and critical role as a guard of the European Union's borders. Especially at the moment mostly from Syrian but also from other Middle Eastern and African countries a mass refugee population is fleeing from their countries mostly through Turkey to Europe, in order to get international protection. Owing to this crisis, Turkey adopted in April 2013 a new Law on Foreigners and International Protection. Nonetheless, Turkey still has a geographical limitation of the 1951 Geneva Convention and denies giving refugee status to people from non-European countries. Therefore, Turkey divided refugee status into refugees who come from Europe, conditional-refugees, who come from outside of European countries, refugees with secondary protection, who cannot be defined neither as refugee nor as conditional-refugee, and refugees with temporary protection, who come collectively like Syrians. The aim of this paper is to find a blue print for refugee status in order to manage the global refugee crisis and ensure international protection for refugees everywhere. In order to reach this goal, firstly refugee status in Turkey will be examined. Secondly, this analysis will be compared, regarding the attempt of bringing Turkish legislation into accordance with EU standards, with the international protection in Italy from a European perspective. At last, the results will be compared with the international protection in Brazil from a totally different Latin American perspective. Through this comparative method, it will be possible to come to a conclusion about whether a refugee is seen and understood as a refugee in all of the State Parties of the 1951 Geneva Convention, calling the definition of the term "refugee" into question and proposing an ideal and maybe new definition for these displaced people.

***

SESSION 3D – Göç ve Ekonomi - II

	Room: SR 6
Chair	**Fethiye Tilbe, Namık Kemal University, Turkey**
290	Göçün Mali Etkileri – **Tülin Canbay, Osman Gülden**
332	Osmanlı Devleti'nde Konar-Göçerlerin Göçlere Etkisi ve Kayıp Köyler Meselesi - **Alpaslan Demir**
482	Uluslararası İşçi Göçü Hareketlerinde Göçmen İşçilerin Sosyal ve Ekonomik Etkileri - **Güven Şeker, Ahmet Şahin**
584	Türkiye Tarımında Dönüşüm ve Mevsimlik İşçi Göçleri: Sakarya Örneği - **Uygar Dursun Yıldırım**
355	Varlık Vergisi ve Göç – **Öznur Akyol, Deniz Alçın Şahintürk**

Göçün Mali Etkileri
(290) Tülin Canbay, Osman Gülden (Celal Bayar University)

Son yıllarda küreselleşmenin yanı sıra savaşların da etkisiyle uluslararası göç hareketlerinde bir artış görülmektedir. İster isteğe bağlı olsun ister zorunlu olsun göç; ekonomik, sosyal, kültürel ve mali alanda etkilere yol açmaktadır. Bu çalışmada özellikle son yıllarda yaşanan uluslararası göç hareketleri mali etki ve sonuçları açısından ele alınacaktır. Göç hareketleri pozitif ve negatif dışsallıkların yanı sıra tam kamusal malların arzını, yarı kamusal malların (eğitim, sağlık gibi) üretimini ve tüketimini, kamu harcamalarını ve vergi gelirlerinin düzeyini etkilemektedir. Göç hareketlerinin hem göç alan hem de göç veren ülkeler açısından ortaya çıkardığı mali etkilerin net bir katkı mı yoksa mali bir yük mü getirdiği konusu tartışmalıdır. Ancak, özellikle savaş nedeniyle son yıllarda hızlanan uluslararası göç hareketliliği, göçmenleri kabul eden ülkeler için daha fazla kamu hizmeti sunumunu gerektirmekte ve bu ülkelerin daha fazla mali kaynağa ihtiyaç duymasına neden olmaktadır.

***

Osmanlı Devleti'nde Konar-Göçerlerin Göçlere Etkisi ve Kayıp Köyler Meselesi
(332) Alpaslan Demir (Gaziosmanpaşa University)

Timar sisteminin bozulması ve iltizam sisteminin yaygınlaşması, uzun savaşların artan maliyeti, silahlı asker sayısının arttırılması, Celali isyanları, eşkıyalar, devlet ricalinin zulümleri gibi sıkıntılar, reayayı zora soktuğu kadar, devlet mekanizmasını da ciddi bir şekilde çıkmaza doğru sürüklemiştir. Uzun yıllar bütçe fazlası olan devlet, artık bütçe açıkları vermeye başlamış, dolayısıyla bu açıkların kapatılması amacıyla bazı çözümler aranmıştır. Bu doğrultuda vergi sisteminde yeni düzenlemelere gidilmiştir. Fakat, Osmanlı düzeninin bozulmasının bir yansıması olarak vergi konusunda yaşanan adaletsizlikler zaten ekonomik durumu iyice zayıflayan ve rutin vergilerini bile ödeme gücü kalmayan köylü, çareyi köyünü terk etmekte bulmuştur. Bu bildiride vergi baskısının, Osmanlı toplumunda ve yerleşim düzeninde yol açtığı değişim ve dönüşüm süreci değerlendirilerek, Osmanlı Devleti'nden günümüze intikal eden önemli bir iskan tarihi problemi olan kayıp köyler meselesi ile ilintisi ortaya konulacaktır.

***

Uluslararası İşçi Göçü Hareketlerinde Göçmen İşçilerin Sosyal ve Ekonomik Etkileri - Güven Şeker, Ahmet Şahin
(482) Güven Şeker, Ahmet Şahin (Celal Bayar University)

Günümüzde, özellikle batı ekonomilerinin bir çoğunun "demografik kriz" içinde olduğu bilinmektedir. Yaşlanan nüfusun ve düşük doğum oranlarının artmasından dolayı, bu ülkelere göç olmadan mevcut sosyo ekonomik sistemin, sürdürülebilir olması mümkün değildir. Bu "kriz" genellikle, devletlerin, mevcut iş gücü talebinin karşılanmasına yönelik, kendi vatandaşlarının iş gücü arzının arttırılması için yapmış oldukları yatırımlara göre, bazen maksatlı bazen de öngörülemeyen bir şekilde şiddetlenebilir. Kalıcı ve geçici göçmenlere olan talep, görece olarak ulus-devletlerde ve demokratik devletlerde fazla olsa da, diğer ülkelerde de çok yüksektir. En azından prensipte bu tip devletlerin genelinde, iş gücü açığı olan, iş pozisyonlarını doldurmak için kendi aralarında, göçmenleri çekmek için yarışmaktadırlar. Ancak uygulamada, gelişmiş ülke ekonomilerinin ihtiyaçları sadece "yüksek vasıflı" göçmenler tarafından doldurulabilir şeklinde bir kanı vardır. Çalışmada, göçmen işçilerin, göç ettikleri ülkelerdeki iş gücü piyasalarına olan etkileri, kötü çalışma koşulları, düşük ücretler, ayrımcılıklar ve yabancı düşmanlığı, güvenlik, sağlık, kültürel gibi sosyal ve ekonomik etkiler ele alınacaktır. Bu çerçevede, dünyadaki göçmen işçilerin ilgili ülkelerdeki etkileri ele alınırken özellikle son yıllarda yoğun bir şekilde göçmen işçi akınına uğrayan Türkiye'deki göçmen işçilerinde sosyal ve ekonomik etkileri ele alınacak ve karşılaştırmalar yapılacaktır.

***

Türkiye Tarımında Dönüşüm ve Mevsimlik İşçi Göçleri: Sakarya Örneği
(584) Uygar Dursun Yıldırım (Istanbul Metropolitan Municipality)

Türkiye'de tarımda kapitalizmin gelişmeye başladığı 19. Yüzyıldan bu yana pazara yönelik tarım yapılan bölgelerde görülen ucuz işgücü hareketlilikleri son yıllarda çok daha yaygın ve kitlesel hale gelmektedir. Oysa yakın geçmişe kadar ilgili literatürde yer alan ampirik ve kuramsal çalışmalarda, aile emeğiyle meta üretimine geçen işletmelerin, özellikle işgücü ve mülkiyet özellikleriyle Türkiye tarımında ağırlığını koruduğundan söz edilmekteydi. Tarım kesimi ağırlıklı olarak geçimlik ve pazara yönelik üretim yapan çiftçiler ekseninde ele alınıyor, tarımda işçileşme süreci belirli bölgelerle sınırlı bir eğilim olarak görülüyordu. Ancak tarımda uygulanan neoliberal politikalara bağlı risk ve belirsizliklerin arttığı son 20 yıllık süreçte aile emeğine dayalı üretimin ciddi bir yeniden üretim krizine girdiğini ve mevsimlik tarım işçisi çalıştırma pratiklerinin mekânsal olarak oldukça yaygınlaştığını görüyoruz. Çalışmada son yıllarda tarımda işçileşme eğilimlerini güçlendiren faktörlerin neler olduğu, mevsimlik işgücü göçlerinin nasıl ve neden yaygınlaştığı sorularına cevap aranmaya çalışılmıştır. Bu sorulardan hareketle 2011-2013 yılları arasında Sakarya'da fındık üretiminin yoğunlaştığı tarım alanlarında yapılan saha araştırmasında fındık üreticileri, mevsimlik tarım işçileri ve dayıbaşılardan oluşan bir grupla derinlemesine görüşmeler yapılmıştır. Sakarya'da yapılan saha araştırmasında, tarımda emek organizasyonlarının mahalli niteliğini yitirmekte olduğu ve toprak sahibi çiftçiler, mevsimlik tarım işçileri ve dayıbaşılar arasındaki karşılıklı ilişkilerle örgütlenen, daha geniş kırsal kentsel mekânları ilgilendiren bir karakter kazandığı tespit edilmiştir.

***

Varlık Vergisi ve Göç
(355) Öznur Akyol, Deniz Alçin Şahintürk (Celal Bayar University)

11 Kasım 1942 tarihinde 4305 sayılı Kanun'la uygulamaya konan ve on altı ay gibi kısa bir sürede uygulamada kalan ancak Türkiye tarihinde önemli siyasi, ekonomik ve kültürel sonuçlara sebep olan varlık vergisi olağanüstü bir servet vergisidir. Çıkartılma gerekçesi dönemin başbakanı Şükrü Saraçoğlu tarafından tedavüldeki paranın azaltılması, ülke ihtiyaçlarının karşılanması, Türk parasının kıymetlenmesi olarak belirlenmiş olan vergi, uygulamada yaşanan sorunlardan dolayı beklenilen amaçların yanı sıra pek çok olumsuz sonuçları da beraberinde getirmiştir. O dönemin anayasası olan 1924 Anayasasına baktığımızda vergileme ilkeleri günümüzde olduğu gibi açıkça belirlenmemiştir. Bu yüzden ülkemizdeki varlık vergisi uygulamasının doğruluğu ve sonuçları genel vergileme ilkeleri çerçevesinde değerlendirildiğinde özellikle tarafsızlık, etkinlik, eşitlik, adalet, ödeme gücü ve kolaylık ilkelerine açıkça aykırı olmuştur. Bu bağlamda bakıldığında vergilemede herkes eşit olarak görülmemiş, mükellefler ırk ve dinlerine göre kategorize edilmiş, mükelleflerin kendilerine tarh edilen vergilere karşı itiraz ve temyiz hakları ellerinden alınmış, vergisini ödeyemeyecek durumda olan mükelleflere devlet tarafından oluşturulmuş kamplarda çalışma zorunluluğu getirilmiştir. Kendilerine tarh edilen vergileri on beş gün içerisinde ödeme zorunluluğu getirilen gayrimüslim mükellefler gayrimenkullerini yok pahasına ellerinden çıkartmak zorunda bırakılmıştır. Cumhuriyetin kuruluşundan 1960'lı yıllara kadar Türkiye'den yurtdışına yaşanan göç hareketleri ağırlıklı olarak gayrimüslimler tarafından gerçekleştirilmiştir. Bu göç hareketlerini ekonomik olmaktan ziyade siyasi ve kültürel perspektife yerleştirmek mümkündür. Ancak çalışmamızda ele aldığımız varlık vergisinin sonucunda yaşanan göç hareketinin sebebini ekonomik gerekçelere dayandırmak hiç yanlış olmayacaktır. Bu çalışmada yukarıda verilen bilgiler kapsamında varlık vergisi, gerekçeleri, uygulaması ve göç üzerindeki etkileri ekonomik sonuçları ile ele alınacaktır.

***

SESSION 3E – Edebiyat ve Göç - III

	Room: SR 7
Chair	**Tanju İnal, Bilkent University, Turkey**
257	1933 Sonrası Türkiye'ye Sığınan Nazi Karşıtı Aydınlar ve Karşılaştırmalı Edebiyatın İki Kurucu Adı: Spitzer ve Auerbach – **Gülnihal Gülmez**
243	Doğu'dan Uzakta Öteki Adam - **Duygu Öztin Passerat**
280	Ahmet Mithat Efendi'nin Romanlarında Göç Coğrafyası: Özgürlükten Sürgünlüğe "Kafkasya" – **Serap Aslan Cobutoğlu**
333	Klaus Poche'nin Atemnot İsimli Yapıtında Göç Acısı – **Yıldız Aydın**
223	Anayurt'tan Göç Hikâyesi'nde Etnometodolojik Yaklaşımla Bir Çeviri Çözümlemesi –**Seda Taş**

1933 Sonrası Türkiye'ye Sığınan Nazi Karşıtı Aydınlar ve Karşılaştırmalı Edebiyatın İki Kurucu Adı: Spitzer ve Auerbach
(257) Gülnihal Gülmez (Anadolu University)

1933 yılında, Atatürk'ün liderliğindeki Türkiye Cumhuriyeti umutlu bir üniversite reformunu başlatırken, Hitler Almanya'sı da rejim karşıtı devlet memurlarının tasfiyesini sağlayacak bir yasayı yürürlüğe koyuyordu. Tarihteki bu ilginç rastlantı, Alman egemenliğindeki ülkelerin üniversitelerinden kovulan çok sayıda bilim ve sanat insanının Türk üniversitelerinde çalışma imkânı bulmasını sağladı. Göçmen, sürgün ya da sığınmacı olarak adlandırabileceğimiz bu aydınlar ne etnik ne de politik açıdan tamamen bağdaşık bir topluluk oluşturmuyordu. Her ne kadar yeterince bilinmese de, bu göç / sürgün dönemi Türk-Alman tarihinin önemli bir sayfasını oluşturur ve çok da özeldir: Nazilerden kaçan aydınların göçü, gittikleri bütün diğer ülkelerde olduğu gibi, Türkiye'de de büyük bir kültür ve bilgi aktarımına yol açmıştır. Benzersiz olan şey, Türkiye'nin bu aydınlara tamamen ulusal bir kültür politikasından ötürü kucak açmış olmasıdır. Ülkelerinden kovulan bu aydınlar hümanist kültürün değerleriydi ve yeni kurulan bir ulusun eğitim reformuna önemli katkılarda bulundular. Bir başka deyişle, bir ulusun kendi saygıya değer çıkarıyla birleşen cesur tutumu, bu değerli göçmenlerin hem bilim ve sanat dünyasına katkıda bulunmaya devam etmelerini hem de hayatta kalmalarını sağladı. Leo Spitzer'in ve Erich Auerbach'ın Türkiye'deki göç yıllarını da işte bu çerçevede incelemeyi yeğledik. Döneminin en önemli filolog ve dilbilimcilerinden olan Spitzer, İstanbul Üniversitesinde Romanistik Kürsüsünü kurmasıyla başlayan süreçte Edebiyat Fakültesine yeni bir düzen kazandırmış, bir grup değerli edebiyatçı ve karşılaştırmacının yetişmesine katkıda bulunmuş ama aynı zamanda, çok dilli-çok kültürlü düşünce evrenine Türkçeyi de katmıştır. Yerini bıraktığı Auerbach ise, öğretim elemanı yetiştirme görevini sürdürdüğü yıllarda, çağdaş anlamda karşılaştırmalı edebiyatın kurucularından biri olarak anılmasını sağlayacak büyük eseri Mimesis'i de yazabilmiştir. Sonuç olarak, Spitzer'in ve Erich Auerbach'ın İstanbul yıllarında yalnızlık ve yoksunlukla anılacak bir göç/ sürgün hikâyesinden çok daha fazlası vardır.

***

Doğu'dan Uzakta Öteki Adam
(243) Duygu Öztin Passerat (Dokuz Eylül University)

Her söylem, ister yazınsal, ister siyasal, ister dinsel, isterse günlük olsun, karşısındakini inandırmak üzerine kuruludur. Siyasal söylem, reklam ya da dinsel söylem de bu amaç birincil öncelik iken, "bir şey anlatma ya da öyküleme amacı olan anlatılarda bu birincil amaç olmasa da anlatıcı anlattığı şeye okuyucuyu inandırma amacı güder. Bu nedenle, Amossy, Söylemde Gerekçelendirme (fr. argumentation dans le discours) adlı yapıtında, her söylemin karşımızdaki söylediklerimize inandırma amacı taşıdığını öne sürerek, "bazı söylemlerin, gerekçelendirme amacı taşıdıklarını, bazılarının ise, sadece gerekçelendirme boyutuna sahip olduklarını ekler" (p.32) Amossy'e göre, siyasal söylem ya da dinsel söylemden gerekçelendirme amacı güderken, yazınsal söylem gerekçelendirme boyutuna sahiptir. Çünkü, yazınsal söylem, şu ya da bu biçimde, okuyucuyu eğitme, bir ders verme hatta dünyaya bakış açısını değiştirme amacı gütmektedir. Bu nedenle, yazarın kurgusal dünyadaki izdüşümü olan anlatıcının rolü önemlidir. 1970'li yıllarda, Lübnan'da yaşanan iç savaş sonucunda, zorunlu olarak başka ülkelere göç eden farklı dini inanç ve etnik kimliğe sahip olan bir arkadaş grubunun, Lübnan'da kalan yakın arkadaşlarının ölümüyle, bu ülkede tekrar buluşmalarını anlatan bir "eve dönüş" romanı ya da "yüzleşme" romanı olarak niteleyeceğimiz, Amin Maalouf'un türkçeye Doğu'dan Uzakta olarak çevrilen Les Désorientés adlı romanı, okuyucuya sadece bir öykü anlatan bir roman olma özelliğinin dışında, Amin Maalouf'un ölümcül kimlikler olarak nitelediği yahudi, müslüman, arap gibi etiketlerin ne kadar önemsiz olduğunun ortaya konduğu bir romandır. Diğer bir deyişle, aynı uzam içinde, birbirlerini, yahudi, müslüman, hristiyan olarak ötekileştirilmeyen insanların zaman ve doğu-batı karşıt uzamları içinde, nasıl ötekileştirildiğinin ve bunu yaparken ise, ben öyküsel anlatıcı olan Adam'ın bu doğu-batı ikililiğine dayanan söylemi, gerekçe-karşı gerekçelere dayandırarak ortaya koyduğu bir anlatıdır. Bu söylemi ortaya koyarken, Amin Maalouf sadece, yazınbilimsel ya da anlatısal tekniklerden değil sözbilim (fr. rhétorique) ya da Perelman'ın yeni sözbilim olarak adlandırdığı, tasım (fr.sylogisme), örtük tasım (fr.enthymème) gibi mantık-söz (yun.logos) ya da konuşan kişinin ya da sözceleme öznesinin söylemiyle alıcıda yarattığı izlenim ya da özalgılayım/özsunum (yun.ethos) gibi sözbilimsel ya da gerekçelendirme söylem tekniklerinden yararlanmaktadır. Buradan hareketle, bu çalışmadaki amacımız, her inançtan kişilerin kendini özgürce ifade ettiği ve ötekileştirilmediği bu romanda, bir yandan, anlatısal, sözcelemsel ve söylemsel stratejileri inceleyecek, diğer yandan ise, romanın tıpkı bir siyasal söylem ya da dinsel söylem gibi gerekçelendirme amacı taşıyan bir söyleme dönüşmesinde önemli rol oynayan anlatıcının rolünü, diğer bir deyişle, alıcıda yarattığı özsunumu ve konumunu inceleyeceğiz. Bunu yaparken, başta Amossy, Plantin ve Maingueneau'nun çalışmalarından yararlanacağız.

***

Ahmet Mithat Efendi'nin Romanlarında Göç Coğrafyası: Özgürlükten Sürgünlüğe "Kafkasya"
(280) Serap Aslan Cobutoğlu (Çankırı Karatekin University)

Bu çalışmada ilk Türk romancısı olan Ahmet Mithat Efendi'nin (1844-1912) Kafkasya'yı konu alan romanları üzerinden göç olgusu, bir huzursuzluk ve yer değiştirme problemi etrafında incelenecektir. Bu çerçevede Kafkas (1878) ve Gürcü Kızı yahut İntikam (1888) romanları üzerinde durulacaktır. Kafkasya öncelikle Ahmet Mithat Efendi'nin anne vatanı olması dolayısıyla kendisini hem biyolojik hem duygusal olarak bağlı hissettiği "özel" bir coğrafyadır ve biyografisinde önemli bir yere sahiptir. Yazarın annesi de Rusya'nın Kafkasya politikası sonucu 1829'da oradan göç etmek zorunda kalmış bir Çerkez'dir. Annesinin Kafkasya anılarıyla büyüyen Ahmet Mithat'ın coğrafi muhayyilesinin şekillenmesinde bir göçmen olan annesinin rolü büyüktür. Nitekim ilk harita bilgisi Kafkasya kıtası üzerinedir. Bununla birlikte Kafkasya'nın 19. yüzyıldaki siyasi, askeri, ekonomik ve sosyal durumu, jeopolitik konumu, Osmanlı Devleti'nin Kafkasya siyaseti, Rusya'nın ve İran'ın Kafkasya ve Osmanlı Devleti üzerindeki emelleri, kanlı savaşlar ve bölgenin kendi iç dinamikleri de yazarın bakışını Kafkas coğrafyasına yönlendirmiştir. Yazarın romanlarında Kafkasya, 18 ve 19. yüzyılın Kafkasya siyasetine ışık tutan reel bir mekân olarak yer alır. Romanlarda Kafkasya, hürriyetini geri almak için ayaklanan Kafkasların diyarı, bağımsız Kafkasya mücadelesinin verildiği yer, Rusya'nın Kafkasya politikasını uyguladığı mekân, büyük sürgünlerde kitleler hâlinde göç etmek zorunda kalan Kafkaslıların toprakları, Osmanlı-Rus Savaşlarının yaşandığı coğrafya, kutsal mekân çağrışımları ile yansıtılır. Kafkas romanında daha çok vatan-sürgünlük-göç mefhumları çerçevesinde Kafkasya ile siyasi, tarihi, beşeri bağlar gösterilmeye çalışılırken, Gürcü Kızı Yahut İntikam romanında Avrupa'dan (Almanlar) Kafkasya'ya yapılan göçler, verimli toprakları ve ticareti ele geçiren göçmen Almanlar, Rusların siyasi etki altına aldığı bölgeler ve Gürcülerin kendi içlerindeki siyasi açmazları üzerinde durulur. Aynı zamanda özgürlükten sürgünlüğe geçişin macerasının anlatıldığı romanlarda Rusya'nın fetih, iskan ve sürgün politikasının türlü cepheleri, Rus muhacirler, göçlerin nüfus ve medenileşme üzerindeki etkileri, verimli araziler karşısında yerli ve göçmen nüfus, göçmen nüfusun zenginleşip siyasi nüfuza ulaşması, göçe zorlanan halka uygulanan fiziki ve psikolojik baskı, göçmen nüfus ile yerli halk arasındaki ilişki vb. konular işlenir. Tarih boyunca Kafkasya üzerinde büyük devletler arasındaki hakimiyet mücadelesinin hiç eksilmediği görülür. Ahmet Mithat bu mücadelenin 19. yüzyıldaki görünümüne göç olgusu etrafında okuru tanık kılar. Tarihini denizlerin şekillendirdiği Kafkasya'nın tarih boyunca büyük devletlerin dikkatini çeken bir coğrafyada olduğu bilinciyle konuya yaklaşan yazarın romanlarındaki göç olgusunun coğrafi uzantılarıyla beraber tarihi, siyasi, beşeri ve kültürel yönünün açığa çıkarılmasının ilgi çekici veriler sunacağı kanaatindeyiz.

***

Klaus Poche'nin Atemnot İsimli Yapıtında Göç Acısı
(333) Yıldız Aydın (Namık Kemal University)

Doğu Almanya yazarlarından olan ve 1979 yılında Doğu'dan Batı Almanya'ya göç eden Klaus Poche (1927-2007) "Atemnot" (1978) isimli romanında bir yazar olan kahramanın gözleriyle anılarını, duygularını ve rüyalarını günlük tekniğini kullanarak yansıtmıştır. Kimi yerde otobiyografik öğeler bulunan eserde, kurgu ile gerçekte yaşanan olgular arasında geçişler dikkat çekmektedir, o nedenle bu yapıtla ilintili olarak öz kurgudan bahsedilebilir. Geçmişle yaşadığı döneme gönderme yapan ve geçmişle hesaplaşma yoluna giden yazar; Hitler döneminin, 1945 yılından sonra Almanya'nın Doğu ve Batı olarak ikiye bölünmesinin, bunun yanısıra 1961 yılında Berlin duvarının inşasının Alman toplumunda ne kadar derin acılara, mutsuzluğa ve çöküntüye neden olduğunu açık bir dille ortaya koymaktadır. 20. yüzyılda Alman toplumunun bölünmesinde göç olgusunun tartışılması bu yapıtın en önemli sorunsallarından bir tanesidir. Bu tür sorunlara değinildiği için, kitabın Doğu Almanya'da yayımlanmasına izin verilmemiştir; kitap 1978 yılında Batı'da yayımlanmıştır. Bu çalışmada Klaus Poche'nin "Atemnot" isimli yapıtında 20. yüzyılda Almanya'da göç sorunsalının Almanlar üzerinde ne tür etki bıraktığı irdelenecektir; onların korkularını, endişeleri, kendilerine ve topluma nasıl yabancılaştıklarını kültür politik ve sosyalpsikolojik açıdan analiz edilecektir.

***

Anayurt'tan Göç Hikâyesi'nde Etnometodolojik Yaklaşımla Bir Çeviri Çözümlemesi
(223) Seda Taş (Trakya University)

Bu çalışmada kendi vatanlarından zorunlu olarak Avustralya'ya göç eden Rum bir ailenin dokunaklı yaşamını anlatan yazar Dimitri Kakmioğlu'nun Mother Land (2008) adlı romanı ve erek metni Anayurt (2009) etnometodolojik bir yaklaşımla çözümlenmektedir. Roman, yazarın kendi yaşamından kesitlerin kurgulanması aracılığıyla iç içe geçmiş iki kültürün ve zamanla birbirinden kopmak zorunda bırakılan Rum ve Türk toplumlarının anlatısını sunmaktadır. 70'li yılların başında tarihi ve politik olaylar sonucunda, bugün Bozcaada olarak bilinen Tenedos adasından göç eden ailenin çocuğu Dimitri, Türk, Rum ve Avustralyalı kimlikleriyle geri dönerken yaşananları sorgulamaktadır. Yazarın bu özyaşam öyküsel roman yoluyla kendi geçmişini anlamlandırma çabası, çalışmaya kuramsal çerçeve oluşturan etnometodolojik yaklaşımla incelenmektedir; çünkü etnometodoloji insanların günlük yaşamlarında bilinçsiz olarak gerçekleştirdikleri eylemleri, toplumsal etkileşimde ve iletişimde belli bir düzenin nasıl oluştuğunu irdeler. Eylemlerin anlamlandırılma ve yorumlanma süreçlerine, insanların gündelik yaşam dünyasını inşa ederken kabul ettikleri gerçekliklere odaklanır. Harold Garfinkel'in kurucusu olarak kabul edildiği etnometodolojik yaklaşım üç temel ilke barındırır. Çalışma kapsamında kaynak ile erek metin bu ilkeler ana ölçüt alınarak çözümlenmekte ve metni dilimize kazandıran çevirmen Niran Elçi'nin çeviri sürecinde kaynak metni erek okur için onu yeniden yaratmada aldığı kararlar betimlenmeye çalışılmaktadır. Çeviri çözümlemesi, ortak bir geçmişe sahip fakat suyun ayrı yakalarında yaşamak zorunda kalan toplumların anlatısında çevirinin önemini ve hassasiyetini de ortaya koyacaktır. Böylece çeviri, etnometodoloji ve edebiyat bağdaştırılarak disiplinlerarası bir çalışmayla çeviribilime katkı sunulması amaçlanmaktadır.

***

SESSION 4A – Citizenship and Participation

	Room: SR 3
Chair	**Samim Akgönül, Strasbourg University, France**
252	Political Participation of Alevi in Diaspora: Case of Alevis Living in London, UK – **Tuncay Bilecen**
365	Turkey's Election Politics for Citizens Residing Abroad and Its Effects on the Voting Behavior of Turkish Citizens Living in Germany and France – **İnci Öykü Yener-Roderburg**
490	External Voting Behavior of Turkish Citizens: Comparing the Presidential Elections of 2014 and Parliamentary Elections of 2015 - **Dilek Çınar**
460	Globalization, New International Migration and Nation-State in Turkey's Context – **Muammer Tuna, Çağlar Özbek**

Political Participation of Alevi in Diaspora: Case of Alevis Living in London, UK
(252) Tuncay Bilecen (Kocaeli University)

When looked at the migration trends from Turkey to Eurpoe it can be postulated that the UK has proportionally received more politically motivated migrants than other European countries. The political migration trend from Turkey to the UK is marked with the catastrophic events that uprooted people such as 1971 coupd'état, 1978 massacres of Alevis in Maras and 1980 military coup d'état and is known to have peaked with the civil war in the 1990s in the Eastern provinces of Turkey. Hence the majority ofthe migrants from Turkey in the UK are Kurdish Alevis form Maras, Sivas, Kayseri and Tunceli. The research was conducted between September 2014 and September 2015 and review of the literature was extended to include print and audio-visual media material produced by and/or concerning the diaspora community in the UK. The research recruited 60 individuals from Turkish communities and semi-structured in-depth interviews were conducted to generate narratives for data analysis. Interviews were transcribed and then analysed using tools of thematic data analysis. These findings of the research indicated higher rate of interest in politics and higher rate of political participation in the political life by the participants that are categorised as Kurdish/Alevis. Hence this presentation proposes to detail political interest and political participation of Kurdish/Alevi community living in London through looking at; i- how they organize themselves under the umbrella of British Alevi Federation; ii- their relationship with civil society organisations and iii- their activities in order to create public interest and opinion in relation to what is happening in Turkey.

***

Turkey's Election Politics for Citizens Residing Abroad and Its Effects on the Voting Behavior of Turkish Citizens Living in Germany and France
(365) İnci Öykü Yener-Roderburg (University of Duisburg-Essen)

Starting from the General Election of Turkey in June 2015, the new Election Law of Turkey enabled around 3 million Turkish citizens living abroad to vote at 112 centers in 54 countries. Half of these citizens living in Germany had a chance to vote at 13 centers in that country, while around 10 per cent of the citizens in France voted at 6 centers. Up to this day, it is observed that this new election law increased the participation rate of Turkish citizens living abroad by more than four times for both of the parliamentary elections that took place in 2015 – compared to the previous elections which were only making voting possible at the customs for the citizens residing abroad. The increase of the participation rate of these citizens with a migration background might be stemming from the new election law of Turkey, but also the particular attention that the Turkish political parties paid to expat voters living in Germany and France. This research aims to show that Turkish citizens living in Germany and France are very much exposed to the politicization of political parties from Turkey, which will bring about new dynamics to their political and socio-cultural dispositions – one of which will be the increase of political participation in their country of residences. The methods that will be used to conduct this research are first to generate a two-country-election study, which would compare the previous and future election participations of these citizens not only to Turkish ones, but also to their country of residences' election participations. Statistical data on that matter from each country will be used. In addition, semi-structured interviews with the election participants as well as non-participants will be held with the focus on Turkish political parties' impacts.

***

External Voting Behavior of Turkish Citizens: Comparing the Presidential Elections of 2014 and Parliamentary Elections of 2015
(490) Dilek Çınar (Boğaziçi University)

Until recently, citizens of Turkey residing abroad had the opportunity to caste their votes during national elections only at Turkish borders. The Presidential Elections of 2014 provided to non-resident citizens of Turkey for the first time the opportunity of external voting. Not surprisingly, the governing party AKP as well as the opposition parties had high expectations about the voting preferences and turn-out rates of external voters living abroad. Similarly, the Parliamentary Elections of 2015 attracted the attention of political parties as well as of external Turkish voters. This presentation will discuss the results of two qualitative studies (AVANTI I and AVANTI II) conducted prior to the 2014 and 2015 elections with a special focus on Turkish external voters living in Germany. While the first part of the presentation will contextualize the case of Turkey within the broader framework of studies on external voting behavior of immigrant communites, the second part will focus on the participation of non-resident Turkish citizens in the most recentTurkish elections from abroad.

***

Globalization, New International Migration and Nation-State in Turkey's Context
(460) Muammer Tuna, Çağlar Özbek (Muğla Sıtkı Koçman University)

Meanings of time and space have been swiftly changed by fast mobilization of human being for last few decades. Traditionally, societies identified living places as "country", identified people who live in the country as "citizen" and identified the citizens of the country as "nation". Accordingly, the "nation-state" has appeared as the most complicated and social institution of a nation and "nationalism" has appeared as common values or "collective consciousness" of the citizens of a nation state. On the other hand, with globalization and international migration, individuals and societies have swiftly mobilized and started to live in many places simultaneously. Therefore; the people permanently living in more than one nation-state, have believed that they are more than one country's citizen and finally they have more than one citizenship perception and citizenship construction. Accordingly, the meanings of nation-state, nationalism and citizenship have been changing for last few decades. Accordingly, this is paper based upon a research project that conducted in Turkey in year of 2008. The research concentrated on new international migration that coming from Western Europe to Turkey. The basic concepts that discussed in the research and the paper is changing form of identity and national bounding. According to research findings this paper argues that new form of international migration made an effective change to identity and national bounding and new form of identity and national identity might be defined as multi factorial instead of only one national bounding.

***

SESSION 4B – Diasporas

	Room: SR 4
Chair	Ali Çağlar, Hacettepe University, Turkey
238	Middle Eastern Migration to and Re-Movement From the United States: Syrians and Lebanese – **Ahmet Beşe**
319	A World Apart or Just Part of the Scene? A Socio-Spatial Analysis of Germany's Turkish Enclaves – **İrem Öz, Alexandra Staub**
170	Transnational Social Space, Public Sphere and Turkish Immigrant Workers in Germany – **Emre Eren Korkmaz**
273	Early Muslim Immigrants in the U.S. and Their Role in the Making of Modern Turkey – **Işıl Acehan**

Middle Eastern Migration to and Re-Movement from the United States: Syrians and Lebanese
(238 Ahmet Beşe (Atatürk University)

The first large groups of Middle Eastern immigrants began to reach the United States by boat in the late 1800s. These were Syrians and Lebanese in majority though there is still some historical confusion as to the nationality of these earliest Middle Eastern immigrants. This is mainly because all inhabitants of the Ottoman Empire t that time were considered as Ottoman (Turkish) citizens until after World War I. They all spoke Arabic, and most referred to themselves as 'Syrian.' However, when they came to the United States, they arrived with Ottoman (Turkish) passports. Thus, U.S. officials simply referred to all such immigrants as Ottoman (Turkish) until 1899. After this date, however, a new category was created for Syrians. It was not until the 1930s that the identification of 'Lebanese' began to be used, although it is estimated that about 85 percent of the early immigrants came from the region that is now known as Lebanon. The purpose of this study is to shed light to the history of Middle Eastern migration, and the resultant hopes and disappointments. This paper attempts to examine under what circumstances Middle-Eastern people migrated to the United States, their struggle in pursuit of a better life and the recent results of their expectations.

***

A World Apart or Just Part of the Scene? A Socio-Spatial Analysis of Germany's Turkish Enclaves
(319) İrem Öz, Alexandra Staub (Pennsylvania State University)

In 1961, the Federal Republic of Germany and Turkey signed a Bilateral Recruitment Agreement that would answer the demand for cheap labor in West Germany's growing post-war economy. From an initial recruitment of 7000 Turkish workers, the nature of this migration changed drastically in 1974 with the halting of the guest-worker program by the German government due to the oil crisis. This failed to decrease the net migration rate to the Federal Republic of Germany from Turkey; rather, this process changed the character of migration, transforming it into a 'family reunification' process. Upon migrating to Germany, the Turkish population formed ethnic communities. These ethnic communities were spatialized through the settling of certain neighborhoods, creating a whole new layer in Berlin's social structure. By contrast, the migrant community in Stuttgart managed to maintain its distinct ethnic Turkish character without coalescing into discrete enclaves. Most importantly, our research suggests that the key period of formation for Turkish communities in Germany was between 1974 and 1980. Furthermore, our paper compares the cases of Berlin and Stuttgart with an eye toward examining the defining characteristics of the processes behind ethnic community formation in the two cities. Using data retrieved from Turkish and German governmental records and using exploratory spatial data analysis we examine the migrant concentrations in Berlin and Stuttgart between 1974 and 1980. Integrating this with material and policy data, we trace the reasons behind different patterns of community formation. Our analysis will link spatial transformations to changes in the socio-economic structure and assimilation patterns of the Turkish community. Over time, the Turkish population has become more visible in the urban fabric, emerging as a new class in Germany's social structure that paradoxically remains a world apart, even as it becomes firmly entrenched within the greater German context.

***

Transnational Social Space, Public Sphere and Turkish Immigrant Workers in Germany
(170) Emre Eren Korkmaz (İstanbul University)

This paper analyses the participation and representation of Turkish immigrant metal workers at trade unions and works councils in Ruhr Region (Germany) within the scope of the relation among migrants' own transnational social space with the public sphere that they share with native workers. Based on a field study at Ruhr Region (Germany) including surveys, focus groups and in-depth interviews at selected workplaces (Ford, Mercedes, Thyssen Krupp and Piersburg) between November 2015 and January 2016 this research aims to synthesise "transnational social space" theory together with the "public sphere" theory of Habermas. In the conference findings of the field study will be shared. Trade unions and works councils provide a fertile ground to develop this theoretical framework. These are voluntary organizations that immigrant and native workers may meet, act and demand together. They are one of the first social organizations that immigrants are recruited and they may join democratic processes to represent themselves. In these organizations, migrants share a common public sphere with native workers. Such public sphere provides opportunities for immigrant worker to be visible vis-à-vis his/her co-workers, benefit from democratic mechanisms, and perceive himself/herself as a member of a new class. This engagement process to local working class of the host country provide necessary conditions for immigrant workers to adopt new conditions much before the commence of the citizenship procedures. Research aims to provide a framework for the current mass migration by focusing on the engagement process of Turkish migrant workers into the local working class.

***

Early Muslim Immigrants in the U.S. and Their Role in the Making of Modern Turkey
(273) Işıl Acehan (İpek University)

Despite their existence in the U.S. for more than a century, early Muslim immigrants from the Ottoman Empire still remain underrepresented and underresearched. Ottoman migration to the U.S. at the end of the 19th century consisted of several different ethnic and religious groups including Turks, Kurds, Armenians, Albanians, Greeks, and Sephardic Jews. These migrants left the Ottoman Empire for economic as well as political reasons. Their migration had been in part fostered by American charitable and philanthropic work, particularly in regions, such as Harput, with a considerable Christian population. The circulation of information about life and opportunities in the United States started the process of an Ottoman outmigration, particularly from the Eastern provinces of the Empire. Regular transnational networks channeling capital and remittances were established by these immigrants. Yet, they have not been analyzed in depth. The Turkish state archives prove that Muslim Ottoman migrants, who made their way to the U.S. before WWI, established societies and clubs to contribute to the war effort as well as the reconstruction of a war-torn Turkey after the breakdown of the Ottoman Empire. Moreover, Ataturk also appealed to the Muslim immigrants in the U.S. for their help and support in building up Turkey. However, these immigrants still remain as unacknowledged actors in the war effort and the Ottoman Empire's transition into a Republic. This paper, in the light of the newly classified Turkish Red Crescent archives, will examine the role of transnational Ottoman migrants in the war effort during the Turkish War of Independence and the reconstruction of war-torn Turkey.

***

SESSION 4C – Population Movements - Historic Perspectives

	Room: SR 5
Chair	**Deniz Eroğlu Utku, Trakya University, Turkey**
375	1923 Greco-Turkish Population Exchange and the Turkification of Economy - **Murat Koraltürk**
397	Social Status and Migration to Turkey of Turks Who Live in Kosovo - From the Balkan Wars Until Today – **Esin Ömer**
537	Emigration Policy in Post-Constitutional Period - **Meryem Günaydın**
352	Şahıs Adlarından Hareketle Göç ve İskan Tarihi Çalışmalarına Bir Katkı: Cincife Nahiyesi Örneği - **Yasin Dönder, Alpaslan Demir**

1923 Greco-Turkish Population Exchange and the Turkification of Economy -
(375) Murat Koraltürk (Marmara University)

1923 Greco-Turkish population exchange played a significant role in homogenizing Anatolian population, and Turkification of economy in 20th. century history of Turkey. This paper discusses the economic consequences of population exchange in the context of Turkification of economy. One of the consequences of the population exchange was the loss of the Rums (Anatolian Greek population) with their productive capacities and entrepreneurial skills. By contrast, Greek economy gained cheap labor power, skilled artisans and entrepreneurs thanks to the exchangee Rums who engaged in trade and industry. Moreover, they contributed in improvement of silk production and carpet business in Greece. Although majority of the exchangee Rums were artisans and merchants, the specialist agricultural producers among them improved agricultural sector, in particular tobacco, grape and fig farming in Greece as well. While Greece gained productive and entrepreneurial strength by the population exchange, Turkish economy lost it.

Furthermore, properties, agricultural fields and industrial plants left by the Rums were looted and occupied before the exchangee Muslim population arrived at Turkey. During the period between September 1922 and the middle of 1924, not only the war weary poor but also profiteers played their part in looting the properties left by the Rums. Among the looters and occupiers, there were also public officials, officers, notables having strong connections to political elite, and even deputies of Turkish parliament. The problems in the settlement process of the Muslim exchangees in Turkey brought about important economic consequences. The professional roles of the Rums were not filled and the new comers were not involved in the economic production swiftly. These problems created adverse conditions in the Turkish economy during the initial years of the young Republic. Some of the exchangee Rums left their agricultural fields before harvesting. While in some places, the new comers harvested them, in some other places they were looted. Since the settlement of the new comers took time, in some places the fields and the yields were dilapidated. Settlement of the exchangees to the areas not in accordance to their productive skills but to the availability of the properties left by the Rums created new problems. The productive skills of some of the settled exchangees were not fit the agricultural production of the area. For instance, settlement of tobacco producers in the areas of olive grow or viticulture resulted in adverse affect on agricultural production. Settlement of the agricultural producers after the cultivation season damaged production as well. Fig and grape which required investment for long term profit gaining, lost their relative importance by the leave of the Rums who played crucial role in production and marketing of these products. Population exchange was an important step in homogenization of Anatolian population in favor of the Muslim Turkish elements. In addition, it contributed in the process of turkification of economy. However, turkification of economy in terms of labor power and capital did not contribute in economy in general, conversely caused an important loss. In another word, the population exchange and settlement process was managed not under the rational criteria but the irrational nationalist considerations, which created huge damage in Turkish economy in the early republican period of Turkey.

***

Social Status and Migration to Turkey of Turks Who Live in Kosovo - From the Balkan Wars Until Today
(397) Esin Ömer (Çankırı Karatekin University)

After the withdrawal of the Ottoman Empire from the Balkans after reigning over the region for centuries, hard times started for the peoples, especially for Turks, who lived in Kosovo which was located in the Serbian Kingdom borders. Because of the restrictions in the rights and freedoms, the difficulties in social life, economic conditions, and education, a migration wave to Turkey took place in this period. For this reason, living in this region for the Kosovo Turks became, so to speak, a bed of nails. And after the Balkan Wars until the period following the World War II, until the existence of the Federal Republic of Yugoslavia in the Balkans, Turks who lived as a minority in the Serbian Kingdom in the Serbian Croatian Slovenian Kingdom and in the Yugoslavian Kingdom preferred to unionize in themselves against the pressures applied. For Turks which fought with growing difficulties, the violation of the agreement signed between the Ottoman Empire and the Serbian Kingdom in 1913 and the Corfu Declaration signed before the end of the World War I were unfortunate experiences. In spite of this, hope did not vanish. The first big migration from the Balkans to Anatolia was with the 1877-1878 Ottoman-Russian War known as '93 Harbi (War)'. In this study, the social and the educational problems of Turks who have lived in Kosovo since the Balkan Wars and their migration and the conditions causing the migration are discussed.

Emigration Policy in Post-Constitutional Period
(537) Meryem Günaydın (Fırat University)

From the early 15th century onwards, many immigrants came to America for a wide variety of reasons. There has been a great migration movement from the Old World to the New World between the years of 1850-1914. For centuries, the European countries immigrated into all parts of world but approximately 20 million immigrants from Europe settled in the U.S. The Ottoman Empire was not affected in this ongoing migration flows from the date of the discovery of America. However, the dormant emigration phenomenon in the Ottoman Empire was revived at the time of dissolution. In particular, migration movement to America began between the 1820s - 1830s that coincides with the arrival date of American Protestant missionaries to the Ottoman Empire. Of course, there are various reasons of emigration from the Ottoman Empire. At this point, the prosperous living conditions of the United States began to pull immigrants and hard economic conditions became a powerful driving force behind the immigration. In this study, the emigration that occurred from the Ottoman Empire to the United States, between the years of 1908-1914, leading up proclamation of the Constitution to the outbreak of the WWI, was examined. It was tried to get a picture of approaches and politics of the Committee of Union and Progress regarding emigration movement.

***

Şahıs Adlarından Hareketle Göç ve İskan Tarihi Çalışmalarına Bir Katkı: Cincife Nahiyesi Örneği
(352) Yasin Dönder, Alpaslan Demir (GaziosmanpaşaUniversity)

Osmanlı Devleti'nin, idari, sosyal ve ekonomik yapısı ile ilgili verileri kapsaması bakımından tahrir defterleri mevcut arşiv kaynakları içerisinde ayrı bir öneme sahiptir. Tahrir Defterleri ışığında Osmanlı Devleti'nin pek çok şehri sosyo-ekonomik yapı bakımından incelenmiştir. Tahrir defterleri çerçevesinde Anadolu'nun çeşitli şehir ve sancaklarını çalışan araştırmacıların hem fikir olduğu konu 16. yüzyıl Anadolu'sunda bir nüfus artışı yaşandığıdır. Genel itibariyle araştırmacıların ekseriyeti, çalıştıkları bölgelerdeki nüfusun yüzyıl içerisinde iki katına çıktığını ifade etmekte ve aşırı bir nüfus artışından bahsetmektedirler. Mevcut nüfus artışına karşın, Türkiye sınırları içinde kalan bölgeler için yapılmış olan tahrir çalışmalarında, demografik, ekonomik ve yerleşme açısından çok önemli olan göç konusu ya hiç incelenmemiş ya da istatistiklere yer verilmeden sadece bir iki paragraf bahsedilerek geçiştirilmiştir. Tahrir defterleri verileri çerçevesinde bir bölgenin 15. veya 16. yüzyıldaki demografik yapısını aydınlatmada göç verileri önemlidir. Yüzyıl içerisinde meydana gelen nüfus artışı ya da eksilişinin nedenlerini ortaya çıkarabilmek için iç ve dış göç verilerinin dikkatli irdelenmesi gerekmektedir. Yüzyıl içerisinde nüfusun nasıl arttığı veya eksildiğini bilmek yapılacak yorumların sağlıklı olmasını sağlayacaktır. Göç verileri iskan tarihi açısından da önem arz eder. Tahrir defterlerinde bazı isimlerin altında ya da üstünde kişinin nereden geldiği ya da nereye gittiği kaydedilmektedir. Fakat bunun bütün göçmenler için yapılıp yapılmadığı muammadır. Dolayısıyla bu bildiride farklı bir yöntem izlenecektir. Tokat kazası için 20-30 yıllık aralıklarla tutulmuş olan 1455-1520 tarihleri aralığındaki 3 tahrir defterinde Cincife nahiyesi köylerinde kayıtlı şahıs adlarından hareketle kişilerin bulundukları köylerde kalıp kalmadıkları, dışarıdan göçmen gelip gelmediği incelenecektir. Bu bildiri aynı zamanda Osmanlı Devleti'nin reayanın bulundukları yeri terk ettirmeme politikasının da işleyip işlemediğini sorgulayacaktır.

***

SESSION 4D – Syrian Movers

	Room: SR 6
Chair	**Ali Zafer Sağıroğlu, Yildirim Beyazit University, Turkey**
563	Syrians in Turkey, Poverty, Contagious Diseases and Social Work – **Melahat Demirbilek, Ece Keskin**
427	Türk Sığınma Hukukunda Suriyeli Sığınmacıların Çalışma Hakları – **Ceren Kaya**
228	Türkiye'de Suriyeli Sığınmacıların Çalışma Koşulları ve Enformel İstihdamı – **Gülşen Gerşil**
248	Kitlesel Akınlarda Geçici Koruma: Türkiye'deki Suriyeliler – **Esra Yılmaz Eren**
560	Migration in The Global Public Goods Literature: Syrian Refugees and Turkey – **Sibel Aybarç Bursalıoğlu**

Syrians in Turkey, Poverty, Contagious Diseases and Social Work
(563) Melahat Demirbilek, Ece Keskin (Ankara University)

2.650.553 registered Syrians (unhcr.org) who reside in Turkey and who are excluded from international protection are in the "Temporary Protection" status. Majority of the Syrians in Turkey reside in houses outside of camps in significantly crowded groups, generally in difficult conditions. Their conditions of sheltering are unhealthy and they are deprived of hygiene and necessary facilities. Even though the services of immunization are carried out in the camps, these services prove to be inadequate outside of camps. It is seen that refugees in question generally do not have information regarding the utilization of health services. In addition, World Health Organization (WHO) has drawn attention to the findings of measles, tuberculosis and various contagious skin diseases in Syrians who took refuge in camps in Jordan, Lebanon, Iraq and Turkey. The risk of contagious diseases has increased in the temporary settlements in question, in which there is a significant amount of huddle. This situation poses a risk in regard to public health. With the immigration, new issues have been added to the problems that people face such as poverty and public exclusion; this situation has added novel roles and functions to the social workers and brought up the approach of different points of view of the social service providers in terms of the requirements of people from multicultural societies who have separate ethnic, cultural and political histories. It is seen that there are similarities between the roles and stages of intervention of social work on the subjects of poverty, contagious diseases and protection and levels of intervention of public health. There are primary, secondary and tertiary degrees of public health protection. Primary degree protection consists of the interventions to prevent diseases (preventing contagious diseases via immunization etc.) in healthy people. Similarly, social work in question also aims to protect and develop the psychological health of individuals, families and communities. Secondary degree protection consists of the interventions to prevent the development of diseases in patients who are already in an ill condition. Social service counselling, emergency services, educational guidance and crisis response are important fields in secondary degree protection. Tertiary degree protection consists of actions to prevent the deterioration of critical conditions and transmission of these conditions to others. It can be said that social work has a significant role within the context of poverty and contagious diseases along with the processes that involve public health implications such as immigration and asylum seeking.
***

Türk Sığınma Hukukunda Suriyeli Sığınmacıların Çalışma Hakları
(427) Ceren Kaya (İstanbul Yeni Yüzyıl University)

Suriye iç savaşı sonrası 2011 yılında Türkiye'nin sığınmacılara sınır kapılarını açması ile beraber Türk iltica mevzuatında da yenileşmeye gidilmiştir. Bu doğrultuda 2013 yılında kabul edilen 6458 sayılı Yabancılar veUluslararası Koruma Kanunu'nun (YUKK) 91. maddesi kitlesel sığınma ve geçici koruma kurumunudüzenlemektedir. YUKK m. 91 çerçevesinde 22 Ocak 2014 tarihinde "Geçici Koruma Yönetmeliği" çıkarılmıştır. Bu yönetmelik ise, kitlesel sığınma sonucu Türkiye'ye gelmiş ve geçici koruma kapsamında olan Suriyeli sığınmacıların ülkeye giriş, ikamet, eğitim ve çalışma haklarına ilişkin özel düzenlemeleri içermektedir. Türkiye'de kalan Suriyeli sığınmacılar, çalışma alanında ciddi problemlerle karşılaşmaktadırlar. Geçici koruma kapsamındaki Suriyeli sığınmacıların çalışma hakları, özel durumları nedeniyle bu Yönetmelik ile ayrı hükümlere tabi tutulmuşlardır. Yönetmelik kapsamında geçici korumadan yararlanan Suriyeli sığınmacıların çalışma hakları "iş piyasasına erişim" başlığı altında ayrı düzenlemeye tabi olmuştur. Türk Yabancılar Hukukunda yabancıların çalışma hakları *Yabancıların Çalışma İzinleri Hakkında Kanun*'da düzenlenmektedir. Mülteci ve sığınmacıların çalışma hakları ise, her bir uluslararası koruma statüsünü kapsayacak şekilde YUKK m. 89'da düzenlenmiştir. Bu Çalışmada öncelikle YÇİHK'nın çalışma hükümleri ortaya konmuştur. Ardından spesifik olarak Türk hukukunda uluslararası koruma sahibi mülteci ve sığınmacıların çalışma hak ve özgürlükleri hakkındaki hukuki düzenlemeler, 1951 tarihli Mültecilerin Hukuki Statüsüne İlişkin Cenevre Sözleşmesi koruması ve uygulama alanı da göz önünde bulundurularak açıklanmıştır. Bu bilgiler doğrultusunda Geçici Koruma Yönetmeliği'nin "iş piyasasına erişim" düzenlemesi incelenerek, Suriyeli sığınmacıların çalışma izinlerinin farklı düzenlemelere konu olmasının ardındaki gerekçeler ortaya konulmuş, yerindelikleri tartışılmıştır. Son olarak Suriyeli sığınmacıların çalışma izinlerine ilişkin olarak uygulamada karşılaşılan problemler hukuki düzenlemeler ile beraber ele alınarak, çözüm önerileri tartışılmıştır.

***

Türkiye'de Suriyeli Sığınmacıların Çalışma Koşulları ve Enformel İstihdamı
(228) Gülşen Gerşil (Celal Bayar University)

Göç olgusu, toplumların kültürel, ekonomik ve politik yapısı ile yakından ilişkilidir. Bu bağlamda, toplumsal yapıyı etkileyen ve toplumsal yapının değişmesine neden olan önemli bir faktördür. Uluslararası Göç Örgütü, dış göç kavramını; kişilerin geçici veya daimi olarak başka bir ülkeye yerleşmek, mesken edinmek veya alışılan bir yer olarak ikamet ettikleri ülkeden ayrılmaları olarak tanımlamaktadır. "Arap Baharı" adı verilen değişim hareketi çerçevesinde Suriye'de beş yıla yakın bir süredir devam eden iç savaş nedeniyle milyonlarca insan zorunlu olarak başta Türkiye olmak üzere başka ülkelere göç etmek zorunda kalmıştır. DolayısıylaTürkiye, Suriye'deki çatışmalardan en çok etkilenen ve dünyada en büyük mülteci/sığınmacı nüfusunu barındıran ülke konumuna gelmiştir. Türkiye, Suriye krizinin başlangıcından bu yana "açık kapı politikası" izlemiş ve Türkiye'ye gelen Suriyeli sığınmacıları kabul etmiştir. Ancak Türkiye'deki yasalar gereği Suriyeliler "mülteci" yerine, geçici koruma adı altında "sığınmacı" statüsünde yer almışlardır. Bu nedenle, sığınmacı statüsünde olan Suriyeliler mültecilerin sahip olduğu bir kısım haklardan yararlanamamaktadır. Türkiye'ye gelen ve doğal yolla(doğumlarla) sayıları giderek artan Suriyeli sığınmacıların Türkiye'de sadece sayıları artmamakta, aynı zamanda kalış süreleri de uzamakta ve her geçen gün "kısa süreli sığınmacı-misafir" konumundan, "kalıcılığa" doğru bir geçiş süreci de güçlenerek artmaktadır. Türkiye ekonomisini orta ve uzun vadede etkileyecek olan sorunların başında da ülkede yaşayan 2,2 milyonun üzerindeki Suriyeli için nasıl bir istihdam politikası izleneceği konusu gelmektedir. Her geçen gün daha da büyüyen enformellik ve olumsuz çalışma koşulları, işgücü piyasalarında rekabeti olumsuz etkilemektedir. Bu açıklamaların ışığında, Türkiye'deki Suriyeli sığınmacıların durumları göz önüne alınarak enformel istihdam ve çalışma koşulları açısından değerlendirilecektir.

***

Kitlesel Akınlarda Geçici Koruma: Türkiye'deki Suriyeliler
(248) Esra Yılmaz Eren (Turkish German University/İstanbul University)

Türkiye, Suriye'de yaşanan iç savaş sonrası kitlesel akınlar halinde ülkesine sığınan Suriyelilere YUKK uyarınca "geçici koruma" statüsü tanınmış ve bu kişilere sağlanacak haklar AB Geçici Koruma Yönergesi ışığında hazırlanan Geçici Koruma Yönetmeliği'nde hüküm altına alınmıştır. Suriyelilere tanınan bu haklar ışığında mevcut durumlarında iyileştirmeler yapılması yanında, önemli sayıda Suriyelinin ülkede kalıcı olacağının dikkate alınarak entegrasyon için çözümler üretilmesi gerekmektedir.

***

Migration in The Global Public Goods Literature: Syrian Refugees and Turkey
(560) Sibel Aybarç Bursalıoğlu

Global public goods can be defined by Kaul et al. (1999) that "a public good with benefits that are strongly universal in terms of countries (covering more than one group of countries), people (accruing to several, preferably all, population groups) and generations (extending to both current and future generations, or at least meeting the needs of current generations without foreclosing development options for future generations)". As Kaul et al. (1999) determined that a globalizing world need a theory of global public goods (GPGs) to achieve crucial goals such as financial stability, human security, world peace, the reduction of environmental pollution or the biodiversity conversation. Consider, for example, the excessive and unchecked international migration. In the rapidly globalized world, refugee protection is an important issue related to global migration regime. Suhrke (1998) has suggested that the refugee protection has an international public good feature; Jayaraman and Kanbur (1999) stated that it has a GPG characteristics in terms of global externalities; Takizawa (2015) indicated its significance in terms of promotion of human security and international burden/responsibility sharing. Betts (2010) determined that the governance of refugee protection (with related to global migration regime) represents a GPG. Because its benefits are shared by all states in terms of security and human rights. Globally, the Arab Spring, that has started with demonstrations against the government in Tunisia at the end of 2010, has given rise to serious effects in the social, political, cultural, military and economic area. In this chaotic process, Turkey has been stuck in a difficult situation in the military measures, the oil imports and especially. The carried out open door policy by Turkey includes the basic public expenditure such as education, health, sheltering, security. Therefore, on the one hand the number of migrants increases rapidly, on the other hand the central and local public expenditures increase excessively. The amount of money spent for Syrian refugees has already surpassed USD 8 billion in January 2016. But the received international support has been comparably inadequate with only USD 455 million (AFAD). An inadequate financial support from international actors especially place Turkey in an awkward position. This study is determined the concept of refugee protection in the context the GPGs; and is analyzed the effect of Syrian refugees on Turkish economy.

***

SESSION 4E – Edebiyat ve Göç - IV

	Room: SR 7
Chair	Gülnihal Gülmez, Anadolu University, Turkey
171	Dizelerde Kendi Göçünü Anlatan Bir "Göçmen" Ozan: Rıza Apak - **Fundagül Apak**
204	Sanatın Eklektik Yapısı - **Fahriye Çakır, Gamze Özer**
462	August Wilson'in Joe Turner's Come and Gone İsimli Oyununda Siyah Kim-

liklerin Köle Yolculuğuna Travmatik Direnişi – **Deniz Aras**

Dizelerde Kendi Göçünü Anlatan Bir "Göçmen" Ozan: Rıza Apak
(171) Fundagül Apak (İstanbul Gedik University)

1911'de Petriç'te doğup 1987'de İstanbul'da ölen Rıza Apak; Balkan savaşları sırasında, doğduğu topraklardan kopmak zorunda bırakılıp Anadolu'ya göç eden kuşak içinde yer alır. "Türk nazmının büyüklerinden" biri sayılan Apak; Bergama'da bulunduğu yıllarda çıkardığı Bakırçay dergisinin yanı sıra Çığır, Fikirler, Gündüz, Ortayayla, Ülkü ve de Varlık dergilerinde yayımlattıklarıyla Türk yazınına pek çok dize bırakmış ve bunlar, 1960-1972 yılları arasında Dünya Haberleri, Batı Yakası, Karada Balık, Gülümüzü Yolan Eller adlarıyla kitaplaştırılmıştır. Yazdıkları okunduğunda, dizelere işlenmiş yoğun bir özlem ve öte evrene yönelme isteğiyle karşılaşılır. Bu yöneliş, başlangıçta bir kaçış isteği gibi algılansa da yapıtları incelendiğinde "karşıtlık" ilkesi üzerine kurulu göstergelerle örülmüş bir bütünlüğe ulaşıldığı anlaşılır: algılanan-algılanmayan, beden-ruh, ben-öteki, bilinen-bilinmeyen, istenmeyen-istenen, bireysel-toplumsal, özel-genel, yanlış-doğru, yalan-gerçek, yaşam-ölüm... Böylece okur; dizelerdeki bu karşıtlık ilişkisi, duru bir dil ve kısa anlatım sayesinde, dar alanda kurgulanmış olan, kuşatıcı ve büyülü bir ortama çekilir. Bu noktada, Balkanlardan Bergama'ya, oradan da İstanbul'a ve ötelere "göç" edenin, Rıza Apak olduğu anlaşılır. Anlatımdaki yetkinlik, estetik etkiyi de arttırır. Okurla dizeler arasında kurulan estetik etkileşim, "ereği kendinde olan" yeni bir "oyun alanı" oluşturur. Böylece okur, aynaya bakar gibi kendini okur dizeler boyu. Estetik nesneyle özne arasındaki uzaklığın ortadan kalktığı Apak'ın dizelerinde karşımıza çıkan bu yetkinlik, ne yazık ki günümüze kadar, hemen hemen hiçbir akademik ortamda dillendirilmemiş ve Apak'ın Türk yazınına yaptığı katkı "estetik" açıdan ele alınıp incelenmemiştir. Dolayısıyla, Rıza Apak'ın yapıtlarındaki bu estetik yetkinliğin nedenlerini, yine estetikbilimdeki kuram ve yöntemler ışığında, örnekler vererek irdelemek ve bir Balkan göçmeni olan Apak'ın Türk yazınına katkısını betimlemek; bu çalışmanın ereğidir.

***

Sanatın Eklektik Yapısı
(204) Fahriye Çakır, Gamze Özer (Mersin University)

Bu çalışmada sanatın parçalı kimliğinin göç olgusuyla somut bir yapıya bürünmesine ve sanatçının toplumdan topluma gezinen özgür göçebe ruhunun bireysel bir kimlik edinme çabalarının ürettiği esere yansıma şekillerine değinilecektir. Sanat doğası gereği ruh gezginidir ve sanatın birden fazla kimliği bünyesinde barındıran eklektik bir yapısı vardır. Sanat eserini üreten sanatçının kimliği göçebedir. Bu durumda üreteceği eser çok kimlikli ve çok kültürlü olacaktır. Göç olgusu toplumsal bir hareket olmasının yanı sıra hayatın her aşamasına sinen pasif bir dönüştürücüdür. Öznel üretimli sanat sosyal sistemin uyaranlarına maruz kalır ve böylece uyaranlarca kuşatılmış olan sanat eseri başka toplumların uyaranlarıyla karşı karşıya gelir. Her buluşma sanat eserine yeni bir kültürel parça ekler ve bu sayede sanat eseri sanatsallık değeri kazanır. Ancak sahip olunan öz kültürel kimlikten kayıplar da söz konusu olabilmektedir. Bu kayıplar göçü başlatan itici güç niteliğindedir. Sanat eseri, sanatçısının elinden çıktığı andan itibaren göç süreci başlar; bazı kültürlerin içinde ruhunu aynen yansıtırken; bazı kültürlerin içinde farklı bir ruha bürünür. Sanat bir sürgün şeklidir; sanatçı inandığı değerler doğrultusunda ürettiği eserinin hak ettiği ilgiyi göreceği yere göç eder. Ruhunun bir parçası kendi kültüründe kaldığı için sanatçı da eseri de sürgündür. Bu sürgünlük kültürel, dilsel ve sosyal boyuttadır, onun bittiği noktada sanat eseri değerini yitirir. Bu açıdan bakıldığında sanat göçe mahkumdur.

***

August Wilson'in Joe Turner's Come and Gone İsimli Oyununda Siyah Kimliklerin Köle Yolculuğuna Travmatik Direnişi
(462) Deniz Aras (Atatürk University)

August Wilson'ın beyazın siyah üzerinde kurduğu ruhsal ve fiziksel otoritenin merkezine koyduğu Köle Seferi (Middle Passage), genel anlamda siyahların 1619'da insan yığınları şeklinde bir gemiye yüklenerek Amerika'ya getirilmesi olarak anılan köle yolculuğuna verilen isimdir. Bu Okyanus ötesi yolculuk özelde ise bir tarihin ve kültürün bu köle yolculuğuyla başlayıp tarihsel süreç içerisinde süregelen benlik yitimine karşı gösterdikleri sessiz direnişin ifadesidir. Wilson, Joe Turner's Come and Gone isimli oyununda siyah bilincinin ruhsal, politik ve tarihsel olarak bir arada tutulmasının gerekliliğini vurgulayarak, köle yolculuğuyla başlayan Amerika'da deneyimledikleri acılarının zihinlerde canlı tutulmasının gerekliliğine işaret eder. Böylelikle, Joe Turner's Come and Gone, siyahların yaşadığı Köle Seferi ile başlayan korkunç deneyimleriyle birlikte siyah toplumun sorunlarına çözüm önerileri, direnişlerine ise ses getirebilecektir. Bu çalışmanın amacı, Wilson'ın Joe Turner's Come and Gone isimli oyunlarından yola çıkarak Köle Seferi'nin siyah toplumun ve bireylerin üzerinde yarattığı kimlik karmaşasını ve ele geçirilen öz benliklerini yeniden kazanmak adına verdikleri savaşımı yansıtmaktır.

SESSION 5A – Education and Migration - I

	Room: SR 3
Chair	**Deniz Özalpman, University of Vienna, Austria**
242	Goodbye Germany. Migration Intentions of Highly Qualified Turks – **Cemal Sarı**
184	The "Mixed German-Turkish Commission" & Turkish Education Policy in the Diaspora, 1977-1999 – **Brian Van Wyck**
139	Migration of Highly Educated Belgian and Dutch Turks: Young Brains of Turkey – **Sinem Yılmaz**
244	Should I Stay or Should I Go? the Influence of Different Capitals on the Settlement Decisions of Iranian Students in Ankara (Turkey) – **Yasemin Akış Kalaylıoğlu**
588	The Impact of University Graduation on the Lives of Young Turkish Women in Vienna - **Sule Dursun**
5001	Selective Migration Policy Models and the Shift Toward Demand-Driven Approaches – **Rey Koslowski**

Goodbye Germany. Migration Intentions of Highly Qualified Turks
(242) Cemal Sarı (Research School Ruhr University Bochum)

The aim of this research project is to investigate why highly qualified Turks intend to migrate from Germany to Turkey and whether there are gender-related disparities in migration intentions. The increasing migration of highly qualified Turks of the second and third generation has recently attracted attention in both countries in the media as well as in research and politics. These academics were born and grew up in Germany, enjoyed the education here and leave the country towards Turkey, to reach their career goals there. Eight qualitative interviews with highly qualified individuals of Turkish origin from the second and third generation in the Ruhr area were the basis of a qualitative study to examine their motives to migrate from Germany to Turkey. The results of this study show that for the majority of the interviewees basically exist an openness to imagine a future and working life in Turkey. Whilst men would primarily migrate to Turkey for professional reasons and for their career, women predominantly intend to leave Germany for family and partnership reasons. The study comes to the result that not a single reason, but only the compound of different reasons, lead to a willingness for a migration from Germany to Turkey.

***

The "Mixed German-Turkish Commission" & Turkish Education Policy in the Diaspora, 1977-1999
(184) Brian Van Wyck (Michigan State University)

This paper examines Turkish state policy toward the education of Turkish citizens in Germany from 1977 to 1999 as reflected in the proceedings of the "Mixed German-Turkish Commission". This commission, held annually until 1987 and then semi-annually afterwards, brought together German and Turkish education and foreign ministry officials to discuss concerns and coordinate policies vis-à-vis the education of Turkish pupils in German schools, a population which numbered more than 450,000 in the latter years of the commission. This paper is based on a close textual analysis of the communiques produced by the commission, supplemented with contextual information from Turkish and German archival and press sources. To identify changes in Turkish policy over time, I track three themes present on the agenda of nearly every meeting: Turkish teachers in German schools, native language lessons, and the adoption of Islamic religious lessons in German curricula. Turkish policy proposals and reactions to proposals from the German side on these themes reflect changing understandings of the overriding goal of Turkish education in Germany. I demonstrate that the primary aim of Turkish representatives in the commission changed dramatically over time, from easing eventual reintegration to maintaining an economic and cultural connection with Turkey, and finally to regulating and minimizing the influence of threatening ethnic, religious, and political movements among the Turkish population in Germany. In making this argument, I contribute to discussions of Turkish diaspora policy, particularly by identifying the genesis of an active policy earlier into the 1970s than is generally assumed in other scholarship. Additionally, this paper contributes to the scholarly literature by examining the interactive dimension of diaspora policy, as Turkish state officials were required to adapt and rethink education policies in the diaspora in response to opportunities and limitations created by policy changes in Germany.

***

Migration of Highly Educated Belgian and Dutch Turks: Young Brains of Turkey
(139) Sinem Yılmaz (University of Ghent)

The impact of migration on development has been a current issue frequently discussed in a Turkish context, including government policies, academics and the media. Since the 2000s, Turkey has experienced a migration flow of Turkish-origin second and subsequent generations from European countries including Belgium and the Netherlands. Seeing that these migrants are highly educated, Turkish society has adjusted its expectations of social and economic developments within that country. The aim of this research is to reflect the social imaginaries of these migrants on their migration to their parents' home country. Based on fieldwork and interviews with 19 Turkish-origin Belgian and Dutch citizens in a post-migration setting, this study demonstrates their pre- and post-migration lifestyles, and propounds the way they attribute meaning to their movement. Approaches to migration development by international and government agencies and policies underestimate the individual motives of migrants. Receiving countries, in this case Turkey, are happy to consider these people as 'young skills' or 'new brains'. The gap between personal wills of the actors of migration and expectations of them clearly shows how policies are flawed in their considerations of socio-cultural and economic development through 'development agents'. In the first part of the research, the way in which these people evaluate their migration is represented, and in the following part, to what extent development plays a role in their lifestyles in Turkey is discussed. Addressing people's intentions and life trajectories, this research depicts how policies and theories on migration and development are insufficient to reflect the realities people experience.

***

Should I Stay or Should I Go? the Influence of Different Capitals on the Settlement Decisions of Iranian Students in Ankara (Turkey)
(244) Yasemin Akış Kalaylıoğlu, (Middle East Technical University)

Iran took the third position among the countries which send international students to Turkey. Yet, on the other hand, the numbers of UNICEF display that Iranian students mostly prefer USA, UK and Sweden for international education, hence Turkey is not their primary choice. In this respect, this presentation focuses on Iranian students in Ankara who came to Turkey for university education. The reason to concentrate on this issue was to comprehend their decision processes either to settle down in Turkey or migrate to other destinations. As to acknowledging this aim, accumulations, expectations and strategies of Iranian students were analyzed by using the sociological approach of Bourdieu which helped the research consider students' acquisition of different forms of capitals in the host society (such as cultural and language capitals) in an attempt to see whether Turkey fulfilled their expectations as a destination country. In this respect, by using snowball method, 13 in-depth interviews were conducted with Iranian students from three different universities of Ankara. The results display that, first of all, during their short stay Iranian students noticed the bureaucratic difficulties for occupational incorporation into Turkish society as foreigners. And secondly, despite their significant incorporation capacity and different capital accumulations in Ankara, 11 of these 13 students decided to continue their postgraduate studies in Western countries since they regarded the future of Turkey as not promising in terms of secularism, democracy, individual freedom and economic opportunities. Last but not least, it is also acknowledged that international education is strongly used by Iranian students as a strategy for high-skilled migration.

***

The Impact of University Graduation on the Lives of Young Turkish Women in Vienna
(588) Şule Dursun (University of Vienna)

My paper aims at presenting the changing face of Turkish migration using different life stories of young, educated Turkish women in Vienna. This study is based on an analysis of interviews with seven young women with two different migration backgrounds: Young women who were born or grew up in Austria and young women who have come to Austria for their studies. Young women, who were born or grew up in Vienna have mostly a migration background and are from families who came as "guest workers". The focus of my research was on the correlation between religion and higher education. Analysis of the interviews shows that university education leads to individual modification of religious and cultural practices as well as an adaptation of religious values and cultural attitudes in the lives of these women. Young women – who were brought up in a conservative or popular Islamic way– developed a modified, individual understanding of their religion. The approach of religious reflexivity as a result of continuous confrontation with new experiences is the decisive result of the study. These young women reflected upon their upbringing/setting and relied on themselves and their own intuition to solve religious challenges. The individual modification of religious and cultural practices leads Turkish women to strengthen their desires for emancipation and to articulate their roles in the society. All of the interviewed women have skilled jobs and do not only assert themselves in the marriage context as housewife or as mother. The analysis of the interviews shows that length of stay, social environment and acceptance are key factors for the young women's definition of Austria as their home country.

***

Selective Migration Policy Models and the Shift Toward Demand-Driven Approaches
(5001) Rey Koslowski (University of Albany)

Several migrant destination countries of the developed world have implemented selective migration policies and such policies are proliferating among other countries in efforts to attract scientists, highly-skilled engineers, medical professionals and information technology professionals. Selective migration strategies vary considerably in that they may be very explicitly realised in supply-driven systems with governments using point-systems to select permanent migrants from among visa applicants and reach an annual immigration goal (e.g. Canada and Australia) or they may be more implicit in the form of demand-driven systems with employers petitioning the government for permission to admit those foreign nations they wish to hire and featuring increasing temporary high-skilled visas (e.g. the US). While Canada and Australia both use point systems, they have taken different approaches in terms of the selection objectives and criteria as well as the participants in the selection process. These varying selective migration policies can be grouped into three models: the "human capital" model based on state selection of permanent immigrants using a point system, as practiced by Canada; the "neo-corporatist" model based on state selection using a point system with extensive business and labour participation, as practiced by Australia and the market-oriented model based primarily on employer selection of migrants, as practiced by the US. These policy models each have implementation challenges and, as they are ideal types, policy implementation often diverges from the model whether it is a growing role for employers in Canada; policy adjustments to questionable skills selection by the neo-corporatist model to immigration reform proposals to increase the role for state selection through a point system in the US. The paper provides an overview of each model, compares the selective migration polices of the three countries in terms of policy outcomes, examines recent changes in policies that deviate from the respective models and explores a recent shift in selective migration policies toward recruiting foreign students to become immigrants, particularly by stapling permanent resident cards to PhD diplomas.

***

SESSION 5B – Refugees and Media

	Room: SR 4
Chair	**Selver Özözen Kahraman, Çanakkale Onsekiz Mart University, Turkey**
544	Representation of Syrian Refugees in Turkish Media - **Ulaş Sunata, Esra Yıldız**
234	The Role of Turkish Media in Framing the Refugee Crisis - **Fulya Memişoğlu, Çağlar Başol**
350	Situation of Syrian Refugee Children in Printed Media - **Fulya Akgül Gök, Elif Gökçearslan Çifci**
281	The Representation of Syrian Refugees in the Turkish Press - **Nurhan Kavaklı**
404	Impression of Syrian Refuges from Social Media – **Selver Özözen Kahraman**
288	Education of Turkish People for Social Cohesion with Syrians in Turkey - **Tuba Duman**

Representation of Syrian Refugees in Turkish Media
(544) Ulaş Sunata (Bahçeşehir University), Esra Yıldız

In social, economic and political terms, Turkey is playing the key role on Syrian refugee crisis. The number of refugees crossing its border is now stated by millions which makes Turkey conspicuous as both destination and transit country. The importance of the social adaptation process becomes the main argument in sense of the refugee crisis by considering that Syrian migrants are not temporary but permanent. Depending on being the most refugee populated country in the world, it is important to understand how Syrian refugees are perceived and expressed by the Turkish citizens. By considering the non-negligible significance of media on the integration process into account, which may change the whole process in politics and perception of society, the main purpose is to document how Syrian refugees are represented on media. To achieve the aim, 1054 news in summer 2015 made by Turkey's largest three news agencies - Anadolu Agency (AA), Cihan News Agency (CHA) and Dogan News Agency (DHA) – were examined through conducting content analysis. Our findings show three touchstones. Based on the major three codes (refugee policy, the great walk to Europe, refugee as victim) it is obvious that Syrian refugees on Turkish media are represented as victims who experience the struggle to survive. While integration and migration policy have great importance on the solution for the Syrian migration crisis, these topics are in the top three most reported headlines among the news. Last but not least news about humanitarian aid is on the top alignment and proves that Syrian refugees are evaluated on media in human dimension.

***

The Role of Turkish Media in Framing the Refugee Crisis
(234) Fulya Memişoğlu, Çağlar Başol (Çukurova University)

As of March 2015, Turkey has become the world's most important refugee hosting country in absolute numbers, with the mass influx of Syrian refugees over the past five years. While there is a burgeoning body of research concerning the political, socio-economic, humanitarian and security implications for Turkey of hosting nearly three million refugees, the role of Turkish media in framing the 'refugee crisis' has received less attention. Indeed, it was the Turkish news sources releasing the images of a drowned three-year-old boy from Syria, Alan Kurdi, leading many international newspapers to feature the image on their front pages and making the refugee crisis more visible. Described as 'one of the most iconic image-led news stories of our time', a recently published report by the University of Sheffield indicates that the image has contributed to the reframing of the discussion from 'migrants' to 'refugees' in the press and social media. This paper seeks to contribute to the debate on 'mediatisation of refugee crisis' by exploring the ways in which the Syrian refugees, the country's largest refugee population, have been discursively constructed by the print media in Turkey. Is the coverage negative or positive? How does the media react to the spread of the refugee crisis to Europe? Has the image of Alan Kurdi triggered a significant discursive shift in the way it has in other contexts? In answering these questions, the paper relies on a content analysis of articles from three newspapers representing radical left (Birgün), mainstream (Hürriyet) and radical right (Yeni Akit). The sample is limited to the front-page news covering the period from June to November 2015. Overall, the paper aims at highlighting the type of coverage and the definition of issues in the media content, thus giving an insight on the role of media in telling its readers what to think about the refugee crisis.

***

Situation of Syrian Refugee Children in Printed Media
(350) Fulya Akgül Gök, Elif Gökçearslan Çifci (Ankara University)

Along with the globalization, transformation and mobility in all around the World may cause positive and negative effects on welfare of the countries, psycho-social and economic situations of the individuals. Especially in under developed and developing countries, such effects are more evident. The individuals living in these countries have to leave their own countries take refuge in the others due to social, economic, psychologic and environmental effects. Topçu (2006) states that the number of migrating people is on the rise because of the direct or indirect effects of the globalization in the World, regional conflicts, poverty, technology and development of transportation and communication facilities. The concept of migration firstly refers to movement of a certain population from one place to another; however, it has a more comprehensible structure than change in geographical location (Aksu ve Sevil, 2010). There is a very intensive population of refugees who abandoned Syria due to internal conflicts and take shelter in Turkey. As Hemmasi and Prorok (2002) suggest that, women, children and the elderly are those who have affected migration to a great deal. Migration process has become a threat for physical, psychologic, social, economic and cultural development of the children and their future. Under the study, data will be collected through document review; which is a qualitative research method, with the aim of analyzing physical, psychologic, social, economic and cultural aspects of the situation which the refugee children coming from Syria are in. Document review includes analysis of the written documents on phenomenon to be investigated (Yıldırım and Şimşek, 2013). Within this scope data of two Daily newspapers; Cumhuriyet, Hurriyet and Star with different ideological point of view in March 2016, April 2016 and May 2016 will be reviewed. With the context of the study, data on refugee children will be evaluated in terms of social service. It is expected that the study will lead the way for the studies to be carried out the processes that affect the children coming to Turkey from Syria as refugees physically, psychological, socially, economically and culturally.

***

The Representation of Syrian Refugees in the Turkish Press
(281) Nurhan Kavaklı (Üsküdar University)

Turkey, who has followed an open-door and humanitarian policy toward the Syrian refugees from the beginning of the war in Syria in 2011, now has the highest number of Syrian refugees at 2.5 million (UNHCR, 2016) more than any other country worldwide. The news coverage of refugees and asylum seekers has increased in Turkish newspapers to parallel the increase in the number of refugees in Turkey. This brings about the question of how the refugees and asylum seekers are represented in the news, since the news media plays an important role in shaping public opinion and public policies like immigration. Another question related to the representation of them is whether the perspectives of refugees are reflected in the news. To investigate these questions, this article examines three online newspapers' coverage of Syrian refugees and asylum-seekers during a three-month period. For the analysis, Hürriyet, Milliyet and Cumhuriyet newspapers are chosen for being influential papers in terms of reaching out to more people with a large variety of social backgrounds. The article uses discourse analysis to trace the way in which the refugees and asylum seekers are portrayed, and to see if the point of view of refugees is given in the news.

***

Impression of Syrian Refuges from Social Media
(404) Selver Özözen Kahraman (Çanakkale Onsekiz Mart University)

Twitter is a popular social media platform. It is hot topic in academia. It offers academicians to get the thoughts of people. Over the last four years, Syrian Refuges has become an increasingly important political issue in the Turkey. This paper interested in Turkish people tweets of western part of Turkey. A lot of refugees-related tweets are analyzed in places of west part of Turkey which is used as a door to Europe to determine the whether or not the Turkish people are support of Syria's migrant to disclose the attitude of Turkish People regarding the Syrian refugees in the Middle East migrating to European Countries. Basically, the study shows the result with visualizations techniques such as word cloud and frequency maps on maps. Generally tweeter users use two linguistic sources. We determined two types of linguistic source words and word group. The first is positive ones consisting compassion-aid-empathy-humanity-child-Personality description- migrant. The other is the negative ones including words hate-contempt-economic over plus-unemployment-robbery-personality. In addition to these, in this paper we investigated provinces and countries where tweets are sent, number of retweets of original tweets and with Syrian refuges hashtags (#suriyeli #sığınmacı #suriye #mülteci #Aylan etc.). Hashtags are distinct terms preceded by a hash mark (#) used by Twitter users to unite discussion on a particular topic. We collected data based on keyword matches, which means collecting all tweets which contain a word or group or words selected by the researcher. The data were collected between January 2014 and January 2016. We used content and trend analysis. We used an automated approach involving text processing methods for the content analysis. Text processing is widely used in the analysis of language in 'big data' sets, which are too big for humans to manually analyses, for example, to perform sentiment analysis.

***

Education of Turkish People for Social Cohesion with Syrians in Turkey
(288) Tuba Duman (Ankara University)

Turkey has received 3 million Syrian refugees in 4 years. The terror, chaos and the uncertainity of the Syrian war made many Syrians to live in Turkey for long years. Many people indicate that they will accommodate in Turkey even the war ends since Syria is a ruinous country. Additionally, Syrian people have started to build a life in Turkey. Thus, Syrians should be considered as permanent citizens rather than temporary visitors and the social cohesion of Syrians to Turkey is significant need for Turkey. A succesfull cohesion will ensure Syrians a more peacefull and comfortable life both financially and socially. Both Syrians and people of Turkey should be educated to live together. Language, vocational, cultural and regular education for adults and children provide Syrians better professions, better chances for communication, networking, and accommodation. Furthermore, activities to know each other for Syrians and people of Turkey will provide a healthy social structure in Turkey. The aim of the study is to investigate the education needs of Turkish people for social cohesion with Syriann refugees and to understand the use of education for this aim. Education should be provided for people of Turkey to have respect to Syrians, help them in dignity, have a healthy communication and recognation of both sides. This will ensure peace for people of Turkey and Syrians in our country. Additionally, contributions of people of Turkey to support Syrian refugees to ensure them to settle here peacefully will help Syrians them gain self sufficiency which gives the feeling that they are not in need, they are not a burden for Turkey but independent citizens building a decent life here as free citizens and ensure social cohesion between Syrians and people in Turkey. Method: In depth interview, literature review and participant observation are used as the method of the study. Participant observation will be made at schools and government institutions besides NGOs. Additionally, in-depth interview is made withtotally with 20 people containing a group of Syrian refugees living or/and working in Turkey, Turkish officiers working with/ for Syrians and with Syrian and Turkish NGOs working for Syrians.

***

SESSION 5C – Integration and Migration Policy

	Room: SR 5
Chair	**Pınar Yazgan, Sakarya University, Turkey**
424	Music as a Cultural Resource for Forming Destigmatization Strategies among the German Turks - **Ali Türünz**
510	Integration Philosophy A LA TURCA: Defining Integration and Adopting Integration Policies in Turkey – **K. Onur Unutulmaz**
387	Comparing National and Local Immigrant Integration Policies in Turkey – **Ebru Dalğakıran**
444	The Effects of International Migration Policies on Migration's Consequences in terms of Social and Psychological Concerns - **Neşe Çakı, Fatma Tosun**
481	Turkey's Response to Integration Strategies and Educational Problems of Syrian Refugees: Constructing or Destroying the Future From the Very Beginning - **Fuat Güllüpınar**
559	An innovative educational methodology in tackling national security issues: A national case-study of innovative educational programmes for foreign citizens and migrant workers - **Liudmila Bukalerova, Olga Kuznetcova**

Music as a Cultural Resource for Forming Destigmatization Strategies among the German Turks
(424) Ali Türünz (Freelance Researcher)

The article is a part of a PhD thesis focusing on the role of music among the Turkish diaspora in Germany. More precisely, it is a micro-level, in-depth, ethnographic study of five Turkish music choirs from Hamburg. I approach the research from the perspective of cultural sociology, which is focused on the meaning-making process. Besides, following Andy Bennett and Tia DeNora, I consider music as a resource, and I scrutinize how Turkish immigrants make sense of their lives through music. The research is based on the qualitative analysis of more than 50 in-depth, semi-structured interviews with choir members from Hamburg, and an additional 15 interviews with musicians and music instructors of Turkish origin from Berlin, Mannheim, and Vienna, conducted between 2009 and 2012. The research revealed that choir members regard music as the most appropriate (and perhaps only) cultural resource for improving the general status of Turks in. Hence, this article analyzis the usage of music in short-term and long-term destigmatization strategies. Their long-term destigmatization strategy involves the deliberate use of music as a resource to destigmatize the Turkish community collectively, which they hope will eventually lead to the acceptance of Turks as an integral part of German society. This strategy encompasses both "improving the Turks" through musical education and educating Germans on Turkish culture.

***

Integration Philosophy *A LA TURCA*: Defining Integration and Adopting Integration Policies in Turkey
(510) K. Onur Unutulmaz (Social Sciences University of Ankara)

While the political, social and economic challenges posed to liberal democracies by the 'super-diversity' created by mass immigration from all around the globe are very similar in nature, there is a tremendous variation amongst the respective understandings of what 'integration' means as well as the policies, programmes, and measures adopted to achieve it in different contexts. This paper argues, in line with a number of other scholars, that the reason for this is related to specific 'integration philosophies' of the countries concerned which can be conceptualized as large public policy philosophies that have been produced by the specific historical experiences, political and institutional structures, and social and cultural fabric in each context. They, it will further be argued, shouldn't be considered solely in relation to migration-related diversity, but rather as an extension of the general vision in each context to create a harmonious and socially inclusive unity. Therefore, they have at their core larger debates about political and social membership (i.e. citizenship), belonging, and loyalty. As a significant number of the millions of Syrian asylum-seekers who arrived in Turkey in the last few years will almost certainly stay in the country in the longer term, Turkey has to urgently consider adopting policies and measures for integration. What kind of an integration philosophy can be identified in Turkey? What has 'becoming a part of society' meant for an ordinary individual in Turkey and what shall it mean for an immigrant, Syrian or otherwise? What has been the 'societal glue' that has been keeping the Turkish society at large together and what shall it be in the new context with added complexities of migration-related multiculturalism? How have such 'common values' been created and how shall they be formed in the medium and longer terms? The integration philosophy of Turkey will be identified based on the existing literatures in sociology and political science on citizenship, nation-building, identity and belonging. Its application to the Syrian migration case will utilize the existing data on these migrants by various reports and statistical sources as well as a number interviews and observations from Hatay and Gaziantep provinces.

***

Comparing National and Local Immigrant Integration Policies in Turkey
(387) Ebru Dalğakıran (Marmara University)

While Turkey was a migrant-sending country in the 1960s-70s, it became a migrant receiving country especially after the end of the Cold War. With the increase in the number of migrants to Turkey, migrant integration policies were begun to develop in the second half of the 1990s. Especially, after being granted as candidate status to the EU, the EU became the main driving force in case of developing immigrant integration policies. Indeed, immigrant integration policies are mainly a national competence. However, since the cities have been the main destinations of the migrants, cities have to supply the fundamental needs of the migrants. In that case, it might be said that each city might have different approaches to immigrant integration. Accordingly, the primary purpose of the study is to figure out how the cities develop their own policies, how their policies interact with each other and how their policies converge or diverge with the national policies in Turkey. To analyze the local policies and their interactions with each others' policies and the national policies, Istanbul and Izmir will be used as the case studies due to the fact that these cities are hosted a high number of migrants. The paper will be divided into three parts. The first part of the paper will be based on an overview of the evolution immigration policies of Turkey. The second part of the paper will focus on examining

Istanbul and Izmir cases. Policies will be closely examined, and interviews will be conducted. The third and last part will draw conclusions of the analysis.

***

Turkey's Response to Integration Strategies and Educational Problems of Syrian Refugees: Constructing or Destroying the Future from the Very Beginning
(481) Fuat Güllüpınar (Anadolu University)

Since 2011, the civil war in Syria has added new dimensions to Turkey's current dynamics of polarization. It seems to have made an influencing affect on reinforcing and radicalizing the fault lines between the religious and secular parts of the polarization in Turkey. In the areas they migrate, the parties and victims of the Syrian Civil War may not swiftly and completely abandon their religious, denominational and ideological engagements that have stimulated the conflict. It is very probable that they may be radicalized by reconstructing their identities around ideological, denominational, ethnic or religious values under the influence of the conflict in their county. The most important fact that threatens Syrian youth and refugees that have fled from war, yet are destitute of acceptance or institutional support in their new homes, is the feelings of uncertainty, instability, futurelessness and hopelessness. Those feelings can make them tend towards radical organizations. The dimensions and attributes of the institutional support provided for education, shelter, health within or outside the refugee camps are the factors that will directly affect the Syrians' adaptation, maladaptation or radicalization tendencies. It can be suggested that the social rejection, marginalization and exclusion etc. of Syrian refugees reinforce their senses of belonging to their groups and a strong affiliation to their religious and ethnic identities and the generation of "reactive identity". This study aims to analyze the key dynamics influencing Syrians' accessibility to education and achievements; namely the institutional opportunities provided, curricula applied and integration policies regarding Syrians. For this purpose, this study will attempt to suggest the integration strategies to be developed for Syrians in educational and social areas. In this context, this study claims that Turkey could only prevent radical tendencies by adding notions like human rights, peace, tolerance, civil citizenship, intercultural dialog, reconciliation and conflict solutions into their curricula. That is to say, in Turkey, editing of the textbooks and the curricula in line with such notions may create opportunities that can prevent the radicalization of people to a certain level. Finally, the perception of Syrians by the society in Turkey is a main component to the integration. In this regard, it must be highlighted that each and every person has the fundamental right to a qualified education and health services, housing in a reliable environment and house, and the need for a good job and profession. The employment conditions of migrants are needed to be organized extensively and the legal measures against the discriminations they may face in labor-market and concerning the increase in their employability should be duly taken.

***

The Effects of International Migration Policies on Migration's Consequences in terms of Social and Psychological Concerns
(444) Neşe Çakı (İstanbul University), Fatma Tosun (Yalova University)

Migration can be defined as people's voluntary or compulsory moving from the place they live in to another place because of economic, social, political, and cultural reasons. People may confront social problems related with health, education, harboring, and employment due to moving. At the same time, psychological problems such as depression, anxiety disorders, posttraumatic stress disorders, somatization, and etcetera caused by emotions such as homesickness and anomy can be observed. The purpose of this research is to evaluate whether the international migration policies in Universal Declaration of Human Rights, International Covenant on Economic, Social and Cultural Rights, European Convention on Human Rights, and European Social Charter aimed at solving the aforementioned psychological and social problems is effective or not for solving the problems. In this research, literature review will be done and practices related with those policies in Turkey will be included at the end.

***

An innovative educational methodology in tackling national security issues: A national case-study of innovative educational programmes for foreign citizens and migrant workers
(559) Liudmila Bukalerova & Olga Kuznetcova (RUDN University, Moscow)

The main challenges our societies face today concern with undertaking the research, education and innovation activities needed to protect our citizens, society and economy as well as our infrastructures and services, our prosperity, political stability and wellbeing. Assistance in creating conditions for the adaptation and integration of migrants, protection of their rights, freedoms and ensuring social security becomes even more urgent in this context. The paper presents a nation-wide case study undertaken in the Russian Federation of the development and application of innovative educational methodology to resolve problems in social adaptation, integration, language acquisition and socialisation of non-national citizens (incl. high skilled workers, migrant workers, foreign students). As such, innovative educational methods and approaches presented in the paper, as will be shown, can solve problems faced by other social science disciplines – law, social policy/work, linguistics and community studies and; can have a direct impact and contribution to the betterment of society through improvement of lives of the citizens and can lead to transformation of knowledge and practice.

***

SESSION 5D – Göç, Kültür ve Kalkınma

	Room: SR 6
Chair	Tülin Canbay, Manisa Celal Bayar University, Turkey
152	Impact of Rural Migration on Rural Culture in Turkey – **Ertuğrul Güreşçi, Mustafa Kocaoğlu, Oktay Öztürk**
373	Göç, Endişe ve Kültür – **Cumhur Aslan**
495	Göçün Sosyal ve Kültürel Hayata Etkisi – **Coşkun Çılbant, Hakan Aracı, Uğur Bilgen**
313	Göçün Neden ve Sonucu Olarak: Türkiye'de Yoksulluk Boyutu - **Hülya Yeşilyurt Temel, Ramazan Temel**
191	Kırsaldan Kente Göç Eden Kişilerin Kentsel Yaşam Uyum Sürecinde Yerel Yönetimlerin Üstlendiği Roller: Kırşehir Örneği Üzerinden Bir Değerlendirme – **Ertuğrul Güreşci, Mustafa Kocaoğlu, Oktay Aktürk**
222	Türkiye'de işsizlik, boşanma ve göç arasındaki ilişkinin analizi - **Sibel Selim, Rıdvan Keskin, Hasan Selim**

Impact of Rural Migration on Rural Culture in Turkey
(152) Ertuğrul Güreşçi, Mustafa Kocaoğlu, Oktay Öztürk (Ahi Evran University)

The rural-urban migration began in the 1950s in Turkey, it has had a wide impact area along with the causes and consequences. The rural culture in one of these domain migration such results began to lose its rural culture, character and sustainability. This study on the causes and consequences of rural migration in Turkey, with emphasis on rural culture influence will attempt to handle various aspects. In addition, the study will provide an overview of the creation of the infrastructure work done on rural culture.

***

Göç, Endişe ve Kültür
(373) Cumhur Aslan (Çanakkale Onsekiz Mart University)

Bu makalede "göç", hem bir endişe kaynağı olarak hem de bir toplumsal kültür unsuru olarak ele alınıp irdelenecektir. İnsanlık tarihinin evrensel temel özelliklerinden biri olan göç, bireysel ve toplumsal düzeyde önemli değişimlere ve yeni süreçlere yol açmıştır. Gerekçesi ister sosyo-ekonomik, ister siyasal, ister eğitimsel, ister kültürel nedenlerden kaynaklansın, göç, bireyler üzerinde önemli ve ciddi sonuçlara yol açan bir "yer değiştirme hareketidir". Sanayileşme/endüstrileşme, şehirleşme/kentleşme, savaşlar, şiddet, yoksulluk, ötekileştirmeler modern toplumda yaşanılan göçün en önemli nedenleri arasında yer almaktadır. Bütün bu sosyo/ekonomik, siyasal ve kültürel gerekçelerle ortaya çıkan göç hem göç eden bireylerin yaşantı ve deneyimlerinde hem de göç edilen yerde mevcut olan kültür/yapı üzerinde travmatik ve psikososyal sonuçlara yol açmaktadır. Türkiye'de "göç" özellikle 1950'li yıllardan itibaren artan ve yaklaşık son yarım yüzyıllık tarihi belirleyen en önemli toplumsal dinamiklerden biridir. 1950'li yıllarla birlikte sanayileşme süreci, tarımda makineleşme, kırsal alanda kapitalizm, özellikle karayollarının gelişimi sonuçları kentleşme, ekonomik ve sosyal dokusunda bugünde görülen önemli değişimlere yol açmıştır. İç göçlerin giderek artması özellikle kentleşme üzerinde önemli etkilere yol açmış, göçlerin büyük şehirlere yönelmesi üzerine yaşanan nüfus patlaması başta gecekondulaşma olmak üzere makro düzeyde sonuçlara yol açmıştır. İç göç özellikle İstanbul üzerinden hem toplumsal, hem kültürel, hem ideolojik açılardan roman, edebiyat, şiir, sinema vb. gibi alanlarda ele alınmış ve irdelenmiştir. Türk edebiyatı ve Türk sineması 1950'li yıllardan sonra taşra/Anadolu'dan kente/İstanbul'a gelen insanları ve onların yarattığı kültürleri, yaşamları, inançları, değerleri ve sorunları ele alan ve sınırları bu çerçevede çizilen bir görünüm almıştır. Bu makalede iki farklı düşünsel ve ideolojik konumda bulunan iki farklı yazarın Türkiye'de iç göçe dair erken dönem öykülerini/metinlerini ele alarak, göçe dair değerlendirme, yaklaşım ve ideolojik/düşünsel bakış açıları saptanmaya çalışılacaktır. Modern ve Batıcı/Kemalist bir yazar, öykücü ve aydın olan Oktay Akbal'ın öykülerinde göçe bağlı olarak ortaya çıkan toplumsal değişimin nasıl yorumlandığı "anlaşılmaya" ve bu kapsamda Türk modernleşmesine ilişkin bir değerlendirme amaçlanmaktadır. Modernist bir yazar olan Oktay Akbal, öykülerinde nostalji ile değişim arasında yaşadığı duygusal ve politik tepkileriyle Türk modernleşmesinin doğasındaki elitist ve steril bir toplumsal dünyayı resmettiği görüşüyle ele alınacaktır. "Birden kendimi, doğma büyüme bir İstanbullu olarak, bu kente, bu sevdiğim kente yabancı duyuverdim" diyen Oktay Akbal, "Anadolu'dan İstanbul'a gelenler. Hacı Ağa'ları ile, yoksulları ile" ortaya çıkan değişim ve farklılaşmadan oldukça rahatsız ve kaygılıdır. Akbal, göçün yarattığı yeni İstanbul'dan "endişe"li ve kaygılıdır. Diğer yandan muhafazakar ve liberal bir dünya görüşüne sahip olan ve 1950 yılında Demokrat Parti içerisinde aktif siyaset yapan Samet Ağaoğlu özellikle "Büyük Aile" adlı öykü-romanında Meşrutiyet döneminde bir ailenin "taşra"dan İstanbul'a yaptığı göç ve ardından yaşanan sosyal, kültürel, sembolik, dinsel, bireysel değişimler ele alınmış ve ayrıntılı biçimde betimlenmiştir. "İstanbul" öyküde tüm değişimlerin, farklılaşmaların, yabancılaşmaların, bunalımların ve çaresizliklerin serimlendiği bir mekan/yaşam unsuru olmuştur. Samet Ağaoğlu, "Büyük Aile"de, Niksar'dan İstanbul'a, "Niksar'ın kapalı, küçük, mutaassıp muhitinden büyük şehre kaçıp gitmek ihtirasıyla yanıp tutuşan" Hacı Gıyas'ın oğullarının yaşadığı dramı anlatır. İki farklı yazar ve iki farklı dünya görüşü, merkezinde İstanbul'un olduğu bir öykü/metin üzerinden bize dünya görüşlerini, kaygılarını ve ideolojilerini seslendirirler. "Göç" her iki metinde de İstanbul'un kurgulanıp aktarılmasında temel leit-motivedir. Her iki yazar da farklı parametrelerden yaşanan süreçelerden kaygılıdırlar. Her iki yazar da göç sürecinin orjiyi, özü, doğayı, kendiliği bozup, tahrip ettiği konusunda hem fikirdirler. Biri sol/modernist/Kemalist aydın ile diğeri sağ/muhafazakar/liberal aydını ortak noktada buluşturan "endişe"nin ortaya çıkarılması, Türk modernleşmesinin anlaşılıp açıklanmasında hala daha güncel önemini koruyan bir unsur olmaya devam etmektedir.

***

Göçün Sosyal ve Kültürel Hayata Etkisi
(495) Coşkun Çılbant, Hakan Aracı, Uğur Bilgen (Celal Bayar University)

Göçmen kavramı, bireylerin ve ailelerin doğup büyüdükleri ülkeden farklı ülkelere eğitim, sağlık, sosyal ve kültürel amaçlı yer değiştirenleri ifade ettiği gibi; zorunlu olarak doğup büyüdükleri yerleri terk etmek zorunda kalanları da kapsamaktadır. Özellikle 2013 yılından sonra sınır komşumuz Suriye'de yaşanan savaş koşulları, orada yaşayan halkı olumsuz bir şekilde etkilemiş ve ülkelerini zorunlu olarak terk etmelerine neden olmuştur. Savaş koşullarından kaçan Suriyeli halk diğer ülkelere göç etmeye başlamış ve bu ülkeler arasında en büyük payı da Türkiye almıştır. Türkiye, ilk günden itibaren Suriyeli vatandaşlara kucak açmış ve tüm sorunları ile yakından ilgilenmiş ve ilgilenmeye de devam etmektedir. Bu çalışma da Türkiye'nin Suriyeli vatandaşlara karşı gösterdiği misafirperverliğe değinilerek, Suriyeli vatandaşlara sağladığı sağlık hizmetleri, eğitim hizmetleri, geçici koruma kapsamında Suriyelilerin illere göre dağılımları ve sınıra yakın yerlerde kurulan barınma merkezlerindeki son durumlar değerlendirilecektir. Değerlendirmeler sonucunda Türkiye olarak ne kadar Suriyeli vatandaşa ulaşıldığı ve memnuniyet derecesi belirlenmeye çalışılacaktır.

***

Göçün Neden ve Sonucu Olarak: Türkiye'de Yoksulluk Boyutu
(313) Hülya Yeşilyurt Temel, Ramazan Temel (Celal Bayar University)

Göç, sanayileşme ile birlikte kendini gösteren ve tarımdaki dönüşüm olayları neticesinde kişilerin kırsal alanlardan kentlere doğru başlayan hareketliliği olarak tanımlanmaktadır. Tarımda yeni teknolojilerin kullanılması neticesinde, insan gücüne olan ihtiyaç azalma göstermiştir. Tarımda kullanılan her bir makine, birçok kişinin işini üstlenmiştir. Bu bağlamda, işsizlik sebebiyle zorunlu olarak göç akınları başlamış ve kırsal alanlardan kentlere doğru bir hareketlilik söz konusu olmuştur. Göçe neden olan diğer ekonomik etken ise gelir dağılımıdır. Gelir dağılımındaki dengesizlik, kişileri, bulunduğu yerlerin dışında var olan imkân ve fırsatları öğrenme ve yararlanmaya yani göç hareketliliğine sevk eder. Gelir dağılımındaki adaletsizlik ve dengesizlik, açlık ve yoksulluk problemini de beraberinde getirmektedir. Göçün sosyal sonuçlarından en dikkat çekeni ise yine yoksulluk boyutudur. Yoksulluk, bir göç sebebi olmasının yanı sıra göçün önemli sonuçları arasında da ele alınmaktadır. Yoksulluk, hem kırdaki yoksulluğun kente taşınması ile ortaya çıkan bir hal iken hem de kentlerde işsiz kalma odaklı bir yoksulluk türü olarak kendini göstermektedir. Özellikle, kırdaki olumsuz hallerden kurtulmak için kente gelenlerin çoğunun kentte de yoksul pozisyonda kaldıkları gözlemlenmiştir. Bu kişiler için, yoksulluk, neredeyse bir kültür halini almış ve bu durum kentsel yoksulluğu ortaya çıkarmıştır. Bu bağlamda yoksulluk, göçün hem bir nedeni hem de bir sonucu olarak gösterilmektedir. Kente göç ederek gelen kişilerin çoğu, ilk başta kent içinde yoksul (gecekondu) mahallelerine yerleşmektedir. Ailesi ile birlikte veya başlangıçta sadece aile reisi olarak tek başına çalışmaya gelen kişiler ancak temel ihtiyaçlarını karşılayabilmektedir. Dolayısıyla Türkiye'de nüfusun %15,1'i yoksulluk sınırının altındadır. Aynı zamanda 2014 yılı Türkiye İstatistik Kurumu verilerine göre; satın alma gücü paritesine göre kişi başı günlük 4,3 $ baz alındığında fert yoksulluk oranı 1,62, kişi başı günlük 2,15 $ baz alındığında fert yoksulluk oranı 0,03'tür. Çalışmada bu veriler ışığında Türkiye'deki göç ve yoksulluk boyutunun analizi yapılacaktır.

***

Kırsaldan Kente Göç Eden Kişilerin Kentsel Yaşam Uyum Sürecinde Yerel Yönetimlerin Üstlendiği Roller: Kırşehir Örneği Üzerinden Bir Değerlendirme
(191) Ertuğrul Güreşci, Mustafa Kocaoğlu, Oktay Aktürk (Ahi Evran University)

Bu çalışmada, kırsaldan kente göç edenlerin kentsel yaşama uyum sürecinde yerel yönetimlerin rolünün, Kırşehir İl Merkezi'nde araştırılması ve elde edilen sonuçların ilde bulunan üniversite ve fakülte yönetimi, Kırşehir Göç İdaresi İl Müdürlüğü, Kırşehir Belediyesi, diğer üniversitelerin göç ve yerel yönetimlerle ilgili akademik birimleri ile paylaşılması amaçlanmıştır. Bu amaç doğrultusunda, çalışmada Kırşehir merkeze göç edenlerin kurmuş oldukları hemşeri dernekleri ile iletişime geçilerek bu dernek üyelerinden örnekleme yöntemine göre ve şansa bağlı olarak seçilecek kişilerle çalışmanın amacı doğrultusunda anketler yapılacaktır. Elde edilen anket sonuçları uygun istatistikî yöntemlere göre tasnif edilip analiz edilerek sonuçlar elde edilecektir. Bu çalışma, göç edenlerin bizzat kendilerinin kentsel yaşama uyumlarını ve bu yaşama katkılarını ifade etmeleri açısından oldukça önemlidir. Ayrıca, kırdan kente göç edenlerin başta kır-kent kültür çatışması olmak üzere çalışma hayatına uyumları ve kamu hizmetlerinden nasıl ve ne ölçüde faydalandıklarını ortaya koyması bakımından da oldukça önemlidir. Özellikle yerel yönetimlere, kırdan kente göçler konusunda önemli görev ve sorumluluklar düşmektedir. Bu sorumluluklar sadece göç edenlerin kendilerine bazı kamusal hizmetlerin ulaştırılması boyutu ile ele alınmaması gerekmektedir. Ayrıca yerel yönetimler, bu tür göçler sonucu kente yerleşenlerin kentin sosyal ve ekonomik yapısına en kısa sürede ayak uydurmaları konusunda da sorumluluklara sahiptir. Çalışma, bütün bu yönleri ile kırdan kente göç edenlerin uyumlarını Kırşehir Merkez ölçeğinde ele alması ve elde edilecek sonuçların benzer kentler içinde yapılacak çalışmalara örnek teşkil edebilmesi açısından da önemlidir.

***

Türkiye'de işsizlik, boşanma ve göç arasındaki ilişkinin analizi
(222) Sibel Selim, Rıdvan Keskin, Hasan Selim (Dokuz Eylül University)

Güncel göç olaylarının temelinde doğal, ekonomik, sosyal ve politik faktörler bulunmaktadır. Bu faktörler göç kararında, insanları göç etmeye zorlayan itici faktörler ve göç etmeye cesaret veren çekici faktörler şeklinde kendini göstermektedir. Göç, karmaşık kişisel kararların bir sonucu olup, iticilik ve çekicilikler arasındaki karşılıklı etkileşim göç hareketinin zamanını, şeklini ve yönünü belirlemektedir. Türkiye'de daha çok köyden kente ve kentten kente doğru göç hareketiyle ilgilenilmiştir. Köyden-kente göçlerin temel nedeni, kır-kent farklılaşmasından ileri gelmektedir. Bu farklılıklar her geçen gün kentler lehine gelişmekte ve göçü yeniden tetiklemektedir. Nüfusu kente iten etkenler arasında kırsal alanda hızlı artan nüfus, yetersiz toprak, düşük verimlilik, doğal afetler, toprağın miras yoluyla parçalanması, tarımda makineleşme sonucu ortaya çıkan açık işsizlik ve yoksulluk sayılabilir. İşsizlik, bölgeler arasındaki göçün en önemli nedenlerinden birisidir. Nüfusu kente çeken etkenler olarak ise daha iyi eğitim ve sağlık isteği, kentin çekiciliği, ulaşım ve iletişim olanakları, iş bulma ümidi, daha yüksek yaşam standardı ve kentlerdeki toplumsal, kültürel olanaklardan yararlanma ve kır-kent arasındaki gelir farklılığı belirtilebilir. Sosyal faktörler ise ekonomik faktörlerle sık olarak benzeşmekle birlikte, genellikle sosyal faktörün itme ve çekme gücü fertlerin özel durumuna bağlı kalmaktadır. Aile büyüklüğü genel bir itici faktör oluşturmaktadır. Göçün aileler üzerindeki en büyük olumsuz etkisi yoksulluk, uyumsuzluk ve aile içi şiddet üzerinde olmaktadır. Göç, aile içi şiddet ve boşanma gibi olumsuzlukların artmasına da yol açmaktadır. Bu çalışmanın amacı, Türkiye'de 2008 – 2014 yılları arasında Düzey 2 bazında 26 alt bölge için göç, işsizlik ve boşanma arasındaki ilişkiyi panel veri analizi ile incelemektir. Literatürde göç, işsizlik ve boşanma arasındaki ilişkiyi birlikte ele alan bir çalışmaya rastlanmamıştır. Çalışmadan elde edilen bulgularda, işsizliğin bölgenin aldığı göçü azalttığı, bölgenin aldığı göçün ise boşanmayı arttırdığı ortaya çıkmıştır.

***

SESSION 5E – Göçer Edebiyatı - I

	Room: SR 7
Chair	**Şahbender Çoraklı, Namık Kemal University, Turkey**
421	Fakir Baykurt Yazınında Sıladan Uzakta Günler – **Sevim Şermet**
239	Sürgünlük Edebiyatı Bağlamında Bir Sürgün Şakir Bilgin ve "Sürgündeki Yabancı" Romanı – **Nesime Ceyhan Akça**
272	Fakir Baykurt'un Almanya Öykülerinde Türkiye Göçmenlerinin Yaşamı ve Sorunları – **Efnan Dervişoğlu**
564	Göçmen Bir Şair Şavkar Altınel Edebiyatında Kimlik – **Fatih Özdemir**

Fakir Baykurt Yazınında Sıladan Uzakta Günler
(421) Sevim Şermet (Sinop University)

Fakir Baykurt 15 Haziran 1929' da Burdur'un Yeşilova ilçesinin Akçaköy'ünde doğmuştur. 6 çocuklu yoksul bir ailenin ikinci çocuğu olan Fakir Baykurt'un asıl adı Tahir'dir. 1943'te Akçaköy İlkokulu'nu, 1948'de Gönen Köy Enstitüsü'nü bitirdikten sonra Burdur'un Kavacık ve Dereköy köylerinde öğretmenlik yapar. Meslek yaşamı 1955'te Gazi Eğitim Enstitüsü'nü bitirdikten sonra Sivas, Hafik ve Şavşat'ta Türkçe öğretmenliği ile devam eder. 1959 yılında yayınlanan Yılanların Öcü romanından sonra hayatı sürgünler ve memuriyetten uzaklaştırmalarla devam eder. 1962 yılında Bloomington'daki İndiana Üniversitesi'nde bir yıl "Göze Kulağa Hitap Eden Ders Araçları Hazırlama, Yeni İletişim Kuramları, Çocuklar ve Yetişkinler İçin Yazma" konularında uzmanlık eğitimi alır. 8 Temmuz 1965'te Türkiye Öğretmenler Sendikası –TÖS Fakir Baykurt'un başkanlığında kurulur. 1979 yılında Türkiye'de yaşanan siyasi ortamdan uzaklaşmak ve Almanya'daki işçi yaşamını araştırmak ve işçilerin yaşamını yazmak için Almanya'ya gider. 11 Ekim 1999'da Almanya'nın Essen kentinde ölmüştür. Fakir Baykurt Cumhuriyetin kuruluşundan beri mevcut olan halka doğru hareketin en mühim halkasında yer alır. Bu halka Köy Enstitülü yazarların oluşturduğu bir halkadır. Köy Enstitülü yazarlarla edebiyatın dili değişmiş ve kentten köye bir yönelim olmuştur. Bütün bu çabalar ve verilen uğraşlar edebiyatın mahallileşmesi gibi bir sonuca da yol açmıştır. Fakir Baykurt köy gerçeği gibi toplumsal bir olguya odaklanmasına rağmen yurtdışında doğan "Exil-Sürgün" ya da "Emigrant-Göçmen" edebiyatın önemli halkalarından da birini oluşturarak diğer köy romancılarından ayrılır. Türk edebiyatı için olduğu kadar Almanya'daki Türk edebiyatı için de önemli bir isimdir. Burdur-Akçaköy'den Duisburg'a uzanan yetmiş yıllık zaman dilimine sığdırılan eserler yöreselden evrensele uzanan bir açılım göstermiş ve sonunda kültürlerarası arabuluculuk rolü ile son bulmuştur denilebilir. Fakir Baykurt Almanya'yla yolu siyasi sebeplerle kesişen yazarlardan biridir. Almanya'nın eserleri üzerinde belirgin etkileri vardır. Doğrudan Almanya'yı konu alan eserlerinin yanı sıra otobiyografik eserlerinden olan Özyaşam ciltlerinden birini özellikle Almanya'ya ayırmış ve Almanya'nın sanatı üzerindeki etkilemelerini kaleme almıştır. Bu çalışmada bu eserden hareketle Fakir Baykurt'un yaşamı ve eserleri üzerinde göçün etkileri üzerinde durulacaktır.

***

Sürgünlük Edebiyatı Bağlamında Bir Sürgün Şakir Bilgin ve "Sürgündeki Yabancı" Romanı –
(239) Nesime Ceyhan Akça (Çankırı Karatekin University)

Göçmen edebiyatının bir parçası olarak değerlendirebileceğimiz "sürgün edebiyatı", ülkemizde henüz kapsamlı çalışmaların yapıldığı bir alan değildir. Sürgün, çoğu zaman siyasal erkle, devletin çeşitli kurumlarıyla yaşanan çatışmalardan doğan uzaklaştırılma, sınır dışı edilme, yok sayılma; yahut kişinin başına gelebilecek tutuklanma, öldürülme, yaşam alanlarının kısıtlanması gibi endişelerden kendi kendine gerçekleştirdiği zorunlu ülke/vatan terki durumudur. Göçten farklı olarak sürgün, daha bireysel bir yer değiştirme halidir. "Gönüllü sürgün" ifadesindeki gönüllülük ise sözcüğün olumlu çağrışımlarına rağmen zaruretten ortaya çıkan devlet eliyle uzaklaştırılmadan çok da farklı olmayan bir durumu içerir. Biz bu çalışmada 1980 İhtilâli sonrası siyasi suçlardan ötürü Avrupa'nın çeşitli ülkelerine kaçmak zorunda kalan Türk vatandaşlarının anlatıldığı "Sürgündeki Yabancı" adlı romanı "sürgünlük edebiyatı" bağlamında irdelemeye çalışacağız. Romanın edebî değeri ve niteliklerinden çok "sürgün kahraman/yazar" anlamaya çalışılacak ve "sürgünlük durumu"nun ortaya çıkardığı dikkatler etrafında durulacaktır. Yazar Şakir Bilgin, sürgün yazar olarak nitelendirilebilir. Yazar, 1976 yılında beden eğitimi öğretmeni olarak atandığı Niğde'ye siyasi çatışmaların yoğunluğu sebebiyle gidemez ve o sırada Almanya'da öğretmenlik yapan babasının yanına gider. Köln Akademisi´nde spor ihtisasını yapar. 1978 yılında Köln´de Türkçe öğretmenliğine başlar ve aynı yıl, Köln Öğretmenler Derneği´ni kurar. 12 Eylül 1980 askeri darbesinden sonra Almanya´da siyasal etkinliklerin artması sebebiyle 1982 Kasım ayı başlarında Türkiye´ye döner, 1983 yılı başında örgütlü çalışma yaptığı gerekçesiyle siyasi polis tarafından yakalanır ve üç yıl hapis yatar.1986 Şubat´ında özgürlüğüne kavuşur ve 1987 Nisan ayında tekrar Almanya´ya gelerek, Köln yakınlarındaki Pulheim kentine yerleşir. Almanya'ya ilk gidişi ülkesinde kendini güvende hissedemeyişindendir, ikinci gidişi ve orada yerleşişi ise ülkesindeki ağır hapishane tecrübesi neticesinde gerçekleşir. Onu teknik olarak sürgün yazarlardan ayıran şey, ülkesine geri dönebilecek olmasıdır. Kendisi için mümkün olan bu durum, roman kahramanları için mümkün görünmez. Yazar, romanında yetmişli yılların sonu ile seksenlerin ilk on yılında Avrupa'da yaşam alanı yaratmaya çalışan siyasi sığınmacı olarak kabul edilmeyi bekleyen insanların çok yakından tanıdığı dünyalarına kapı aralar. Bu arada sürgünlerin özgürlükler mekânı kabul edilen Almanya, İsviçre ve Fransa gibi ülkelerin mültecilere karşı tutumlarından doğan hayal kırıklıkları da dile getirilmiştir. Bu çalışmada sürgünlük edebiyatı üzerine yapılan çalışmalardan ve incelediğimiz romandan hareketle "sürgün kimlik"i ortaya çıkaran kavramlar tartışılacak ve sürgünlük durumunun evrensel izdüşümleri yakalanmaya çalışılacaktır. Bu kavramlar: "yersiz yurtsuzluk", "yabancılık/yabancılaşma", "kendine yönelen suçluluk", "sınır saplantısı", "kimliğe preslenmiş özlem", "nostaljiye sığınma ya da yaratıcı aşkınlık", "hayal kırıklığı", "dil/zaman/mekân bağı", "ulus aşırılaşma ya da kültürel benlik"'tir.
***

Fakir Baykurt'un Almanya Öykülerinde Türkiye Göçmenlerinin Yaşamı ve Sorunları
(272) Efnan Dervişoğlu (Kocaeli University)

Toplumsal sarsıntıların sonuçlarından biri olan göç, Türkiye açısından, 1960'larla birlikte yurt dışına işçi göçü biçiminde kendini göstermiş; göç ve devamındaki süreçte yaşananların edebiyat ürünlerine yansımasıyla da Türk edebiyatının konu alanı genişlemiştir. Bu alandaki birikime katkısı olan yazarlardan biri de Fakir Baykurt'tur. Yaşamının son yirmi yılını, bu göçün en yoğun olduğu Almanya'da geçiren Baykurt, Türkiye'den gelen işçilerle ve aileleriyle birlikte olmuş; işçi çocuklarının eğitimine yönelik çalışmalarda bulunarak gözlem ve deneyimlerini yansıttığı yapıtlar ortaya koymuştur. Yazarın "Duisburg üçlemesi"ni oluşturan romanları gibi, Almanya'da yazdığı öyküler de kaynağını, yaşanmışlıktan alır. 1979-1997 yılları arasında yazılan bu öykülerde, Almanya'ya uyum sürecinde yaşanan sorunlar, kültürel çatışmalar, çalışma ve barınma sorunları, dil ve eğitim konusunda karşılaşılan güçlükler, aile sorunları ele alınmış; göçmenlerin Almanya yaşamı, gerçekçi bir bakışla yansıtılmıştır. Bu çalışmada, Fakir Baykurt'un öyküleri, Türkiye göçmenlerinin Almanya'daki yaşamını ve sorunlarını yansıtması bağlamında irdelenecek; öykülerin sunduğu veriler ışığında yorum ve değerlendirmelerde bulunulacaktır.

***

Göçmen Bir Şair Şavkar Altınel Edebiyatında Kimlik
(564) Fatih Özdemir

1980 sonrası Türk şiirinin önemli göçmen şairlerinden Şavkar Altınel, aynı zamanda anlatıları, eleştirileri, gezi yazıları ve çevirileriyle günümüz Türk edebiyatının Türkiye dışında yaşayan temsilcilerindendir. Halen İngiltere'de yaşamakta olan Altınel, kırk yılı aşkın bir süredir ayrı olduğu Türkiye ile bağlantısını dil aracılığıyla sağlamaktadır. Onu, anadilinden uzakta yaşamayı ve göçmen olmayı avantaja çeviren sanatçılar arasında sayabiliriz. Altınel, Türkiye'de yaşamamasına rağmen, Türkçeyi kullanma becerisiyle ve anadiline bağlılığıyla Türk edebiyatında kendine özgü bir yer edinmiştir. Bunun yanı sıra eserlerinde işlediği konular yaşadığı ülkelerden ve tanıdığı kültürden derin izler taşır. Modern Avrupa kültürünü, kentlerini ve sanatını ele aldığı eserlerindeki imajlar, göçmen bir yazarın kendi dili içinden yaşadığı ülkelere bakışını en iyi biçimde yansıtmaktadır. Kraliçe Viktorya'nın Düşü, Gece Geçilen Şehirler gibi şiir kitaplarında, Mavi Defter ve Hotel Glaskow gibi anlatılarında ve diğer eserlerinde özellikle Avrupa kıtasının kültürüne ve günlük yaşamına dair değerlendirmeler önemli bir yer tutmaktadır. Bu yazıda Şavkar Altınel'in sanatçı kişiliğini önemli ölçüde besleyen göçmenlik olgusu doğrultusunda, doğduğu toplum ve içinde yaşadığı Avrupa kültürü hakkındaki görüşleri üzerinde durulacaktır. "Faklı kimlikler arasında köprü" olan yazar, aitlik, kimlik, yabancılık, yolculuk, çok kültürlülük gibi kavramları eserlerinin merkezine oturtur, yerellikten evrenselliğe ve oradan da yaşamın anlamını sorgulayan bir duruma geçiş yapar. Dolayısıyla onun eserleri, ülkesinden uzakta yaşayan göçmen bir yazarın her iki kültüre de ait olma/ olamama durumunu gösterir niteliktedir.

***

SESSION 6A – Geography of Turkish Migration

	Room: SR 3
Chair	**M. Murat Yüceşahin, Ankara University, Turkey**
185	Collective Memory, Space and Identity: the Case Study of Turkish Speaking Migrants in London - **Mustafa Çakmak**
310	Voluntary Works in the Active Aging Experiences of First Generation Immigrant Turks Living in Netherlands - **Ferhan Saniye Palaz, Yusuf Adıgüzel**
303	Emerging Migratory Itineraries: From Istanbul to Belgrade –**Nevena Gojkovic Turunz**
431	Challenges for Turkish Migrants in Germany, France and Switzerland – **Türken Çağlar, Ali Çağlar**
439	Sense of Time and Place: Social and Cultural Memory in Constructing Uyghur Identity - **Bayram Ünal, David Makofsky**

Collective Memory, Space and Identity: The Case Study of Turkish Speaking Migrants in London
(185) Mustafa Çakmak (Keele University)

Since the beginning of human history people have moved from one location to another individually or as part of a group. Social, economic and political factors may cause displacement. Technological developments in the last century and globalization have triggered more immigration waves. Migration as a sophisticated term refers to more than a physical displacement, as it includes cultural, political, religious interaction between an individual or social group and the social settings. The historical background of Turkish migrations to Europe dates back to the early Sixteenth century when Ottoman ambassadors, merchants and travellers came to Mainland Europe and Britain. Recent migration (from the 1940s onwards) of Turkish people to the UK can be summarized in four historical stages which results in differentiation in migration experience and collective memory. Despite forming a significant minority, Turkish-speaking diaspora in the UK is still under-researched. The overall objective of this research paper is to understand how members of Turkish-speaking immigrants in London construct their cultural identity through collective memory and how they use space at this identity construction process. This research is designed as an ethnographic study and includes in-depth interviews, visual methods and narrative analysis. Turkish-speaking immigrants reconstruct Turkish identity with the narration of past experiences of community, in this way, they transmit cultural identity to younger generations. However, it turns into pseudo-nostalgia for second and third generations as they do not have a life experience in their ancestral homeland. Social spaces of the Turkish community in North London are heterotopic third spaces and provide a Disneyland-like experience for the community- with a simulacrum. I will argue that it is a hyper-real Turkey image that is more admirable and attractive than visitors can find in Turkey itself and that this simulation not only alleviates their identity crisis but also satisfies their fantasies.

***

Voluntary Works in the Active Aging Experiences of First Generation Immigrant Turks Living in Netherlands
(310) Ferhan Saniye Palaz, Yusuf Adıgüzel (İstanbul University)

Netherlands accepted guest workers from Spain, Italy, Greece, Portugal, Turkey and Morocco in the beginning of 1960s. Moroccan and Turkish immigrants opted for permanent residency and at the present time most of them have reached retirement. This fact which is conceptualized as "aging-out-of-place-of-origin" in social sciences literature has become a notable social phenomenon in industrialized countries and a dynamic subject in the intersection of aging and immigration sociology. The goal of this study is to evaluate the role of voluntary works in the leisure time activities of first generation Turkish elderly in the Netherlands. While the primary theme is "active aging", the study pays attention of putting forward an approach that displays sensitivity to traditional culture. In this context, every formal and informal voluntary pursuit which contributes to subjective well-being and life satisfaction is included. A qualitative research was conducted in Netherlands from May to June in 2015. Besides face-to-face interviews with the study group of 40 people by using a semi-structured questionnaire, observations were conducted. The study group is healthy enough to go outdoors by themselves and immigrated at a young age. The data is collected from houses, charity bazaars, mosques and associations. The study concludes that, with a sensitive approach to the traditional culture, voluntary work plays an important and improvable role in the first generation Turkish elderly's aging process.

***

Emerging Migratory Itineraries: From Istanbul to Belgrade
(303) Nevena Gojkovic Turunz (Freelance Researcher)

Serbia is neither a country of immigration in general, nor has it been a destination country for a classical work-related Turkish immigration. Nonetheless, a number of affluent, highly educated, Turks from Istanbul has recently resided in Belgrade. They are freelancers, who pursue a particular lifestyle in Belgrade. This specific emerging migratory itinerary is a part of a wider global process that freelancer (translators, researchers, programmers, et cetera) able to conduct their work online move from richer to poorer countries. Moving to a poorer country where they do not have a prospect of job and without a chain migration from Turkey contradicts classical migration theories and economic logic. Hence, this article examines factors behind the decision to leave Turkey and to choose Serbia. The article is based on in-depth semi-structured interviews with 10 Turks in Belgrade, followed by the interpretative analysis. By focusing on personal narratives and biographies, the article scrutinizes the interconnection between structural conditions and individual destinies. The structural conditions that have led to relocation from Istanbul to Belgrade are: a) a particular position of Serbia as a semi-periphery country and facilitated access to residence permit; b) emerging freelance economy that enables smooth delocalization of individuals with specific, easily transferable skills and c) political context of Turkey with its increased Islamization of the public sphere and increasingly authoritarian government.

***

Challenges for Turkish Migrants in Germany, France and Switzerland
(431) Türken Çağlar, Ali Çağlar (Hacettepe University)

The main aim of this study is to investigate and discuss the problems of the Turkish origin migrants faced and experienced in Germany, France and Switzerland. To achive the aim, firstly, the Turkish origin groups – associations - organized in these countries are determined, and all groups are included. Secondly, the presidents of their associations, the people who are accepted as the public opinion leaders who are influential on their communities, the political people who have Turkish origin, and business and trades people are determined. It is thought that these people are best observers, and the people who are aware of the problems faced and experienced by their community members. In total, 106 semi-structured interviews and focus groups (52 in Germany, 32 in Switzerland and 52 in France) are carried out to get the data needed. In these presentation, it is mostly focused on the problems they faced. It is also seen that the problems faced and experienced are more or less the same although each group put itself in a different place and define differently.

***

Sense of Time and Place: Social and Cultural Memory in Constructing Uyghur Identity
(439) Bayram Ünal (Niğde University), David Makofsky (Queen University)

This study focuses on perceived and lived identities of Uygur youth temporarily living in Turkey through Halwback's concept of social memory and Assman's concept of Communicative memory. The memory so called defined Uyghur students' belonging to their racial roots have been structured on normative and formative backbones. It has always been the subject of further collectiveness and cut point to measure the fidelity among the members of the community. However, it will be naïve to assume that the social/cultural memory has been only the factor feeding the individual's identity without understanding the time and space behind it. Especially at the diaspora, social memory would not be sufficient in feeding the belonging without considering the fact that historical root has likely transferred to the everyday life as a knowledge of the past. An exclusion of the history and culture by reducing to taken granted unity from communicative forms in everyday life objectivizes the all collective forms of consciousness. In an argument of how the past transferred into the future, turning blind eye on the communicative memory means turning blind eye on the fact that social memory is to some degree intermingled with the transition The study is based on the data collected in İstanbul, Ankara and Kayseri in 2015. There have been questionnaire and deep interviews with Uyghur students in these cities.

***

SESSION 6B – Migrant Integration - I

	Room: SR 4
Chair	**Onur Unutulmaz, Ankara Social Sciences University, Turkey**
470	Reading Fortune of Refugees Through Biopolitics: Syrians in Turkey – **Yaprak Civelek**
227	Meaning and Functions of Turkish Vernacular Space in Drammen, Norway – **Karolina Nikielsa-Sekula**
348	Cultural Adaptation of Somali Female Asylum Seekers in Isparta - **Burcu Özdemir, Münevver Göker**
384	Economic Potentials of Syrian Guests in Konya, Turkey - **Çakan Osman Tanıdık**
405	Not only a burden but also a contribution: The Impacts of the Syrians on the Turkish Economy - **Ali Zafer Sağıroğlu**

Reading Fortune of Refugees Through Biopolitics: Syrians in Turkey
(470) Yaprak Civelek (İstanbul Arel University)

Biopolitics refers to the politics that problematizes life; according to some sources life equals to politics, some life as an object of politics. One way or another, biopolitics is based on demographic action and aims to control life experiences (vital statistics) in populations. In a Foucauldian manner, when life turns into the object of the political power, we possibly observe how power surrounds it and how politicians in charge incorporate natural human life and abilities into the math of the power. Once political power accepts refugees it has to develop a sensitive-multi-dimensional decision mechanism corresponding to existing international agreements and open to demographic solutions such as giving asylum, meeting educational needs, providing health issues etc. According to the UN Refugee Agency, total number of the Syrian refugees in Turkey (Feb., 2016) is about 2.620.553; they live in Turkey inside or outside the camps and many more unregistered. First "open-gate", then "temporary protection" policies cannot gain the full-trust of this foreign sub-class and encourage their adaptation to the super-class. This study constructs a theoretical framework for biopolitical analysis of the Turkish politics working on the refugee population in order to find the answer for the question "how will these people be integrated into the society? The present paper includes a selection of biopolitical statements by official news and mass media, it also applies for 15 semi-structured interviews including "participation to life" in Hatay, Gaziantep and Kilis - occupational, educational opportunities and everyday life- to analyze how the life of refugees is controlled and arranged by the state. The argument is supported by biopolitical approaches of Foucault, Agamben and other social scientists like demographers, anthropologists and psychologists.

***

Meaning and Functions of Turkish Vernacular Space in Drammen, Norway
(227) Karolina Nikielsa-Sekula (University College of Southeast)

This paper discusses the functions and meaning of Norwegian-Turkish vernacular space in Norway. Employing the Foucauldian concept of heterotopia, it analyzes Turkish ethnic clubs in Drammen - a midsized city situated in the western part of Norway. In 2013, 25% of the city's inhabitants were of an immigrant background with the majority (13.5%) being of Turkish origin (Høydahl, 2014). Most of them arrived in the city as "guest workers" in the late 1960s and 1970s, and were followed afterwards by other members of their families. Due to their prolonged residence, they have managed to make an imprint on the city's landscape. This study shows that Norwegian-Turkish ethnic clubs are heterotopias of Norwegian society, in a Foucauldian understanding of the term. They embody practices, discourses and signs of identity originating from Turkey, being at the same time ordered by the rules of Norwegian society. I argue that those transnational spaces, labeled as "foreign," and linked to Turkey, bear strong influences from the host society and should be regarded as Norwegian-Turkish, rather than Turkish.

***

Cultural Adaptation of Somali Female Asylum Seekers in Isparta
(348) Burcu Özdemir, Münevver Göker (Ankara University)

Forced migration is a challenging process in terms of meeting basic needs such as accommodation, health care services and education, let alone finding a place to live. There are also cultural challenges that immigrants face during migration process and cultural adaptation is one of them. The theory of cultural adaptation refers to the process and time it takes a person to assimilate to a new culture. This challenging phenomenon becomes even more challenging for disadvantaged and vulnerable populations. Becoming a migrant is a disadvantaged position and yet, being a "woman" doubles this disadvantage. There are many studies in the literature that examines the cultural adaptation process of migrants in their host countries. However, there is limited research on the impact of migration on the cultural adaptation process of women. Physical, psychological, cognitive, emotional and spiritual characteristics of women play a crucial role in the social life of women asylum seekers. In this respect, the objective of this study is to examine the cultural adaptation processes of Somalian women asylum seekers who have been placed to Isparta, Turkey starting from the year 1999 by UNHCR. In the scope of this study, a focus group study is conducted with women Somalian asylum seekers. The group is determined as 10 women Somalian asylum seekers through snowballing method. The focus group study is recorded upon the informed consent of the participants and analysis is conducted by using the transcriptions derived from these interview records. The ultimate objective of this study is to reveal and understand the cultural adaptation processes of Somalian women asylum seekers in Isparta and their experience as a woman in this migration process. This study will be the first of its own kind and hope to contribute to fill the gap in the literature about women asylum seekers.

***

Economic Potentials of Syrian Guests in Konya, Turkey
(384) Çakan Osman Tanıdık (Mevlana Development Agency)

Ever since the Arab Spring erupted Turkey has been effected by the events taking place in neighboring countries—and in relation to this so has the city of Konya, in particularly because of the influx of migration from Syria. In little less than four years, over 40.000 Syrians have made Konya their home. This paper examines the economic potentials of Syrians and their economic integration in Konya. The project implemented in

2015 and 1000 (one thousand) Syrians surveyed; among which 300 of them have been interviewed in length—one of the largest nongovernmental surveys in Turkey. The study, however, contains two sections: first section involved determining the potential employability of Syrian guests and the second was to determine the possibility of Syrian guests investing in Konya. Specifically, qualitative data was obtained from the Syrian interviewees. As a result of the study it is found that the language barrier and employment are the key for economic integration. The jobs that is offered to them do not match with their background and/or their training. Even though the governmental regulations have been recently changed this did not alleviate their problems. For the Syrian investors there are great business opportunities lie in Konya however the basic problem is the bureaucratic red tape: exuberant financial obligations and official procedures. They state that a mechanism should be created which will facilitate Syrian investors with the bureaucratic and legal affairs. This paper sets forth the potential economic power of Syrians in Konya and seeks solutions to their needs and problems.

***

Not only a burden but also a contribution: The Impacts of the Syrians on the Turkish Economy
(405) Ali Zafer Sağıroğlu (Yıldırım Beyazıt University)

Although migrants move with the economic motivation, they are the first soft objective for the prejudice. The prejudice for refugees is much more since refugees charge burden to the host countries. It is also easiest and shortest way to explore the negative impacts of refugees. However, it is not all scene. Besides the burden, the refugees contribute to the host countries, too. The concepts of burden and contribution are both contradictive and overlapping. As the biggest refugee stock country of the world in 2015, Turkey has been hosting over 2 600 000 Syrians now. Their impacts on the social, political and especially economic structure have already passed the absorbing capacity. The official declarations time to time states the spendings. The Turkish government, the international and local civil societies and organizations have also been allocate great budgets. The pressure over the labor market is the deepest but the hardest to identified. However, it is neglected that there is also some positive impacts of the Syrian refugees on the Turkish economy. This presentation is aimed to draw a frame by determining not only the burden of the Syrian refugees but also their positive impacts on the economy. The statements will be supported by the official statistical data on foreign commerce, employment, unemployment rates etc. The secondary data and literature also will be reviewed.

***

SESSION 6C – Expressions and Migration

	Room: SR 5
Chair	**Saniye Dedeoğlu, Muğla Sıtkı Koçman University, Turkey**
262	Regionality in Global Archives. The Cultural Heritage of Migration – **Nesrin Tanç**
307	A Collage of Migration: Memory Fragments with a Spatial Pattern – **Gamze Okumuş**
317	Bringing a New Life: Reading Immigration through Gifts - **Gökhan Mura**
383	Examination of Migration as Subject of the Art of Painting in Turkey - **Nimet Keser, İnan Keser**
457	Serving Döner, Questioning Life: Insights from an Ethnography of a Döner Shop - **Oğuz Alyanak**

Regionality in Global Archives. The Cultural Heritage of Migration
(262) Nesrin Tanç (University of Duisburg-Essen)

This paper focuses on artists and intellectuals who immigrated from Turkey to Germany's Ruhr area from the 1960s onwards. This paper is not only concerned with the place of literary works by migrants in Germany's cultural archives and ways in which cultures of remembrance are created by inclusion and exclusion. The challenge of this paper is to explore the new references and additions to literary historiography, canonisation and resulting memory-building. Artists such as Tezer Özlü, Fakir Baykurt and Emine Sevgi Özdamar are novelists of the first generation of immigrants who wrote in and about the Ruhr area. Baykurt's Duisburg Trilogy, however, is largely omitted in the region's literary historiography. By referring to these transcultural examples of literary production, it becomes clear that the reception and positioning of artists and writers from Turkey and their successors within a regional literary and artistic historiography is of great significance to the greater cultural, diverse collective memory-building process. I refrain from employing transculturality as a classifying category, but rather see it is a necessary element for configuring a memory culture in the twentieth and twenty-first centuries. My specific aims are twofold: first, I want to point out the extent of a systematic "forgetting" by excluding these works from archives and museums; second, with this analysis of regional literature I aim to bring into dialogue the cultural history of migration with a critical diagnosis of our time. Both transcultural and regional literature reveal the impossibility of understanding culture - whether national or regional - as homogenous.

***

A Collage of Migration: Memory Fragments with a Spatial Pattern
(307) Gamze Okumuş (Istanbul Technical University)

Migrants who left their origins are mostly defined with one phenomenon: Stranger. The main reason of this definition is the new identity of the migrants, which bears the traces of the new places and consists of far more than the pure pattern of the identities of their homeland. But are they really becoming strangers with time to both sides? Or is the result of migration being at two places at the same time? This study is about trying to give meaning to the spatial memory of migration through the migrant. The whole was uncovered through the details with spatial fragments, rather than a deductive logic which starts off from theories. Because only in this way it is possible to carry out deep discussions about the revealing of the complex network of memory with its multiple relations. In the center of the study is Muharrem, a migrant who has the traces of an Anatolian village, an European city and small town and a Turkish city. The spatial fragments in his memory and their coming together with different themes are being studied. The study consists of three phases: The introduction, the collage and the conclusion. In the first section, the aim, the scope and the method of the study is getting specified. In the collage section, the fragments which were revealed through the interviews with Muharrem are being supported with images and documents. The themes of the collage are being opened up for discussion. Who is the stranger? Who is the migrant? What are the fragments relations to the patterns of identity, duality and belonging? In the conclusion, the aim is opened up to discussion again and the spatial memory is being interpreted due to the themes and their contexts.

***

Bringing a New Life: Reading Immigration through Gifts
(317) Gökhan Mura (İzmir University of Economics)

Immigration to European countries and the cultural displacement it causes introduced new lives to the immigrants from Turkey. Besides all the issues to be tackled for integration, the new life introduced new practices and new habits, which in turn introduced new designed environments and objects to immigrants' lives. Some of these newly encountered objects and consumer products later travelled to Turkey as gifts. This paper claims personal histories of immigrants' gifts provide a novel point of view to explore the culture of immigration. This paper aims to present the conceptual framework of an on-going research on the personal histories of gifts brought by Turkish immigrant workers in Europe to their friends and relatives back in Turkey. This paper argues gifts can be considered as the mediators and the material manifestations of the immigrants' narratives. This research seeks what narratives gifts reveal about immigration and about the life and material culture in the immigrated country as well as in Turkey. The paper explores the gift giving practices of especially first generation Turkish immigrant workers in Europe to understand the shift of values attached to these objects. The research adopts oral history methods to explore the stories of the gifts. The immigrants and gift receivers alike will be interviewed to understand the perceived value attached to these consumer products. The research not only aims to contribute to the cultural history of immigration through the lens of possession and exchange of objects by providing a different perspective from a design and material culture point of view but it also aims to contribute to design history and culture by exploring the shift of values attached to objects through the lens of immigration and mobility.

***

Examination of Migration as Subject of the Art of Painting in Turkey
(383) Nimet Keser (Çukurova University), İnan Keser (Dicle University)

In Turkey, the formation of a Western-style art was realized with the state support since the last quarter of the 19th century. During this period, movements such as impressionism, cubism, realism, and classicism were supported as the state's official understanding of art. Accordingly, the same subjects were always studied until the 1940s despite being with different artistic understandings: The presentations of an idealized society such as Palace's life, beautiful women, Istanbul's scenery, happy peasants, peasants trying to learn reading and writing, and war heroes. In the early 1940s, a social realist understanding began to take shape for the first time in Turkey. The artists of Yeniler Grubu (Newcomers Group) focused on social realities and disadvantaged social groups rather than an idealized society. Some artists of the 1950 generation especially Nedim Günsür and Nuri İyem closely dealt with migration and social problems that occurred correspondingly in the 1960s and 1970s. This article aims to investigate how these artists interpreted the migration and its consequences.

***

Serving Döner, Questioning Life: Insights from an Ethnography of a Döner Shop
(457) Oğuz Alyanak (Washington University)

The stereotype goes that all Turks in Europe own a döner shop. There is some truth to it as many—at least in Strasbourg—earn a living by working in döner shops/snack kebabs, rough construction [kaba inşaat] or interior construction (painting, electricity, tiles, etc.). Few ethnographies, however, bring us into these workspaces. This paper attempts to fill this gap by sharing insights gained from my ongoing ethnography, a part of which is conducted at a döner shop in Strasbourg where I work as a busboy. The döner shop, as I show, is more than a business. The investment in it is more than financial. The stories branching out of it are more than monetary. Beyond the döner kebabs served lies the existential angst of a migrant male Turk—in this case, a 31-year-old Turkish man who worked in another döner shop before embarking on the task of opening his own shop and being his own master. Today, this man—like many others that I encounter during my fieldwork—questions what it means to live a meaningful life in Europe. Through his questioning, he revisits his obligations as a Muslim Turkish man, and a father, and reconsiders what the future will bring. Building on my experience as a busboy, and ongoing communication with the proprietor of the döner shop, this paper attempts to walk us through the everyday life and anxieties of a migrant Turkish man in Strasbourg.

***

SESSION 6D – Göç, Kalkınma ve İşgücü - I

	Room: SR 6
Chair	**İsmail Güllü, Karamanoğlu Mehmet Bey University, Turkey**
374	Türkiye'nin Bölgesel Gelişme Sürecinde Göç Olgusu ve Etkileri – **Ece Demiray Erol**
337	Göç İşsizlik ve Suç İlişkisi Üzerine Bir Değerlendirme -**Mehmet Yiğit, Nergiz Yiğit**
526	Göç ve İşsizlik Arasındaki İlişki Türkiye Örneği (1980-2015) -**Ahmet Şahin, Mehmet Yiğit**
496	Göç ve Verimlilik İlişkisi: Türkiye Örneği - **Coşkun Çılbant, Can Karabıyık**

Türkiye'nin Bölgesel Gelişme Sürecinde Göç Olgusu ve Etkileri
(374) Ece Demiray Erol (Celal Bayar University)

Bölgesel politika sosyal bilim alanında önemli bir yere sahiptir. Bölgesel ekonomik gelişmelerin ve bölgeler arası gelir farklılıklarının giderilmesi her zamankinden daha öncelikli bir konuma sahiptir. Türkiye'nin bölgesel problemlerine bakıldığında göze çarpan ilk olgu, ekonomik gelişmenin mekan içinde dengeli olarak sağlanmamasıdır. Ekonomik büyüme belirli noktalarda ve gelişmiş merkezlerde oluşmaktadır. Sanayinin ve hizmet sektörünün geliştiği, ekonomik açıdan gelişmiş merkezlerde ekonomik gelişme kendiliğinden ön plana çıkmaktadır. Bu süreçte göç olgusu, Türkiye'nin sanayileşme aşamasında iş gücüne duyulan taleple az gelişmiş bölgelerden gelişmiş bölgelere doğru başlamıştır. Tarımdan sanayiye doğru göçler zaman içinde artarak gelişmiş bölgeleri etkilemiştir. Bu çalışmada bölgelerarası gelişmişlik farklılıklarının açıklanmasında önemli bir yeri olan göç olgusunun nedenleri, etkileri ve göçün önlenmesi veya olumsuz etkilerinin azaltılmasına yönelik yeni bir bölgesel yapılanma üzerinde durulacaktır.

***

Göç İşsizlik ve Suç İlişkisi Üzerine Bir Değerlendirme
(337) Mehmet Yiğit, Nergiz Yiğit (Celal Bayar University)

İnsanlık tarihi kadar eski ve etkileri bakımından çok önemli bir sosyolojik olgu olan göç, insanların topluluk halinde yaşamaya başlamalarıyla birlikte değişik şekillerde ve boyutlarda gerçekleşmiştir. Türkiye'de 1950'lerden sonra kırsal nüfustan kente doğru hızlı bir göç dalgası başlamıştır. Meydana gelen göç dalgası ve hızlı nüfus artışı, birçok problemi beraberinde getirmiştir. Nüfusun dağılışında dengesizlik, kırsal kesim yatırımlarında verimsizlik, çarpık kentleşme, alt yapı hizmetlerinde yetersizlik, kentlerde konut sıkıntısı, trafik sorunları, erkek ve kadın nüfusunda dengenin bozulması, kentlerde güvenliğin bozulması, sağlık, eğitim gibi alanlarda yetersizlik, kent işsizlik oranlarında artış, kültürel karmaşa, suç oranlarındaki artış, göç olgusunun olumsuz sonuçlarındandır. Çalışmada göç ile meydana gelen nüfus kümelenmeleri neticesinde yaşanan işsizlik konusuna değinilecek ve işsizliğin olumsuz neticelerinden biri olan suç oranları ile ilişkisi incelenecektir.

***

Göç ve İşsizlik Arasindaki İlişki Türkiye Örneği (1980-2015)
(526) Ahmet Şahin, Mehmet Yiğit (Celal Bayar University)

İnsanlık tarihi kadar eski ve etkileri bakımından çok önemli bir sosyolojik olgu olan göç, insanların topluluk halinde yaşamaya başlamalarıyla birlikte değişik şekillerde ve boyutlarda gerçekleşmiştir. Türkiye'de 1950'lerden sonra kırsal nüfustan kente doğru hızlı bir göç dalgası başlamıştır. Meydana gelen göç dalgası ve hızlı nüfus artışı, birçok problemi beraberinde getirmiştir. Nüfusun dağılışında dengesizlik, kırsal kesim yatırımlarında verimsizlik, çarpık kentleşme, alt yapı hizmetlerinde yetersizlik, kentlerde konut sıkıntısı, trafik sorunları, erkek ve kadın nüfusunda dengenin bozulması, kentlerde güvenliğin bozulması, sağlık, eğitim gibi alanlarda yetersizlik, kent işsizlik oranlarında artış, kültürel karmaşa, göç olgusunun olumsuz sonuçlarındandır. Çalışmada göç ile meydana gelen nüfus kümelenmeleri neticesinde yaşanan işsizlik konusuna değinilecek 1980:2015 Dönemi için, göç, İşsizlik ilişkisi, Vektör Hata Düzeltme Modeli (VECM) kullanılarak incelenecektir.

***

Göç ve Verimlilik İlişkisi: Türkiye Örneği
(496) Coşkun Çılbant, Can Karabıyık (Celal Bayar University)

Göçün, göçmen işçilerin yerli işgücüne ikame olmaktansa tamamlayıcı olarak işgücü piyasasını çeşitlendirebilme, kendi coğrafyasında elde ettiği yetenek ve becerileri yerli işgücüne aktarabilme ayrıca işyeri çeşitliliği ile üretkenliği, bilgi transferini ve inovasyonu arttırabilme gibi olumlu etkileri bulunmaktadır. Göç ile artan işgücü arzının verimlilik üzerindeki etkisi, sanayi devriminin başlamış olduğu İngiltere ve dünyanın en büyük ekonomilerinden birisi olan Amerika Birleşmiş Milletleri'nin iktisadi başarılarının arkasında yatan önemli sebeplerden birisi olmasına rağmen akademik ve ampirik araştırmalarda çok fazla ilgi görmemiştir. Bu araştırma göçün, özellikle Türkiye gündeminde önemli yer kapladığı son günlerde, "Göç, Türkiye'nin büyüme ve devamında kalkınma stratejisi için faydalı bir araç mıdır?" sorusunu cevaplamayı amaçlamaktadır. Bu amaçla Türkiye'ye ait olan 1995 ile 2015 yılları arasındaki göç değerleri ve toplam faktör verimliliği arasındaki ilişki EKK tahmin edicisi kullanılarak analiz edilecektir ve yorumlanacaktır.

***

SESSION 6E – Göçer Edebiyatı - II

	Room: SR 7
Chair	**Medine Sivri, Eskişehir Osman Gazi University, Turkey**
277	Emine Sevgi Özdamar'ın "Annedili" Adlı Eserinde Bellek ve Bilinç Akışı Tekniği – **Şenay Kırgız Karak**
279	Göç Sancısı: Yadé Kara'nın Selam Berlin ve Moris Farfi'nin Genç Türk Adlı Eserlerinde Yabancı Olgusu ve Aidiyet Sorunsalı – **Ayşegül Aycan Solaker**
296	"Türk Dünyası Göçmen Edebiyatları" Üzerine Bazı Tespitler - **Atıf Akgün**
254	Of Kiel and Catela: A Materialist Turn in Contemporary German-Turkish and Chicano Migration Literature - **Duncan Gullick Lien**
325	Sürgün Edebiyatı ve Yusuf Ziya Bahadınlı- **Nurtaç Ergün Atbaşı**

Emine Sevgi Özdamar'ın "Annedili" Adlı Eserinde Bellek ve Bilinç Akışı Tekniği
(277) Şenay Kırgız Karak (Cumhuriyet University)

Bellek, geçmiş yaşantılar sonucu edinilen bilgilerin beyinde depolanıp anlık uyarıcılarla şimdiki zamanda ortaya çıkması anlamında kullanılan bir kavramdır. Bellek kavramı, insan yaşamında önemli bir yer tutar. Nitekim yaşantılar bireylerin algılama düzeyleri ile farklılık göstermektedir. Her birey, geçmişteki bir yaşantıyı kendi algılayış düzeyine göre kodlar. Bellek kavramında önemli olan bu kodların ne gibi durumlarda ortaya çıktığıdır. Başka bir anlamda geçmişin, "o an" içerisinde bireye neler çağrıştırdığıdır. Bilinç akışı ise, edebiyatta sıklıkla kullanılan anlatım tekniklerinden bir tanesidir. Bilinç akışı tekniği, bir eser karakterinin düşünsel bir süreç yaşamasıyla ortaya çıkan bilinç dışı ve düzensiz izlenimlerini kaydeder. Bu izlenimler içseldir ve karakterin iç sesi yoluyla okura aktarılır. Bilinç akışı tekniğinde de bellek kavramında olduğu gibi çağrışımlar önemli bir yer tutmaktadır. 1946 yılında Malatya'da doğan, 1976 yılında ise Almanya'ya göç eden Emine Sevgi Özdamar, göç edebiyatı dâhilinde ele alınan önemli yazarlardan biridir. Çalışmanın amacı, Özdamar'ın 1990 yılında "Mutterzunge" adıyla yayınlanan ve 2013'te Türkçe'ye çevrilen "Annedili" adlı eseri bellek kavramı ve bilinç akışı tekniği ile irdelemektir.
***

Göç Sancısı: Yadé Kara'nın Selam Berlin ve Moris Farfi'nin Genç Türk Adlı Eserlerinde Yabancı Olgusu ve Aidiyet Sorunsalı
(279) Ayşegül Aycan Solaker (Cumhuriyet University)

Aidiyet sorunsalının temelinde "Ben kimim?" sorusu yatmaktadır. "Ben kimim?" sorusunun ardına ise gizlenmiş birçok soru bulunmaktadır. "Vatan" olgusu kişilerin kimliklerini bulmak için etken olan ve yöneltilen bu sorunun cevaplanması için gerekli unsurlardan biridir. Fakat kişilerin ve ailelerin göç ile başlayan yeni hayatları eski yaşantıların gölgesinde yeşermektedir. "Biz" ve "ötekiler" arasında beliren uçurum ise kişiyi adeta "vatansız" algısına kadar itmekte, aidiyet sorunu oluşturmakta ve kültürel değerlerin farklılığı arttıkça da kişilerin göç sancısı artmaktadır. Kültürel değerlerin farklılığı genellikle önyargıların oluşmasına da neden olmaktadır. İnsan zihninde genel olumsuz şablonlar oluşmasına neden olan önyargılar, nesilden nesile aktarılmakta ve dolayısıyla hoşgörülü davranamayan ve empati yeteneğinden yoksun bireylerin yetişmesine sebep olmaktadır. Bu durum aynı zamanda "öteki üretimini" de tetiklemekte ve uyum sürecinde aidiyet sorunsalının ortaya çıkmasına zemin hazırlamaktadır. Çalışmanın amacı, biri II. Dünya Savaşı ile göçe zorlanan hayatları konu edinen Moris Farhi'nin "Genç Türk," diğeri ise özellikle Berlin Duvarı'nın yıkılmasıyla başlayan süreci kapsayan Yade Kara'nın "Selam Berlin" adlı romanında, göç sancısının esere nasıl yansıdığının ve göç etmek zorunda kalan kişilerde nasıl bir "aidiyet ikilemi" yarattığının gözler önüne serilmesidir.
***

"Türk Dünyası Göçmen Edebiyatları" Üzerine Bazı Tespitler
(296) Atıf Akgün (Düzce University)

Dünya toplumlarının çeşitli uygarlık havzalarında durağan/yerleşik ve devingen/göçer karakterlerde oldukları bilinmektedir. Bu bağlamda İran ve Çin gibi uygarlık merkezleri tarihsel bir yaklaşımla ele alındıklarında durağan/yerleşik medeniyetler arasında yer alırken Romanların, Yahudilerin, Türklerin vb. ulusların tarih boyunca devingen ve göçer yapıda oldukları bilinir. Doğrudan göç olgusu ile ilişkili olan "Göçmen Edebiyatı" kavramının da bu yapısı nedeniyle, sosyal tarihlerinde göç'ün önemli yer ettiği toplumlarda daha belirgin olduğu görülmektedir. Ulus tarihlerinde yer alan "göç" olaylarının yansıdığı sosyal alanlardan biri de yazılı ve sözlü edebiyat ürünleridir. Bu bağlamda Türk Edebiyatının "göç temalı" edebiyat ürünleri bakımından oldukça zengin bir birikime sahip olduğu söylenebilir. Ne var ki Türk dili ve edebiyatında, edebiyat ve göç ilişkisi bağlamında göz ardı edilen ya da henüz üzerinde yeterince durulmamış alan ise Türk dünyası kültür havzasının ürettiği "Türk Dünyasının göçmen edebiyatları"dır. "Türk dünyası göçmen edebiyatları" kavramının kapsam alanının Türk dili bağlamında değerlendirildiğinde yatay yönlü (Türk lehçelerinin konuşulduğu bölgelerden yine aynı bölgelere gerçekleşen göçler) ve dikey yönlü (Türk dilinin anadil olduğu bölgelerden yabancı dil olduğu bölgelere gerçekleşen göçler) olarak çift yönlü olduğu görülecektir. Örneğin; Kafkasya ve Balkanlardan Türkiye'ye göç etmiş Türk dilli halkların Anadolu'da gerçekleştirdikleri edebi hareket ile Anadolu'dan Avustralya'ya göç etmiş Türklerin orada meydana getirdikleri edebiyat faaliyetleri genel bir yaklaşımla Türk dünyası göçmen edebiyatları kapsamı altında değerlendirilebilmektedir. Bu çalışmada yukarıda söz konusu edilen yaklaşımla Türk dünyasında görülen muhtelif Türk göçmen edebiyatları tespit edilmiştir. Bu bağlamda Türk bölgelerinden gerçekleşen göçlerle Türk bölgelerinde gelişen göçmen edebiyatları (Türkiye'de Azerbaycan Edebiyatı, Kırgızistan'da Uygur Edebiyatı vb.) ile Türk bölgelerinden diğer milletlerin egemen olduğu bölgelere gerçekleşen göçlerin meydana getirdiği göçmen edebiyatları (Amerika'da Azerbaycan Edebiyatı, Almanya'da Türk Edebiyatı vb.) tasnif edilmiştir. Yine bu çalışmada söz konusu tasniften hareketle mukayeseli yöntem kullanılarak Türk dünyası göçmen edebiyatlarında görülen edebi türler, edebi eserlerde ele alınan belli başlı konu, tema, motif ve figürler alt başlıklar altında incelenmiştir. Bu inceleme ile söz konusu Türk dünyası göçmen edebiyatları tespit edilip, genel karakteristiği ortaya konulmuştur.

***

Of Kiel and Catela: A Materialist Turn in Contemporary German-Turkish and Chicano Migration Literature
(254) Duncan Gullick Lien (Karadeniz Technical University)

Rather than theorizing migrant literature in terms of its relation to national culture or post-national hybridity, this study focuses on works in contemporary German-Turkish and Chicano/a literature which foreground the socio-economic status of migrants, thus necessitating a class-based perspective. Adopting a comparative approach, I consider Feridun Zaimoglu's Abschaum alongside Tim Z. Hernandez' Breathing in Dust in the context of their respective literary traditions. Aijaz Ahmad's study of post-World War Two intellectual history provides a theoretical framework through which the material and cultural factors that shaped both the development and subsequent theorizing of migrant literatures can be critically examined. Consistent with Ahmad's finding that the global hegemony of capitalism conditioned the dominance of post-structuralist theories skeptical towards historical and social grand narratives, the development of Chicano/a and German-Turkish literature exhibits an eclipse of works rooted in a class-perspective by those which emphasize cultural aspects of migration. The particular works in question here represent a rejection of this trend, foregrounding the socio-economic disenfranchisement and rampant criminality of the social milieu their protagonists occupy. Abschaum focuses on the gangster culture pervasive amongst socially disenfranchised second- and third-generation migrants in Germany to render a critique of the criminal justice system and liberal human rights discourse of the German state, making explicit fundamental contradictions which underlie the Gastarbeiter program itself. Breathing in Dust, on the other hand, emphasizes historical aspects of discrimination against and the exploitation of Chicano/a migrant laborers. This work also critically engages the cultural nationalist ideology of Chicanismo from which contemporary Chicano/a literature emerged. These works thus represent various aspects of an assertion of socio-economic and historical factors as being the primary determinants of the experience of migration, intervening in both literary and social discourse which tend to emphasize its cultural aspects.

***

Sürgün Edebiyatı ve Yusuf Ziya Bahadınlı
(325) Nurtaç Ergün Atbaşı (Hacettepe University)

1960'lı yıllardan itibaren iş gücü açığı sonucu ihtiyaç duyulan ve Batı Avrupa ülkelerine yönelen göç hareketi Türk tarihini de yakından ilgilendirmektedir. Türkiye'den de yıllar içinde fazla sayıda insan, başta Almanya olmak üzere, Avrupa ülkelerine işçi olarak göç etmiştir. Zamanla ailelerin de göç eden işçilerin yanına gitmesi ve bu ülkelerde yapılan evliliklerle sürekli hale gelen göçmenlik günümüzde dahi önemini koruyan ve araştırılmaya devam edilen konulardır. Bu yılları izleyen süreçte göç hareketinin ekonomik bir fayda sağlamanın dışındaki sebeplerle de (siyasi sebepler ve eğitime yurt dışında devam etme isteği gibi) gerçekleştirildiği görülür. Türkiye'deki 1980 askeri darbesinin ardından çok sayıda aydın yurt dışına gitmek zorunda kalmış ve başlangıçta kısa süreli olacağı düşünülen bu durum zamanla uzamış, sürgüne dönüşmüştür. Yazarlar ise yabancı bir ülkede yaşamak zorunda kalsalar da eser üretmeye devam ederler ve bu yazarların eserleri edebi hareketliliğe çeşitli yönlerden de katkı sağlar. Sürgün yazını/sürgün edebiyatı başlığı altında değerlendirilebilecek olan eserlerin bir kısmı kurgusal metinlerden bir kısmı düşünce yazılarından bir kısmı ise yazarların otobiyografilerinden ve anılarından oluşmaktadır. Yusuf Ziya Bahadınlı da 1980 askeri darbesi gerçekleştiğinde Avrupa'da olan ve darbenin ardından siyasi kimliği sebebiyle Türkiye'ye geri dönemeyen Türk yazarlarından biridir. Yaklaşık 12 yıl yurt dışında hayatını sürdürmek zorunda kalan Bahadınlı'nın Almanya'da yaşamaya başladıktan sonra yazdığı eserlerde sürgüne ve sürgünlüğe dair izlenimlerini bulmak mümkündür. Sürgünde bulunduğu yıllarda iki roman ve iki hikâye kitabı yazan Bahadınlı'nın yurt dışına dair yazdıkları Öyle Bir Aşk isimli anı kitabında da kısa da olsa yer alır. Eserlerinde Almanya'da yaşayan göçmenlerin de yer alması, göç sürecine tanıklık eden yazarlar arasında sayılmasına da sebep olur. Bu çalışmada sürgün olarak Avrupa'da bulunan ve eser üretmeye devam eden; göç sürecini bu yönde yaşayarak bu sürece tanıklık eden yazarlar hakkında genel çıkarımlarda bulunularak sürgün edebiyatının sınırları belirlenecek ve Yusuf Ziya Bahadınlı'nın romanları Devekuşu Rosa ve Açılın Kapılar ile hikâye kitapları Titanik'te Dans ve Geçeneğin Karanlığında isimli eserlerinden hareketle hem sürgün hem de dış göç yazınına sağladığı katkılar açığa çıkarılmaya çalışılacaktır. Sürgünde bulunan bir Türk yazarın göç olgusuna dair yazarak somutlaştırdığı gerçeklerin kurgusal eserlerdeki aksi, bu metinlerin sürgün yazınındaki önemini açığa çıkaracaktır.

***

SESSION 7A – Migration Policy

	Room: SR 3
Chair	**Yaprak Civelek, İstanbul Arel University, Turkey**
360	Questioning the Assimilation Model for Turkey? Recent Mobilization of Crimean Tatars, North Caucasians and Balkan Immigrants – **Filiz Tutku Aydın**
429	The Migration Policy of Turkey as Part of European Union Integration Process – **Fatih Yaman, Zeynep Selin Acar**
485	The Impact of Mass Migrations on Immigration Policy of Turkey - **Özlem Pehlivan, Özlen Çelebi**
293	Turkey's New Migration and Asylum Policy: A Continuation of a Nation-State Centric Population Policy? – **Mine Karakuş Yetkin, Filiz Göktuna Yaylacı**
436	Evaluation of the EU Funded Projects Focusing on Migration in Turkey: Expected Outputs and Problems – **Hasan Akça**

Questioning the Assimilation Model for Turkey? Recent Mobilization of Cri-mean Tatars, North Caucasians and Balkan Immigrants
(360) Filiz Tutku Aydın (Social Sciences University of Ankara)

Just like today, between the 18th and 20th centuries, Turkey has been a host of millions of refugees from Crimea, Caucasus and the Balkans who were deported by Russia or forced to flee from Russia. Approximately, 1 million Crimean Tatars, 2 million Circassians and 2 million Balkan immigrants entered to Anatolia where 10 million people lived in 1923. Unlike the Kurds, Alevis, or non-Muslims, Turkish ethnic policy towards these Muslim immigrants was "wait until they dissolve as sugar dissolves in water". As immigrants with no place to return, these immigrants preferred to keep a low profile and become invisible among the "Turks". But, in the recent decades, these "assimilated" the Crimean Tatar, North Caucasian and Balkan diasporas mobilized to rejuvenate their ethnic cultures, and languages and to support their ethnic homelands. This paper will attempt to analyse if assimilated perfectly, why did these long-assimilated former immigrants in Turkey re-mobilize in the last decades? This paper analyses and compares the reasons for recent mobilization of the two diaspora groups and their relations with the Turkish "host" state, based on various qualitative methods such as documental analysis, and fieldwork in the longue duree (from the beginnig of the 20th century until today) I will argue that these diasporas are far from being assimilated and their mobilization spurs from their certain grievances in relation to the host-state. The diaspora groups demand to develop their ethnic culture and identity, and insist Turkey to recognize their transnational linkages, to give their homeland attention in foreign policy-making Turkey and to advocate their right to redress for historical injustice they suffered. These demands possibly will push the Turkish state and the new national identity to become more "transnational", in addition to "multicultural" and rejuvenate its former links (from the Ottoman times) to Balkans, Crimea and Caucasus.

***

The Migration Policy of Turkey as Part of European Union Integration Process
(429) Fatih Yaman (Celal Bayar University), Zeynep Selin Acar (Ege University)

The integration process of Turkey and West has a long historical past. This process can be discussed at three levels: Westernization in final period of Ottoman, Westernization in Kemalist modernization process and Westernization in "European Union" integration process. In this study, the migration policy of Turkey is duscussed as part of EU integration process. Particularly, a new process began with the determination of the political and economic criteria for EU full membership in Copenhagen summit in 1993. In this sense, many motifications are done on the regulation to put Copenhagen criteria into practice also in Turkey. Thus, EU integration (membership) process is a harmonization process of public administration in a sense. Accordingly, this study discusses the migration policy of Turkey as part of EU membership process and makes various evaluations, by also considering global developments.

***

The Impact of Mass Migrations on Immigration Policy of Turkey
(485) Özlem Pehlivan, Özlen Çelebi (Hacettepe University)

The Republic of Turkey had to engage in migration issues when it was established. The main reason was the mass migration influxes. Turkey embarked on nation building process by population exchange between Turkey and Greece (and to some extent with Bulgaria). In order to manage this process Turkey enacted the Settlement Law in 1934 which was the first law on international migration. Even if there were some amendments

Turkey ruled its migration policy with that law for sixty years. Meanwhile there were mass influxes of Turkish descendants to Turkey from the Balkans. Furthermore, between the years 1979-91 Turkey had face some mass influxes. Those people were not of the same race of Turkish people. 450,000 Iraqi refugees came to Turkey in 1991. In those years Turkey approached the issue through security lenses and this case rendered that mass refugee influx of Northern Iraqis different from the other mass migration movements. On the other hand, the collapse of the Soviet Union and increasing effects of globalization have introduced irregular labor migration to Turkey during 1990s. Irregular migration is a growing problem for both Turkey and The European Union (EU) still today. Turkey aimed at managing and conducting its immigration policy by enacting a regulation on migration and asylum in 1994. As time went on, deficiency of that regulation and increase in regular and irregular migration forced Turkey to make a new law and institutionalization. At the same time, relations with the European Union as Turkey being a candidate for full membership and being a neighbor was another determinant of Turkish immigration policy. Turkey drew a road map with National Action Plan on Migration and Asylum in 2005 and laid the foundations of institutionalization of its migration policy. For the last five years, on humanitarian grounds Turkey has been keeping its doors open to refugees who escape from wars or conflicts from the very near region of Turkey. Therefore, Turkey became one of the top refugee hosting countries. This situation makes a controversy about the legal status of refugees in Turkey because of the geographical limitation which was reserved on the Convention relating to the Status of Refugees (known 1951 Geneva Convention). But recent events indicate that Turkey will not lift its geographical limitation and still goes on not to recognize refugee status for those who are from outside of Europe. These are the main factors that lead Turkey to institutionalize on and determine its immigration policy recently. Those factors and their results will be evaluated in this study.

***

Turkey's New Migration and Asylum Policy: A Continuation of a Nation-State Centric Population Policy?

(293) Mine Karakuş Yetkin, Filiz Göktuna Yaylacı (Anadolu University)

State-centered approaches regard migration as a challenge to the social cohesion, welfare and citizenship regime. These approaches categorise migrants as "foreigners" as opposed to "locals" and "citizens". Subsequently, in order to control and differentiate desired foreigners from the undesired ones, states introduce these sub-categories of "legal", "illegal", "irregular", "undocumented" to define foreigners. Therefore, generally speaking, in the process of nation state formation, "foreigners" are considered to be the "unwanted" others and migration became a tool for the elimination of the "unwanted" others within the nation-states. The formation of Turkish nation-state is not an exception from this general framework. Starting from the population exchange policies in the early Republican era to the legal and political definitions of the notions of "migrant", "foreigner", "refugee", "asylum seeker" and current practices of asylum, the impact of nation-state ideology is rather explicit. Within this framework the main aim of this study is to analyse the reflections of nation-state ideology and policies on migration strategies of Turkey since the foundation of the Republic. For that purpose, the Turkish Settlement Law, Law on Foreigners and International Protection as well as strategies and practices towards different migrant groups are examined. How different concepts are constructed for defining various forms of migrants and migrations in each era throuhout the history of the Republic are elaborated.

***

Evaluation of the EU Funded Projects Focusing on Migration in Turkey: Expected Outputs and Problems
(436) Hasan Akça (Çankırı Karatekin University)

Turkey is a candidate country to the EU. Therefore, the EU provides both financial and technical support to Turkey in the context of IPA (Instrument for Pre-accession Assistance) and IPA II in order to prepare Turkey to the EU membership. In recent years, some projects focusing on migration and refugees have been supported financially by the EU. Delegation of the European Union to Turkey, Central Finance and Contracts Units (CFCU), National Agency (called as "ulusal ajans"), and Ministries have taken responsibility as controller during the implementation of the projects. Above projects were prepared by the applicants under call for "civil society dialogue, integrated border protection, support to anti-trafficking of human beings, support the construction of removal centres for illegal migrants and reception centres for asylum seekers, rural-urban migration". The projects were implemented by government agencies (Ministry of Foreign Affairs, Ministry of Interior, and Governorships), municipalities (i.e. Metropolitan Municipalities of Izmir, Ankara, Bursa, and Istanbul), non-governmental organisations, universities, schools, SMEs, etc. It is a fact that there is no enough information about results of the EU granted projects implemented in Turkey. Therefore, this study aims at examining success of the EU granted projects in the solution of migrants' problems and also lessons to be derived from them. Secondary data (web pages of the projects, scientific papers, published officials reports, etc) will be used while examining the subject.

***

SESSION 7B – Syrians in the Public Sphere

	Room: SR 4
Chair	N. Ela Gökalp Aras, Gediz University, Turkey
266	Mass-Media-Fueled Ideologies & the Muslim Community in Fort Wayne, Indiana (US) – **Meghan R. Menchhofer**
178	Civil Society and the Syrian Refugees in Turkey – **Şevin Gülfer Sağnıç, Helen Macreath, Mustafa Utku Güngör**
235	Contesting Refugees in Turkey: Political Parties and the Syrian Refugees - **Aslı Ilgıt, Fulya Memişoğlu**
250	Reflection of Syrian Refugees in Turkish Online Public Sphere: the Case of Eksi Sozluk (Sourtimes) – **Bezen Coşkun**
289	Solidarity with Syrian Immigrants with the Power of Islamic Believes and Volunteerism - **Emel Topçu, Sevgi Kurtulmuş**

Mass-Media-Fueled Ideologies & the Muslim Community in Fort Wayne, Indiana (US)
(266) Meghan R. Menchhofer (Indiana Purdue University)

Blame for the recent Paris attacks centered on Syrian Refugees, conjuring up strong rhetoric and discourse across global mass-media outlets on the forced migration and the treatment of refugees. Ideologies are spread daily and globally, from everyday social media users to policymakers in and running for political office. This recent escalation has created a gap in our knowledge base. Study in this area is necessary because social media-fueled fear-based attacks may lead to the oppression of Muslim refugees and immigrants. This paper will examine the two-part question of how ideologies affect Muslim refugees and immigrants and what, if anything, do they have to say about it? The methodology used to examine this topic will include interviews and focus groups conducted in the Muslim Immigrant and Refugee communities of Fort Wayne, Indiana, USA. The importance of looking at this issue at a local level will bring new insights and clarity in our understanding of how ideologies spread and affect a local community.

***

Civil Society and the Syrian Refugees in Turkey

(178) Şevin Gülfer Sağnıç (Boğaziçi University), Helen Macreath (Helsinki Citizens' Assembly (hCa)), Mustafa Utku Güngör (Boğaziçi University)

While Turkey is hosting the largest Syrian refugee population, neither the Turkish legal framework nor administrative structure has been prepared for such an influx. Despite Turkey being marked by centralization, it has relied heavily on humanitarian assistance provided by civil society for supporting refugees. This study focuses on the extent to which civil society actors in Turkey are responding to the Syrian influx. In light of the protracted nature of the Syrian refugee pres-ence and tensions regarding democracy in Turkey, it is pertinent to question whether the provision of humanitarian assis-tance at local levels has the potential to strengthen civil society and decentralization across Turkey. The main research question is: "How does civil society support manifest itself in humani-tarian assistance to Syrian refugees in Turkey and what are its implications for Turkey, and for Syrian refugees?" Research into the extent of civil society support for refu-gees will be used to analyze three further research strands - state-civil society relations, decentralization across Turkey, and the impact that civil society support may have on the inclusion of Syrian refugees in Turkey. This study argues that civil society support for refugees is a form of empowerment both for civil society and for refugees. While most political actors and scholars have focused on the negative effects of refuge, it is important to discuss the refugees' possible con-tribution and the longer term impact of their pres-ence. Desk research will be conducted using academic literature, jour-nalistic accounts and policy reports; Fieldwork will be carried out in Izmir, Gaziantep, and Istanbul and state officials will be interviewed in Ankara; Round-table discussions and high-level meetings will be conducted with NGOs. Examples from the Balkans and Sweden will be examined to provide an informed context on how possible inclusion may be best managed in Turkey.

***

Contesting Refugees in Turkey: Political Parties and the Syrian Refugees

(235) Aslı Ilgıt, Fulya Memişoğlu (Çukurova University)

Turkey has become the world's most important refugee hosting country in the midst of – what is often referred to as – the world's worst refugee crisis since World War II. This paper intends to explore how Turkey's refugee-hosting fatigue is reflected and framed in political debates. The Syrian conflict and subsequent refugee crisis has become both a domestic policy concern and a foreign policy tool in the last five years. Considering that the country has experienced two national elections in the previous year, the refugee debate has been a high-priority topic. Yet the refugee problem has also been a foreign policy issue for the AKP government to justify its involvement in the Syrian conflict. In this context, initial praise from its international partners for its 'open door policy' and the Turkish public's initial welcoming hospitality has soon been replaced by increasing international criticism for Turkey's possible support toward the radical groups in Syrian conflict and by the domestic perception of the influx of the Syrian refugees as a threat to social order and security. Hence, the official refugee policies and discourses of the Turkish state has fluctuated over the course of five years since the beginning of the first Syrians arrived Turkey in March 2011 due to these external and internal changing dynamics. While there emerged abundant information about the incumbent government's main stance and policies concerning the refugee crisis (based on regular press releases and government officials' statements), a systematic understanding of where the opposition parties stand in Turkey's refugee debate and how they shape responses to the challenges the country has been facing does not get sufficient attention from the academic or political circles. In this paper, thus, we ask the following question: How changing international and domestic dynamics affect the politicization of the refugee issue in Turkey? We analyze parliamentary debates and intra-party debates in order to understand discursive continuities and shifts of three major opposition political parties that are represented in the Turkish Parliament.

***

Reflection of Syrian Refugees in Turkish Online Public Sphere: the Case of Ekşi Sözlük (Sourtimes)
(250) Bezen Coşkun (Gediz University)

The internet has revolutionised the way people, communicate, access information and how they respond to and comment of social and political issues. In this context it has been argued the internet has facilitated a phenomenon philosopher Jurgen Habermas has defined as the 'public sphere'- a forum where public opinion is shaped. In this context this paper aims to define the role of the public sphere in the cyber age to understand public opinion on certain social and political issues. Jurgen Habermas defines public sphere as a "realm of our social life in something approaching public opinion can be formed. (Where) access is guaranteed to all citizens," (Habermas,1989, p102). In this regard Ekşi Sözlük (Sour Dictionary), which is a collaborative hypertext 'dictionary' in Turkey built up on user contribution, will be recognised as an online public sphere. It is currently one of the biggest online communities in Turkey with over 400,000 registered users. The number of writers is about 54,000. In essence Ekşi Sözlük is not a dictionary in the strict sense. As an online public sphere, Eksi Sozluk consists of thousands for information sharing on various topics ranging from scientific subjects to everyday life issues. In this regard, Eksi Sozluk is considered as virtual sociopolitical community to communicate disputed political contents and to share personal views. Besides active registered users, Eksi Sozluk is one of the most visited web sites in Turkey. Given the popularity of Eksi Sozluk as an online public sphere, in this study 'Syrian refugees' entries of Eksi Sozluk will be analysed. Up to date there exist 261 pages long entries on the subject between July 2012 and January 2016. The content of entries will be analysed with Nvivo qualitative data analysis program and the findings of content analysis will be discussed in this paper. It is expected that the content of entries will help us to evaluate Turkish public opinion on the issue of Syrian refugees.

***

Solidarity with Syrian Immigrants with the Power of Islamic Beliefs and Volunteerism
(289) Emel Topçu, Sevgi Kurtulmuş (Celal Bayar University)

Massive Syrian immigration to Turkey is thought that have been relatively easily tolerated. This toleration helps social cohesion between Syrian people and people in Turkey. Turkish Government supports the refugees and provide their basic needs. Additionally, it supports the health needs of all Syrian refugees inside and outside of the camp. However, many of the refugees outside the camp survive under difficult conditions. Many of them are exile, without any language capability, any insurance or enough money. The study aims to analyse the reason of the (relatively) high tolerance in Turkey. The reason of this tolerance of people in Turkey is considered as the religious faith and volunteerism of people as well as the assistance of the government. Mass migration from Syria made Turks to remember this old ummah bond and the migration of the first Muslim community from Mecca to Medina. In this migration, Prophet Muhammed matched the families from Medina and Mecca to each other as ansar and muhajirun (host-migrant) to establish the solidarity. Turks try to apply this example in their relationship to Syrian refugees. There are also social solidarity systems such as zakat (is one of the five major obligations of Muslims known and means giving alms to the poor) and sadaka (voluntary charity) in Islam. Turks started to donate to these mentioned charities also to Syrian refugees besides local needy people. Furthermore, volunteer NGOs and individuals think, helping Syrian refugees as an oppurtunity for themselves to gain the mercy of Allah. Syrian refugees have a chance for a fair social cohesion with Turks due to sharing the same religion and the charity concepts and obligations of Islam to help the needy. The study is based on in depth interviews with 20 people, observation and literature review.

***

SESSION 7C – Seasonal Migrant Workers in Agriculture

	Room: SR 5
Chair	**Sinan Zeyneloğlu, Gaziantep Zirve University, Turkey**
196	Collective Resource Mobilisation For Economic Survival Within the Kurdish and Turkish Speaking Communities in London - **Olgu Karan**
322	Skilled Migration to US: Diaspora Networks and Contributing to Home Country – **Neslihan Arslan**
300	Victim Blaming Connotations of the Popular Portrayal of Agricultural Intermediaries - **Elif Sabahat Uyar Mura**
267	Rivalry and Antagonism: Migrant Workers in the Seasonal Agricultural Production in Turkey – **Saniye Dedeoğlu**

Collective Resource Mobilisation for Economic Survival Within the Kurdish and Turkish Speaking Communities in London
(196) Olgu Karan (Independent researcher)

This paper proposes a new conceptual framework in understanding the dynamics within the Kurd-ish and Turkish (KT) owned firms in London by utilising Charles Tilly's (1973;1977;1978) work concerning collective resource mobilisation. Drawing on 60 in-depth interviews with restaurant, off-licence, kebab-shop, coffee-shop, supermarket, wholesaler owners and various community or-ganisations, the paper sheds light upon the questions of why and how the KT communities in Lon-don moved into, and are over represented and why Turkish Cypriots are absent in small business ownership.

***

Skilled Migration to US: Diaspora Networks and Contributing to Home Country
(322) Neslihan Arslan (Cumhuriyet University)

Skilled migration phenomenon is a serious loss for home countries. The aim of this study was to investigate of graduate/post graduate students in Turkish diaspora networks contribution to Turkey. In the study it was collected data from 110 immigrants living in US by e-questionnaire. According to the results participants were members of the networks had a negative perception as to contribute to Turkey. Also participants believed that "Turkish State policies failed to turn into gain from loss of skilled migration. Finally, it was found to be a predictor Turkish State policies in contribution to Turkey of the diaspora networks.

***

Victim Blaming Connotations of the Popular Portrayal of Agricultural Intermediaries
(300) Elif Sabahat Uyar Mura (Middle East Technical University)

This paper focuses on "victim blaming" implications of the widespread emphasis on traditional/authoritarian intermediary in the literature on wage-labor processes of seasonally migrant Kurdish workers. Alongside with the media, many contemporary researchers point to the agricultural intermediary as the exploiter while depicting workers as victims of culture since the hierarchy and authority patterns enforced by their culture are materialized in their relationships with the intermediary. Alternatively, this paper offers a framework to switch emphasis from workers' culture/tradition to the structure of labor market, short-term demands of labor and dynamics of migration in the analysis of intermediation practices. Therefore, the responsibilities of employers and the role of the state in structuring such an insecure labor market (legal exceptionalism) for agricultural workers will be highlighted. Within the presentation, three widespread trends will be scrutinized within the contemporary reports on agricultural wage labor process of migrant agricultural workers: 1) sentence structures that conceal employers while marking intermediaries; 2) remarks stressing the primitivity, backwardness and outdatedness of the intermediary system; 3) the arguments linking the system of intermediation with Kurdish agricultural workers through tribal values, community codes of respect and so on, as if the intermediary system is something that Kurdish workers bring to the labor market form outside. When all these patterns are thought together, even though this may not be the intention, we can see that the contemporary literature on intermediaries focuses on workers—tells the story of workers who are subject to (or who consents) existing work conditions because of their culture/tradition. Within the presentation, I will explain how these patterns in the literature contributes to the victim blaming discourse holding the Kurdish workers themselves responsible for the injustice.

***

Rivalry and Antagonism: Migrant Workers in the Seasonal Agricultural Production in Turkey
(267) Saniye Dedeoğlu (Muğla Sıtkı Koçman University)

The recent changes in the seasonal agricultural production have been transforming rural Turkey to be a site of ethnic confrontations taking place among different groups of migrants as well as local workers and inhabitants. Increasing need for wage workers to harvest agricultural products in many parts of Turkey opened up the homogenous rural societies to the seasonal migration of those workers with different ethnic, cultural and religious background. Although the labour demand has traditionally been met through the utilisation of Kurdish and Arabic workers seasonally migrating from the Southeast part of Turkey, the composition of the agricultural workforce has been diversified under the impact of the fact that Turkey has become as a major receiving country for international labour migration and recently Syrian refugees arrived. This paper examines the state of structural factors and the migratory trends in the seasonal agricultural production in Turkey where workers from different ethnic, cultural and religious backgrounds confront each other and how these confrontations are played out in rural Turkey. The paper will show that the rivalry between different worker groups to have access to work is being resulted in the reduction of daily wages of seasonal workers as well as in the ethnic clashes.

***

SESSION 7D – Göç, Kalkınma ve İşgücü - II

	Room: SR 6
Chair	Cumhur Aslan, Çanakkale Onsekiz Mart University, Turkey
128	Küreselleşmenin İşgücü Göçü Üzerindeki Etkisi: Türk Beyingöçü – **M. Hakan Yalçınkaya, Neslihan Yalçınkaya, İsmet Güneş**
362	Türkiye'den Almanya'ya İşçi Göçünün Sosyo-Ekonomik Sonuçları – **Deniz Alçin Şahintürk, Öznur Akyol**
221	Türkiye Perspektifinden: Uluslararası Göçün İşgücü Piyasaları Boyutu – **Ramazan Temel, Batuhan Fatih Mollaoğulları**
256	Avrupa Birliği Sosyal Politikasi ve İşgücü Göçü – **Müslim Demir**
298	Türkiye-Gürcistan Örneği ile İşgücü: Bugün Bana Yarın Sana – **Sinem Esin**

Küreselleşmenin İşgücü Göçü Üzerindeki Etkisi: Türk Beyingöçü
(128) M. Hakan Yalçınkaya, Neslihan Yalçınkaya, İsmet Güneş (Celal Bayar University)

İnsanlık tarihinin en eski zamanlarından beri var olan göç, tüm canlıların hayatlarını daha iyi şartlarda sürdürebilmeleri ya da yaşamlarını devam ettirmelerinin ön koşulu olarak, çeşitli nedenlerle gerçekleştirilen ve tüm toplumları ve toplulukları etkileyen, pozitif ve negatif yönlere sahip olan bir olgudur. Göç, özünde yer değiştirme hareketi olarak tanımlansa da, toplumun sosyal, kültürel, ekonomik, politik yapısı ile yakından ilişkili olup, ekonomik-sosyal bir olaydır. 18. yüzyılda Batı Avrupa'da başlayan "sanayi devrimi" sosyal yapıda kökten değişmelere neden olmuş ve işgücü göçünü artırmıştır. Sanayi devrimi ile teknolojideki gelişmelere koşut olarak seri üretime geçilmiştir. Şehirlerdeki sanayi tesisleri, üretimin merkezini evden, kitlesel üretimin yapıldığı fabrikalara yönlendirmiş ve buna bağlı olarak kentlerde göç olgusu artmış, kentleşmeyle birlikte geleneksel geniş aile, kentsel çekirdek aileye dönüşmüş, iş bölümü artmıştır. Bu gelişmelerin sonucu olarak son yüzyılda küreselleşmeyle birlikte tüm ulusal iş kollarının dünyaya açık hale gelmesiyle de dünya çapında işgücü göçü hız kazanmıştır. İşçi göçü ve beyin göçü gibi değişik şekillerde ifade edilen göçün temelindeki en önemli nedeni ekonomiktir. İşçi göçü (labour migration), özellikle sanayileşmiş Avrupa ülkelerine ve ABD'ne yönelmiştir. Türkiye'den de 1961yılından günümüze kadar Batı Avrupa ülkelerine işçi göçü gerçekleşmiştir. Türk işçileri konuk işçi sıfatıyla ve sadece erkek olmak koşuluyla alınmıştır. Dönüşüm ilkesi oluşturulmuş, işçilerin bir yıl sonra ülkelerine dönmeleri kararlaştırılmış; ancak bu karar uygulanamamıştır. Büyük çoğunluğu sanayileşmiş Batı Avrupa ülkelerinde olmak üzere yurt dışında yaklaşık dört milyon Türk vatandaşı yaşamakta olup bunlardan yaklaşık iki milyonu Türk işgücü olarak çalışmaktadır. Yurt dışına işgücü göçünün en önemli kısmını beyin göçü tutmaktadır. Yetişmiş üstün yeteneklere sahip doktorlar, mühendisler ve bilim adamları arasında işgücü göçüne rastlamak çok yaygın hale gelmiştir. Türkiye beyin göçünün en fazla olduğu ülkeler içinde 24. sırada yer almakta olup, maalesef ülkemiz iyi eğitimli üstün vasıflı işgücünün %60'ını kaybetmektedir. Beyin göçü gelişmekte olan ülkelerden gelişmiş ülkelere olabileceği gibi gelişmiş ülkeler arasında da gerçekleşmektedir.
***

Türkiye'den Almanya'ya İşçi Göçünün Sosyo-Ekonomik Sonuçları
(362) Deniz Alçin Şahintürk, Öznur Akyol (Celal Bayar University)

İkinci Dünya Savaşı'ndan sonra Avrupa'da sanayileşmenin hızlanmasıyla yüksek büyüme oranları yaşanmış, hızla sanayileşen merkez ülkeler çevre ülkelerden özellikle kalifiye olmayan ucuz işgücü talebinde bulunmuştur. Özellikle Almanya, 1961 yılında Berlin Duvarı'nın örülmesi ile birlikte doğu ve batı olarak ikiye ayrılmıştır. Batı Almanya'nın doğu Almanya'dan kaçak işçi girişlerini engellemesi ile birlikte Federal Almanya

Cumhuriyeti işgücü sıkıntısı ile karşı karşıya kalmıştır. Aynı tarihlerde Türkiye ise II. Dünya Savaşı'na girmemiş olmasına rağmen önemli ekonomik sorunlarla karşılaşmıştır. Bu sorunlardan en önemlilerinden biri de döviz darboğazlarıdır. O dönemde uygulanan ithal ikameci sanayileşme politikasından dolayı döviz girişi sağlanamadığından başka çözüm yolları aramaya başlayan Türkiye Cumhuriyeti ile Federal Almanya'nın yolları kesişmiştir. 31 Ekim 1961 tarihinde Federal Almanya Cumhuriyeti ile ilk önce "misafir işçi" çerçevesinde imzalanan işçi alımı anlaşmasıyla birlikte 2500 kalifiye olmayan Türk işçisi Almanya'ya göç etmiştir. Bu göç hareketi ile Türkiye ilk defa emek ihraç etme olanağı bulmuştur. Takip eden yıllarda diğer Avrupa ülkeleriyle de benzer anlaşmalar imzalanmıştır. Böylelikle Türk işçilerinin Federal Almanya Cumhuriyeti'ne göçü 1960'lı yılların başında Birinci Beş Yıllık Kalkınma Planı ile başlamış, 1960'ların ortalarında hızlanmış ve 70'lerin başında yaygınlaşmıştır. Ancak 1973 petrol krizi ve onu takip eden ekonomik darboğazlar döneminde Federal Almanya'ya göç Almanya'nın inisiyatifiyle azalmıştır. Çalışmamızda yukarıda sebepleri belirtilen Almanya'ya gerçekleşen işçi göçünün ülkemizdeki sosyo-ekonomik sonuçları ayrıntısıyla değerlendirilecektir.

***

Türkiye Perspektifinden Uluslararası Göçün İşgücü Piyasaları Boyutu
(221) Ramazan Temel, Batuhan Fatih Mollaoğulları (Celal Bayar University)

İnsanların, farklı ya da daha iyi bir yaşam düzeyine ulaşmak istemeleri onları göçe yönlendiren temel unsurdur. Kişinin her türlü ihtiyaç veya beklentisini, içinde bulunduğu mevcut koşullarda gerçekleştirememesi; kişileri göçe sevk eden diğer önemli bir unsurdur. Göç olgusu, işgücü göçü bakımından ele alındığında; ulusal ve uluslararası olarak karşımıza çıkmaktadır. Uluslararası iş gücü göçü, insanların bir ülkeden diğerine daha iyi yaşam standartlarına ulaşmak için yaptıkları bir faaliyet olarak tanımlanmaktadır. Böylece insanlar bir yerden başka bir yere göç ederken öncelikli olarak iş bulmayı hedeflemektedir. Elde edilen bu iş, iş yaşamında yasal haklara kavuşma, güvence ve korunmayı da beraberinde sağlayacaktır. Kimi dönemlerde "uluslararası emek göçü" temel bir işgücü politikası olarak benimsenmiştir/benimsenmektedir. Bu durumun başta, yeterli işgücü kapasitesine sahip olmayan gelişmiş Avrupa ülkeleri ile birlikte pek çok ülke tarafından uygulandığı görülmektedir. İşgücü, bir ülkeden başka bir ülkeye göç ederek, önemli birçok sorunun doğuşuna neden olmuştur. Göçmenler, göç ettikleri ülkede yasaların çizdiği sınırlar içerisinde çalışma hayatında bulundukları gibi yasalara aykırı olarak da çalışabilmektedir. Dolayısıyla işçi göçü, bir bakıma ucuz işgücü nazarında görülmektedir. Türkiye ise, bulunduğu jeopolitik konumu gereği göç alan ve batı ülkelerine göç veren önemli bir göç güzergâhı niteliğini kazanmıştır. Aynı zamanda, bu göçmenlerin transit geçiş ve kalış ülkesi konumunu almıştır. Yasal olarak ülkemizde bulunan ve çalışan göçmen işçilerin yanı sıra binlerce kaçak göçmenin ülkemizde bulunduğu tahmin edilmektedir. Yaşamsal geçim nedeniyle herhangi bir şekilde işgücü piyasalarına dâhil olmaları işgücü piyasalarında birtakım olumsuz değişikliklere neden olmuştur. Göçmen işçiler, daha çok yerli işçilerin tercih etmediği elverişsiz çalışma koşullarına yönelmektedir. Bu bağlamda; göçmen işçiler, istihdam ettikleri işlerde genellikle yürütülen işlerin niteliği gereği fiziksel bir çalışma ile daha uzun ve düşük ücrete çalışmaktadır. Bu çalışmada, uluslararası göçün işgücü piyasalarında yarattığı olumsuz etkiler ele alınacaktır.

***

Avrupa Birliği Sosyal Politikası ve İşgücü Göçü
(256) Müslim Demir (Celal Bayar University)

Avrupa ülkeleri için göç, sadece bugün değil geçmiş tarihsel süreç içerisinde de artarak önem kazanan bir sorun olmuştur. İş bulmak amacıyla insanların sınırları aşarak başka ülkelere hareket etmesi olan emek göçünün ortaya çıkardığı sorunlar Avrupa Birliği'nin sosyal politikasına yön vermiştir. Özellikle serbest dolaşım hakkının genişleterek kolaylaştırılması beraberinde bazı sosyal sorunlara da neden olmuştur. AB, ortaya çıkan sosyal sorunlar karşısında bazı yasal düzenlemeleri uygulamaya koymuştur. Bu çalışmada işgücü göçünün AB sosyal politikasını nasıl değiştirdiği ve yaşanan sorunlar karşısında ortaya koymuş olduğu düzenlemeler ele alınmıştır.

***

Türkiye-Gürcistan Örneği ile İşgücü: Bugün Bana Yarın Sana
(298) Sinem Esin (Dokuz Eylül University)

Kapitalizm için her şeyi serbestleştirdiği düşünülen küreselleşmenin mekanda sınırladığı temel olgu işgücüdür. Yasal yollardan hareketliliği sınırlandırılmış olan işgücü yasadışı yollar ile mekansal hareketlilik yaşamaktadır. Büyüyen yedek ordu artmaya devam ederken; güvencesizliğe, esnek çalışmaya, taşeronlaşmaya, kayıt dışı istihdama davet sürmektedir. Kentten kente, bölgeden bölgeye yaşanan işgücü göçleri, 21. yüzyılda yeni ivmeyle ülkeden ülkeye yönelmiştir. Mevzuattaki boşluklardan yararlanarak gerçekleşen işgücü göçleri sınır ülkeler arasında kolaylaştırılan vize uygulamaları, yumuşatılmış cezai yaptırımlarla kendine zemin bulmaktadır. Yasal yoldan sağlanacak geçici çalışma izinlerini de bir kenara iten bu çalışma tarzı işvereni yasal mali yükümlülükten kurtarma yanı sıra rekabet şansı ve kar oranını da artmaktadır. Türkiye'nin Doğu Karadeniz bölgesinde, özellikle Rize ve Artvin yöresi ile sınır komşusu Gürcistan arasında son dönemde artan nüfus hareketliliği dikkat çekici bir boyuta ulaşmaktadır. İki ülke arasında yumuşatılan vize işlemleri ve Artvin/Rize ile Batum arasında sınıra çalışan dolmuşlar ile 1-1,5 saatte gerçekleştirilen yolculuklarla günü birlik dahil, karşılıklı geçişler kolaylaştırılmıştır. Karşılıklı "turist" sayısında artışa yansıyan kolaylıkların, gerçekte kaçak işçi çalıştırma için zemin sağladığı her iki tarafça bilinmektedir. "Turist" konumunda sınırdan geçen kişilere günübirlikten, mevsimliğe uzanan süreçte, çeşitli sektörlerde işçi olarak çalışmanın yolunu açılmaktadır. Turizm ve Kültür Bakanlığı kayıtlarına göre 2001 yılında Sarp Sınır Kapısından giriş yapan Gürcü sayısı 115. 251 iken rakam 2013 yılında 1.632.575'ye erişmektedir. Türkiye'den çıkışlar incelendiğinde, 2001 yılında toplamda 43.629 kişi iken, 2014 yılında yine Sarp sınır kapısından çıkan yurttaş sayısı 420. 980'e ulaşmaktadır. Gürcistan Türkiye sermayesi için cazip hale gelirken emek açısından da çekici görünmektedir. Bu bildiride, iki ülke arasında karşılıklı olarak yaşanmakta olan kayıtdışıişgücü göçünün "niteliği", gerekçeleri, çalışma ve yaşama koşulları vb. özellikleri Doğu Karadeniz (Türkiye ve Gürcistan) bölgesinde 2014 yazında sahadan toplanan veriler ile değerlendirilecektir. Sınır komşusu olan iki ülke arasındaki işgücü dolaşımının yanı sıra sermaye hareketliliğinin yönü, içeriğiulaşılabilinen örneklerle çalışmanın kapsamı içinde sunulacaktır.

***

SESSION 7E – Göç ve Sinema - I

	Room: SR 7
Chair	İrfan Atalay, Namık Kemal University, Turkey
486	Klasik Göç ve Ulus-Ötesi Göç Bağlamında Almanya Acı Vatan ve Güzelliğin on Par Etmez Filmlerinin Analizi -**Emrah Onur Karataş, Faruk Aksel**
342	Analyzing a Migration Across Literature: Russian Émigré Literature in the Texts of A. Averchenko and Z. Shakhovskaya – **Erdem Erinç**
287	Türk Sinemasında 'Dış Göç'ün Temsili – **Levent Yaylagül, Nilüfer Korkmaz Yaylagül**
398	Türkiye Sineması'nda Göç Temasının Dönüşümü – **Tuğba Elmacı**
542	Türk-Alman Sinemasına Postmodern Bir Yaklaşım: 1990'lı Yıllarda Göç İzleği - **Müzeyyen Ege**

Klasik Göç ve Ulus-Ötesi Göç Bağlamında Almanya Acı Vatan ve Güzelliğin on Par Etmez Filmlerinin Analizi
(486) Emrah Onur Karataş, Faruk Aksel (AkdenizUniversity)

Refah dolu bir yaşama kavuşma arzusu ya da mecburi sebeplerden dolayı göç etme eyleminde bulunan bireyler ve topluluklar, sosyalize oldukları toplumun özelliklerini de beraberinde göç ettirmektedirler. Yeni yaşantılarına başladıkları ortamlarda bireysel yetersizliklerinden dolayı beklentilerin karşılanamamış olması ya da mevcut devletin yeterli yasal düzenlemeler getirememiş olması göçmen topluluklarda sosyo ekonomik ve kültürel bazı sorunları doğurmuştur. Göç ve beraberinde getirdiği sorunlar sosyal bilimlerde geniş yer bulduğu gibi sinemanın da ilgilendiği konular arasında yoğun şekilde yer bulmuştur. Göç ve beraberinde getirdiği kimlik, yabancılasma, kültür, göçmenlik, aile, komsu iliskileri ve ekonomik olguların sinemada nasıl işlendiği bu çalışmanın ilgi odağını oluşturmaktadır. Düzenli ya da düzensiz bir şekilde gerçekleşen göçün filmlerde nasıl yer aldığı farklı dönemler ve iç-dış göç temelinde "Acı Vatan Almanya" ve "Güzelliğin On Par' Etmez" filmleri klasik ve ulusötesi göç bağlamında niteliksel içerik analizi yöntemi ile incelenecektir.

***

Analyzing a Migration Across Literature: Russian Émigré Literature in the Texts of A. Averchenko and Z. Shakhovskaya
(342) Erdem Erinç (Erciyes University)

Texts of Russian émigré authors A. Averchenko and Z. Shakhovskaya generate the main material of this proceeding. This material is studied according to historical facts about two main evacuations from Russia to Istanbul. The aim is to bring out the role of literary texts for understanding dynamics of a migration. The main reason of choosing texts (Notes of a Fool by A. Averchenko; Life Style from the book "Takov moi vek" by Z. Shakhovskaya) of these two authors is that belong two different evacuations. These evacuations state the route of the first wave of Russian migration. The first evacuation is known as General Denikin's, and the second one is mentioned as General Wrangel's. Another reason to choose these authors was that they belong to different generations and gender. Analyzing the texts of these authors from different evacuations gives an opportunity to evaluate the dynamics of a migration with the help of various signs such as; time, generation and gender. Using literary texts in the way of understanding a migration shows possibility of alternative ways of reading history.

***

Türk Sinemasında 'Dış Göç'ün Temsili
(287) Levent Yaylagül, Nilüfer Korkmaz Yaylagül (AkdenizUniversity)

Türkiye'deki toplumsal yaşamdaki gelişmelerden birisi de 1960'lı yıllarda çeşitli Avrupa ülkeleri ile imzalanan anlaşmalar çerçevesinde Avrupa'ya Türk işçilerinin göçmesidir. Bu gelişmeler de Türk sinemasında yansımasını bulmuştur. Avrupa'ya göç eden Türk işçilerinin dramını anlatan filmler yapılmaya başlanmıştır. Bu bağlamda bu bildirinin amacı, 1970-80 yılları arasında Türk sinemasında yapılan filmlerde dış göçün nasıl temsil edildiğini incelemektir. Bunun için 1970-80 yılları arasında Türkiye'de yaşayan yönetmenler tarafından yapılan filmlerden Dönüş (1972- Yönetmen Türkan Şoray), Almanyalı Yarim (1974- Yönetmen Orhan Aksoy), El Kapısı (1974-Yönetmen Orhan Elmas), Otobüs (1975-Yönetmen Tunç Okan), Almanya Acı Vatan (1979-Yönetmen Şerif Gören) filmleri nitel içerik analizi tekniği ile incelenmektedir. Filmlerin içeriğine yönelik oluşturulan kategorilerde; göç edenlerin cinsiyetleri, yaşları, meslekleri, (varsa) etnik ve dinsel kimliklerine yönelik vurgu, göç etme nedenleri, hangi ülkeye göç ettikleri, göç ettikleri ülkeyle ilgili beklentileri, göç ettikleri ülkelerde karşılaştıkları sorunlar, Türkiye'ye dönüşe nasıl baktıkları, geleceğe yönelik beklentileri nelerdir ve kendilerini nasıl bir son beklemektedir gibi soruların cevapları aranmaktadır.

Buna göre göç edenler kadın ve erkek, Türkiye Cumhuriyeti vatandaşlarından oluşmaktadır. Daha çok çalışma potansiyeline sahip, 20 ve 30 yaş arasında, belirgin bir meslekleri olmayan kırsal kökenli vasıfsız iş gücü sahipleri göç etmektedirler. Filmlerde göç edenlerin etnik ve dinsel kimliklerine yönelik belirgin bir vurgu olmamakla birlikte çoğunlukla Türk ve Sünni İslam geleneğinden insanlar göç etmektedirler. Göç ettikleri ülkeler ise İsveç ve Almanya gibi Avrupa ülkeleridir. Göç etmedeki En önemli beklentileri iş bulup çalışmak, belli bir birikim elde ederek Türkiye'ye geri dönmektir. Göç ettikleri ülkede karşılaştıkları en büyük sorun dil bilmemek ve işsizliktir. Bu ilk dönem filmlerde genellikle göç edenlerin umduklarını bulamadıkları ve kendileri açısından hayal kırıklığı yaratan bir Avrupa imgesiyle karşılaşılmaktadır.

***

Türkiye Sineması'nda Göç Temasının Dönüşümü
(398) Tuğba Elmacı (Çanakkale Onsekiz Mart University)

Göç gibi toplumsal dönüşümleri radikal bir şekilde tetikleyen toplumsal olayların sonrasında, toplumlarda ciddi travmatik sonuçlar gözlenmektedir. Türkiye'de sinema, kendi coğrafyasında, gerek ekonomik gerek politik nedenlerle tanık olduğu bu toplumsal değişmeleri ciddi sansür engellemelerine rağmen önemli filmlerle ele almayı başarmıştır. Bu çalışmada da Türkiye'deki sinema serüveninde göç ve göçün yarattığı sorunları konu alan filmler dönemler ve göçün nedenleri göz önünde bulundurularak sınıflandırılmaya, Türkiye sinemasında göçün dönüşümü üzerine bir makro okuma çalışmasının literatüre (genelde bütünü kapsayıcı çalışmalar görmek pek mümkün olmamaktadır.) katkı sunması amaçlanmaktadır. Bu bağlamda çalışmada incelenecek filmler önemli sosyal olayların sonucunda oluşan olgularla ilgilendiklerinden hem sosyolojik film eleştirisi metodu hem de politik film eleştirisi metodu ile çözümlenecektir. Türkiye Sineması'nda Göç olgusu, iç dinamikleri bakımından birbirinden ayrılan iç göç, dış göç ve azınlıkların göçünü ele alması bakımından 3 grupta toplanabilir. İç göç olgusu sinemada tematik olarak 60 yıllarda tarımda makineleşmenin sonucu olarak görülen sıkıntılara odaklanırken, 1990'lı yıllarda Güneydoğu Anadolu bölgesinden güvenlik gerekçesiyle göç etmek zorunda kalanların hayat hikayelerinin işlendiği filmlere yüzünü döndüğü görülmüştür. Dış göç konulu filmler de yine 60 lı yıllarda Almanyaya göçü konu alan filmlerle yansırken 90'lı yıllarla birlikte Almanyaya göceden insanların 3. ve 4. Kuşaklarının konu edildiği yeni bir türün doğuşuna tanık olmuş ve melez sinema denilen çok kimlikli, çok dilli farklı bir sinema oluşumuna neden olmuştur. Son göç teması ise, Türkiye'deki azınlık göçerlerin dramatik hayatları ve geride kalanların durumlarına odaklanan temaların şekillendirdiği filmlerde görülmektedir. Kısa bir özeti verilmeye çalışılan Türkiye sinemasında göçün serüveni, bu coğrafyadaki kadar çeşitli dramları barındıran önemli temsillerle yeniden hatırlatıldığı ve üzerinde düşündürdüğü gerçeğine odaklanmaktadır.

***

Türk-Alman Sinemasına Postmodern Bir Yaklaşım: 1990'lı Yıllarda Göç İzleği
(542) Müzeyyen Ege (Marmara University)

Almanya'nın 60lı yıllarda almaya başladığı iş göçü Alman sinemasını çeşitli yönleriyle, bilhassa kültürel çatışma ile ilintili olarak etkilemiştir. Burada dikkati çeken en önemli nokta ise yabancılık ve yabancılaşma izleğinin sıklıkla işlenmiş olmasıdır. 90lı yıllara kadar ağırlıklı olarak Alman kökenli film yapımcıları tarafından çekilen göç izleği barındıran filmlerde bir artış gözlenmektedir. Örnek vermek gerekirse Rainer Werner Fassbinder (Angst essen Seele auf 1973); Helma Sanders-Brahms (Shirins Hochzeit 1975); Hark

Bohm (Yasemin 1988). 1990'lı yıllardan sonra ise Türk kökenli ikinci nesil göçmen çocuklarının çekmiş olduğu filmler, bu tür sinema filmlerine yenilikçi bir bakış açısı kazandırmış ve göç izlekli filmlere farklı bir ivme kazandırmıştır. Hem içerik hem estetik açıdan 70li ve 80li yıllarında çekilmiş filmlerde konu edilen kimlik bunalımı, uyumsuzluk ve törelerden kaynaklanan sorunlar yerine, küreselleşmenin etkisi ile de birlikte uluslar ve kültürler ötesi (transnational/ transcultural) bakış açısı yeni nesil film ve film yapımcılarında kendisini göstermektedir. Çoğulcu bir bakış açısı ve dinamik kimlik anlayışından yola çıkarak (Hall 2000) hem dram hem komedi türlerinde kültürbilimsel anlamda postmodern konseptler film estetiğine yansıdığı görülmektedir. Öyle ki burada bir paradigma kaymasından söz edilmektedir (Göktürk 1999; Seeßlen 2000). Bu çalışmada Türk-Alman sinemasının tarihçesinde yer alan ve bahsi geçen bu değişimin izleri ana hatları ele alınarak, postmodern kavramının göç filminde (Fatih Akın, Thomas Arslan, Yasemin Şamdereli vs.) nasıl bir uygulama alanı bulduğunu kültürbilimsel açıdan incelenecek ve hybridity, transculturality, Transdifferenz gibi yeni konseptler de tartışılacaktır.

***

SESSION 8A – Politics of Migration

	Room: SR 3
Chair	**Hasan Boynukara, Namık Kemal University, Turkey**
551	Migration/ Refugee Crisis in Greece and Southern Europe: From A Failure of Migration Management to Political Crisis in Europe - **Apostolos Papadopoulos, Loukia-Maria Fratsea**
370	Exploring Bordering Practices: "Walls" and "Fences" Across Europe - **Burcu Toğral Koca**
306	Deportation of Foreigners in Turkey. What Changes After the Law on Foreigners and International Protection Ant the Directorate General of Migration Management? Evidence From Kocaeli District - **İbrahim Soysüren, Kuvvet Lordoğlu, Ali Soysüren**
448	Population, Turkey's Eu Accession and Migration Crisis - **Neriman Hocaoğlu Bahadır**
453	Migration Issues in Turkey - EU Relations: An Analysis of EU Progressive Reports - **Selman Kesgin**

Migration/ Refugee Crisis in Greece and Southern Europe: From A Failure of Migration Management to Political Crisis in Europe

(551) Apostolos Papadopoulos, Loukia-Maria Fratsea (Harokopio University Athens)

For the past six years Europe has been in the midst of the most severe recession since the Second World War. Migrants are amongst the most vulnerable groups and usually the hardest hit by the economic crisis. Although the impact of recession on migrant employment differs between sectors, rising unemployment rates are often accompanied by rising anxiety about the availability of labour market opportunities. In the last couple of years the size of migrant flows towards Europe has been escalating, leading to increasing concerns over the total number of migrants that Europe may be able host without triggering internal processes of social unrest. Migration crisis has been coined as a shortcut for the numerous challenges faced by an enlarging number of EU countries against the spectre of uncontrolled migrant flows. The already existing migration crisis was recently paired with a refugee crisis. Syrian refugees pass through Turkey to the Aegean Sea hoping to reach Northern Europe. The recent tragedy moved the public opinion due to the astonishing number of deaths (more than 3,500 since the beginning of 2015) and more particularly deaths of children. Those 'crises' unveiled many issues that lurked in relevant discussions in Europe, but most of all made clear that the Southern Europe, and especially Greece, bears the burden of being the main gate of migrants and refugees to Europe. From the European perspective the term 'crisis' denotes that the issues of migration and refugees have become the order of the day for the whole of the EU and not just of the first receiving countries, which are expected to increase their border controls. The paper's objective is to uncover the perplexity of migration/refugee issues that seem to trouble Europe, while at the same time to touch upon the vast contradictions of EU migration and refugee policies. The main argument of the paper is that the incapacity of EU policies to face the enlarging an uncontrolled refugee flows has led to an unprecedented political crisis of the EU legitimacy in general.

***

Exploring Bordering Practices: "Walls" and "Fences" Across Europe
(370) Burcu Toğral Koca (Eskişehir Osmangazi University)

This article explores the bordering practices of Turkey and the EU with a special focus on walls and fences in the light of the current developments and tragedies in the Mediterranean. Especially since the so-called "Arab Spring" and outbreak of the Syrian war in 2011, thousands of refugees feeling persecution have risked their lives as they have attempted to reach Europe via small boats. The exclusionary border control practices including anti-immigrant walls and fences are likely to feed into these tragedies and threaten refugees' right to seek asylum in Europe. In addressing these issues, drawing on critical border studies and through moving beyond the traditional understanding of the "border" and "border controls", the article, first, provides a theoretical and conceptual framework on border control. Second, after giving a brief account on the transformation of border control practices both in Turkey and in the EU, the article focuses on the walls and fences as strategies of controlling and containing unwanted mobility. Finally, it reflects on the detrimental impacts of these practices on the human rights of refugees and problematize the current approach of European states vis-à-vis current refugee "crisis".

***

Deportation of Foreigners in Turkey. What Changes After the Law on Foreigners and International Protection Ant the Directorate General of Migration Management? Evidence from Kocaeli District
(306) İbrahim Soysüren (University of Neuchatel), Kuvvet Lordoğlu (Kocaeli University), Ali Soysüren (Kadir Has University)

Historically, the deportation of foreigners has been considered as an indispensable tool used by nation states firstly for the construction of their "imagined communities" and then for the implementation of their migration policies. In this regard, Turkey has not been an exception. As it is rapidly becoming a country of immigration, the deportation of foreigners has become an essential tool for its migration policies. Based on different research, in this paper, we will analyse the deportation of foreigners in Turkey with a focus on the Law on Foreigners and International Protection and the Directorate General of Migration Management founded recently. We will try to explain some of the main changes in the case of the Kocaeli district after April 2014 when the above-mentioned Law entered into force. Evidence shows that despite contrary claims and the changes in legal framework, the deportation process is still being directed by police officers as it used to be before this law.

***

Population, Turkey's EU Accession and Migration Crisis
(448) Neriman Hocaoğlu Bahadır (Kırklareli University)

Turkey's EU membership process started with its associate membership application but as there are many different reasons the process has not completed yet. The process has gained speed with the 1999 Helsinki Decisions yet there are still some impediments. One of these impediments is Turkey's high population rate. Turkey's increasing population is an unofficial impediment because of its possible effects on the decision making mechanism, labour market and cultural identity of the EU. Today's "migration crisis" also has an effect on Turkey's membership process. The aim of this paper is to evaluate and explain the impact of the Turkey's high population and the "migration crisis" in its EU membership process. To achieve this aim, the effects of Turkey's population in EU decision-making, the effects of possible migration on both labour market and the EU economy and the increasing problems which are caused because of cultural identities will be analysed in three sections.

***

Migration Issues in Turkey - EU Relations: An Analysis of EU Progressive Reports
(453) Selman Kesgin (Gazi University)

Migration management is one of the emerging topics of Turkish public administration. Due to the ongoing crises in Syria, more than 2.7 million Syrians have been placed in Turkey. In addition to this, Turkey hosts approximately 700.000 people from Afghanistan to Iraq and from Germany to England for many years for various reasons such as, labour and entrepreneurship, education, and displacement. Along with its importance for public administration, migration policies are essential for Turkey's EU membership process. As EU considers migration policies as a must for membership, it is one of the main topics of the negotiations between Turkey and EU. Including the first progressive report in 1998, migration issues have been brought up on a preferential basis. EU progressive reports are crucial tools for observing and evaluating the changes in Turkish public administration. These reports describe the relations between Turkey and the EU, analyse the correspondence with its political and economic criteria. The research topic for this study is the development of EU - Turkey relations on migration. To observe that relation, migration related issues on the EU Progressive reports for Turkey since 1998 are going to be analysed. The aim of this study is to observe how the migration issues have been discussed in EU progressive reports. In the scope of this study, answers will be sought for the questions below: - How migration issues are approached in EU progressive reports? -What subtopics of the migration are underlined? -On what topics Turkey has been criticized for? - On what topics Turkey has been found successful? Content analysis will be implemented as the research method for this study. All 18 reports will be examined and evaluated.

***

SESSION 8B – Demographic Patterns

	Room: SR 4
Chair	**Sinan Zeyneloğlu, Gaziantep Zirve University, Turkey**
122	Optimal Fertility and Migration: A Simulation Exercise For Austria with Economic Data - **Erich Striessnig, Thomas Lindner, Wolfgang Lutz**
131	Attempted Suicide Among Immigrants in European Countries: General Results and Specific Risk Groups - **Ilkka Henrik Makkinen**
403	Examining Ageing in Place Among Turkish Migrant Older Adults: A Case Study

	in Edinburgh, UK - **Melisa Yazdan Panahi**
567	Internal Migration and Perception of Employability: Case of Kocaeli - **Burcu Kümbül Güler, Doğa Başar Sarıipek**
302	Internal Migration of Turkey's Older Population - **Sutay Yavuz**

Optimal Fertility and Migration: A Simulation Exercise for Austria with Economic Data
(122) Erich Striessnig (Wittgenstein Centre for Demography and Global Human Capital (IIASA, VID/OEAW, WU)), Thomas Lindner, Wolfgang Lutz

In the discussion about a society's optimal fertility rate, there is at least tacit agreement among most commentators that the optimum lies at about replacement fertility, which is on average somewhat above two children per woman of reproductive age (e.g. Davis, 1973; Demeny, 2003). Recently, however, it has been pointed out that the optimal fertility rate may lie substantially below the threshold of two (Striessnig and Lutz, 2013). The reasons for an optimum below said replacement level are manifold. Clearly, the time frame over which optimization takes place is highly relevant and so is the population distribution, which in many Western economies is characterized by a continuous aging of the population. From the socioeconomic side, unemployment rates, economic growth, the cost of education and pensions, the population's endowment with human capital, the productivity of labor and many more factors can be argued to play an important role as well. Yet, one aspect that has not been considered in the debate to a similar extent, while being of high importance, is migration. Obviously, the continuous in- or outflow of people affects the level of fertility that can be considered to be optimal, be it because the migrants themselves are missing or add to a country's labor force or because their offspring subsequently needs to be educated. Adding both population inflows and outflows to an optimal fertility consideration aids in two ways. First, it makes it more realistic, given the substantial cross-border movements of people we see today. Second, the comparison of "natural" population growth with net immigration sheds light on highly relevant policy discussions, such as integration of migrants. In this paper, we provide an evaluation of the optimal fertility rate for Austria with respect to the factors named above. We choose Austria for several reasons. First, it is a relatively small country, hence migration has significant effects already on a small scale. Second, it is part of the European Union which means migration from many countries is unrestrained. Third, Austria has a history of significant immigration shocks and a relevant share of the population has a migrant background.

***

Attempted Suicide Among Immigrants in European Countries: General Results and Specific Risk Groups
(131) Ilkka Henrik Makkinen (Uppsala University)

This study compares the frequencies of attempted suicide between immigrants and host populations, between different immigrant groups, and between immigrants and their countries of origin. The material, 27,048 suicide attempts, among them 4,160 immigrants, was obtained from the WHO/EURO Multicentre Study on Suicidal Behaviour, the largest available European database on the topic. It was collected in a standardised manner from eleven European centres in 1989–2003. Person-based suicide-attempt rates (SARs; cases per 100,000) were calculated for each group. The larger immigrant groups were studied at each centre and compared across centres. Completed suicide rates of the countries of origin were compared to the SARs of the immigrant groups using rank correlations. 27 of the 56 immigrant groups studied showed significantly higher SARs, and only four groups significantly lower ones than the host populations. Immigrant groups tended to have similar rates across different centres. Moreover, a positive correlation between the immigrant SAR and the country-of-origin suicide rate was found. However, some groups, notably Turks, Chileans, Iranians, and Moroccans displayed unexpectedly high SARs as immigrants despite low suicide rates in the home countries. In the case of Turkish immigrants this was very clearly visibly due to their large number at different collecting centres. The similarity of most immigrant groups' SARs across centres, and the correlation with suicidality in the countries of origin generally suggest a strong continuity that can be interpreted in either cultural or genetic terms. However, the generally higher rates among immigrants compared to host populations, the similarity of the rates of the foreign-born and those of immigrants who retained the citizenship of their country of origin also point to difficulties in the acculturation and integration process. Whether this is the reason for Turkish and some other immigrant groups' high suicide-attempt rates is a question for further research.

***

Examining Ageing in Place Among Turkish Migrant Older Adults: A Case Study in Edinburgh, UK
(403) Melisa Yazdan Panahi (Heriot-Watt University)

An ageing population and international migration are two concurrent phenomena occurring at different levels of intensity in countries with various levels of development. The UK is no exception to this rule as a country with an ageing population of whom ethnic minorities are the fastest growing segment of the population. An ageing population has raised significant challenges in terms of how societies can best support older adults to live at home and in their communities. Although there has been considerable research conducted into the ageing population, research on the experiences of ethnic minority older adults is still in its infancy. It is estimated that there is a Turkish population of 500,000 in the UK and that this number is growing, yet they remain an 'invisible minority' and are under-represented in policy discourse. Policy on age friendly cities and communities has furthered the research agenda, yet there is a significant gap in terms of understanding the experiences of different ethnic minority groups as regards ageing-in-place. This paper presents preliminary findings from qualitative research conducted with the older Turkish community in Edinburgh, UK including semi-structured, one-to-one interviews. The findings articulate the barriers and facilitators to ageing-in-place amongst the Turkish older community and identify potential implications for urban planning and the age-friendly community agenda. This research is important if we are to understand how experiences of ageing-in-place differ across groups and how these experiences can be articulated within community supports.

***

Internal Migration and Perception of Employability: Case of Kocaeli
(567) Burcu Kümbül Güler (Dokuz Eylül University), Doğa Başar Sarıpek (Kocaeli University)

Different from objective employability which indicates the possibility of employment in absolute terms, "self-perceived employability" is a subjective evaluation of the individual about his/her own ability to be employed. In this study, employability is regarded as a two dimensional construct. Internal employability, related with the internal labour market, is the level of believing to have a chance to be employed in current workplace in the future. External employability, on the other hand, is the self-perception of employability in any workplace outside current organization. In this study, when we consider the difficulty to adapt to the labour market together with the risk of social exclusion, it is assumed that migrants' opportunity to get employed is lower than the native residents'. However, in the literature the number of the studies focusing on the relationship between migration and employability is insufficient. In addition to the aim of filling this gap in the literature, we assume that migrants have weaker perception of employability than native residents. In this study, the data gathered from 1054 individuals (40,9 % is female and 59,1 % is male) working in Kocaeli, which is a highly industrialized city receiving intense migration flows from the other regions of Turkey, is used. In the sample, the percentage of migrants who came to Kocaeli is 45,8 %. The findings of the study indicate that there is not a significant difference between migrants' and residents' perception of internal employability. So, one might conclude that migration does not cause any difference on the self-perception of individuals to continue to be employed in the current workplace. On the other hand, perception of external employability is higher among native residents than migrants. In other words, the fact of being a migrant has a negative impact on the perception of the possibility to find a job in external labour market. Research findings and reasons will be discussed together with the other studies in the literature.

***

Internal Migration of Turkey's Older Population
(302) Sutay Yavuz (TODAIE)

According to the estimates in recent years; nearly 2.7 million people likely to move between localities (province, district, town and village) each year in Turkey. This study aims at to summarize the internal mobility patterns of the older population (60+), which made up almost 4.5% of the total migrant population. Although internal migration and related issues have been subjected to several studies in Turkey, little is known about the experience of mobility among older people. Movement of this specific age group has not been examined in internal migration studies, probably due to fact that majority of the internal migrants are in 15-34 age group. Mainstream studies on population aging in Turkey shows a snapshot of where older people concentrated, but they do not provide satisfactory information on the movement of this age group. On the other hand, both the number and the share of older population have been rapidly increasing. It is obvious that Turkey will have to face with challenges of her population aging in soon. In this context the link between the population aging and internal migration is becoming increasing important. The prevalent study is designed to be present general characteristics of internal migration of older population by using 'Population and Housing Census 2011' and 'Address Based Population Registration System' data. The study will firstly show how size of the old aged migrants and their migration rate has changed in recent years. Secondly the study will investigate in and out migration rates of older population by regions and provinces. Thirdly the study explores marital, educational, labor force participation characteristics of these migrants and reasons for their movement.

SESSION 8C – Göç ve Kimlik

	Room: SR 5
Chair	**Yakup Çoştu, Hitit University, Turkey**
143	Göçmen Gruplarda Kültürel Kimlik Devamlılığı Açısından Göçmen Dernek ve Vakıflarının Önemi Üzerine Bir İnceleme - **Gökçe Bayındır Goularas**
153	Eski Göçmenler Yeni Yurttaşlar: Almanya'nın Yeni Etnik Kimlik Grupları - **Şükrü Aslan**
562	Culture and Geography: The Turks in Nigde Altay Village - **Derya Kahvecioğlu, Bayram Ünal**

Göçmen Gruplarda Kültürel Kimlik Devamlılığı Açısından Göçmen Dernek ve Vakıflarının Önemi Üzerine Bir İnceleme
(143) Gökçe Bayındır Goularas (Yeditepe University)

Göç ile birlikte kültürel kimliklerini de beraberlerinde Anadolu'ya getirmiş olan göçmenler için kimliksel devamlılığı sağlayan en önemli mekanların başında şüphesiz göçmen yerleşim yerleri (özellikle köy yaşantısı) ve göçmen halkın erkek bireyleri için vazgeçilmez mekanlardan biri olan köy kahvehaneleri gelmektedir. Bu mekanlardan çok daha geniş bir kitleye ulaşma kapasitesi olan ve farklı göçmen kuşaklarının girişimleri ile kurulmuş olan dernek ve vakıflar ise göçmen kültür ve kimliklerinin yaşatıldığı diğer mekanları oluşturmaktadırlar. Başlangıçta göçmenler arası dayanışma ve bilgi paylaşımı sağlamak amacıyla kurulmuş olan bir çok göçmen dernek ve vakfı günümüzde kuşaklar arası kimliksel ve kültürel devamlılık anlamında faaliyetlerine devam etmektedir. Bu çalışmanın amacı, göçmen dernek ve vakıflarının göçmenlerin kültürel kimliklerinin devamlılığı üzerindeki etkisini incelemektir. Çalışmada özellikle 19. Yüzyıl sonundan itibaren çeşitli dönemlerde Balkanlardan Anadolu'ya göç etmiş olan göçmen grupları ele alınacak, dernekleşme faaliyetlerinin gelişimi incelendikten sonra, göç edilen dönem ve yere göre farklı kültürel kimliklere sahip olan göçmen gruplarının kurmuş olduğu dernekler arasındaki benzerlik ve farklılıklar ortaya konulmaya çalışılacak ve son olarak dernek ve vakıfların genç göçmen kuşaklar için önemi vurgulanacaktır.

***

Eski Göçmenler Yeni Yurttaşlar: Almanya'nın Yeni Etnik Kimlik Grupları
(153) Şükrü Aslan (Mimar Sinan University)

1960'lı yıllarda Türkiye'den Avrupa'ya giden kitlesel işçi akını, aslında aynı zamanda kimlik ve kültürlerin göçü olma işlevini görmus ve böylece Türkiye'nin kadim etnik ve inanç kimlikleri de Avrupa'nın çeşitli ülkelerine taşınmaya baslamistir. Zamanla Avrupa'ya dağılmış bu "misafir işçiler" bulundukları ülkelerin "yurttaşı" olma hakkını elde ettiler. Böylece kitlesel göçle taşınan etnik ve inanç kimlikleri hızla örgütlenerek kamusal alana çıktı. Bu kesimlerin kültürel ve kimlikleriyle ilgili taleplerinin muhatabı artık geldikleri değil, yaşadıkları devletler olmaya başladı. Bugün artık Avrupa'da çeşitli ülkelerin yurttaşı olan yüzbinlerce Kürt, Laz, Arap, Süryani, Ermeni, Çerkez vb. bulunmaktadır. Bunlar üzerinden Türkiye'nin Kürt, Laz, Arap, Süryani, Ermeni, Çerkez vb. sorunları Avrupa'ya taşınmış ki bunu bir anlamda "ithal edilmiş etnik gerilim" olarak tanımlayabiliriz. Devam eden goc ve gocmenlerin goc ettikleri ulkelerde 'vatandas' olmaları ile birlikte kimligin ve kulturun gelinen ulkelerle oldugu gibi yasanilan ulkelerle de organik baglari olusmaya baslamis ve azinliklar (etnik ve dini) gozu ile ithal edilen bu gerilimlerin cozumu de yasadikalri devletlerin gudumune girmistir. ~Burayi biraz degitidim, anlami bozmus olabilirim). Bu bildiri de Türkiye'den giden göçlerle Federal Almanya'ya taşınan "yeni" etnik kimliklerin kimlik inşa deneyimleri, kültürel/siyasal talepleri ve bu taleplerin muhtemel gelişme süreçleri ele alınacaktır. Araştırma, 2014 yılı Şubat-Mayıs ayları arasında Federal Almanya'daki Türkiye'li kimlik gruplarının kurumlarıyla yapılan görüşmeleri (burada bir kac ornek verebilirsiniz, su kurumlar ve bu kurumlardan su gorevlerde ki kisiler, ornegin yoneticileri, kurumları ziyaret eden kisiler, uyeler vs ve bu kurumların yayınlarının (yayınlara ornekler, cikardiklari surekli dergiler, websiteleri vs.) incelenmesiyle elde edilen verilerin/bilgilerin analizine dayanacaktır. Böylece bu somut saha çalışmasından yola çıkarak Avrupa'nın yeni etnisite rejimini tartışmaya imkan sağlayacaktır.

***

Culture and Geography: The Turks in Nigde Altay Village
(562) Derya Kahvecioğlu, Bayram Ünal (Nigde University)

Kimlik oluşumu olarak genelleştirilen süreç, insanın kendini yeniden yaratma sürecidir. Bu yaratımın en önemli bileşeni ise şüphesiz ki içerisine doğduğu büyüdüğü toplumsal ve kültürel çerçeve olarak ele alınmaktadır. Fakat bu sürecin tek taraflı olarak işlemesi, gelişmenin ve değişmenin diyalektik yasalarına aykırı olacaktır. Sürecin asıl belirleyeni ise bireyi yansıtan bir ayna olarak öteki'nin varlığı ve sunuluşudur. Özellikle Şikago Okulu'nun üzerinde durduğu simgesel etkileşimde, bireyin yorum aracılığıyla oluşturduğu tepkinin bir ifadesidir bu. Her hikayede olduğu gibi kimliksel oluşum süreci de Ben-Öteki ilişkisinin sergilendiği bir mekanın varlığına ve kuruluşuna söz konusudur. Söz konusu mekân bir taraftan basit bir yerleşim olarak ele alınabilecekken, diğer taraftan bilincin/kültürün gelişim olanakları anlamına da gelmektedir. Bu anlamıyla mekân, hem sosyal hafızanın sürekliliğini temsil eder, hem de hafızanın devamlılığını ve dönüşümünü sağlayan gündelik yaşamı içerisinde barındırır. Çalışmamız Altay Köyü'nde yaşayan Kazak Türklerinin kimliksel kuruluşu ile içerisinde bulundukları coğrafyanın olanaklılığı ve sınırlılıkları arasında anlamlı bir ilişki kurulup kurulamayacağına odaklanmaktadır. Altay Köyü'nü kendisine yerleşke olarak seçen bir kültürün, coğrafya ile bütünleşerek bu mekanı insanlaştırmasının (humanization) ve kültürlemesinin (domestication) öyküsüne ulaşmayı amaçlıyoruz.

***

SESSION 8D – Türkiye'de İçgöç

	Room: SR 6
Chair	Seda Taş, Trakya University, Turkey
327	İç Göçün Boşanma Üzerine Etkisinin Panel Veri Analizi ile İncelenmesi: Türkiye Örneği -**Murat Kuşlu, M. Yasir Altıntop**
340	Türkiye'de İç Göçün Sosyo-Ekonomik Sebepleri: Manisa İli Örneği - **Tuğba Ay, Özlem Zeybek**
341	Türkiye'de 2008-2015 Döneminde İçgöç Hareketlerinin Ege Bölgesine Etkisi: Muğla İli Örneği - **Özlem Zeybek, Tuğba Ay**
286	Uluslararası Göçün Nedenleri ve Etkileri - **C. Erdem Hepaktan, İsmet Güneş**
593	Sosyal Hizmet Perspektifinde Göç Olgusu - **İshak Aydemir, Gülsüm Çamur Duyan**

İç Göçün Boşanma Üzerine Etkisinin Panel Veri Analizi ile İncelenmesi: Türkiye Örneği
(327) Murat Kuşlu, M. Yasir Altıntop (Celal Bayar University)

Bu çalışmada, iç göçün boşanma üzerindeki etkisini incelemek için Türkiye'nin iç göç, nüfus ve boşanma istatistikleri kullanılmaktadır. İç göçün boşanma oranına etkisini araştırmak amacıyla; analiz dönemi olarak verilerine ulaşılabilen 2008-2014 dönemi ele alınmıştır. Elde edilen veriler, panel veri analiz yöntemlerinden sabit ve rassal etkiler tahmin metodu uygulanılarak analiz edilmektedir. Çalışmada, bağımlı değişken olan boşanma düzeyinin belirleyicileri olarak alınan göç ve verilen göç verilerinin yanı sıra kontrol değişkeni olarak nüfus artışı değişkeni kullanılmıştır. Ayrıca cinsiyet ve eğitim durumu değişkenleri de incelemeye dahil edilmiştir. Rassal etkiler tahmin sonuçları, alınan göçün boşanma düzeyi üzerinde anlamlı etkisinin olduğunu göstermektedir.

***

Türkiye'de İç Göçün Sosyo-Ekonomik Sebepleri: Manisa İli Örneği
(340) Tuğba Ay, Özlem Zeybek (Celal Bayar University)

Bireyler, sosyal, siyasal, ekonomik, dini ve kültürel nedenlerden dolayı zorunlu veya gönüllü olarak yaşadıkları bölgeyi terk edip yeni bölgelere göç etmektedirler. Yaşanan bu göçler, genellikle gelişmekte olan bölgelerden veya ülkelerden, gelişmiş bölgelere veya ülkelere doğru gerçekleşmektedir. Dünyanın her yerinde göçler yaşanmakta ve göçlerin nedenleri hemen hemen aynı özellikler taşımaktadır. Türkiye'de de, Cumhuriyetin başlangıcından günümüze kadar, kırsal alanlardan kentlere doğru hızlı bir göç olayı görülmektedir. Özellikle, makineleşmenin arttığı, ulaşım ağının gelişip kırsal alanlara kadar ulaştığı 1950'li yıllardan sonra yoğun içgöç hareketleri yaşanmıştır. Yaşanan bu iç göçler ülkemizde birçok toplumsal ve ekonomik sorunlara yol açmıştır. Bu nedenle çalışmada, bir yandan Türkiye'de yaşanan iç göç hareketleri, göçlerin ortaya çıkış nedenleri ve sonuçları ele alınmış, diğer yandan ise, Manisa ilindeki göç hareketleri rakamlarla belirlenmeye çalışılmıştır Sonuç olarak, Türkiye'de ve Manisa'da yaşanan iç göç hareketleri ve beraberinde getirdiği ekonomik ve toplumsal sorunların çözülebilmesi, bunlara dönük bazı politikaların geliştirilmesi ve önleyici tedbirlerin alınması için önerilerde bulunulmuştur.

***

Türkiye'de 2008-2015 Döneminde İçgöç Hareketlerinin Ege Bölgesine Etkisi: Muğla İli Örneği
(341) Özlem Zeybek, Tuğba Ay (Celal Bayar University)

Göç, 21. yüzyılda sadece birkaç ülkeyi ilgilendiren bir sorun olmanın ötesinde birçok ülkeyi ilgilendiren bir dünya sorunu haline gelmiştir. Sorunun boyutu ve etki alanı ise bu konuda ülkelerin ekonomik, politik, sosyal, dini, vb. olmak üzere birçok alanda köklü düzenlemeler yapmasını hatta uluslararası kararlar alınmasını gerektirmektedir. Bu düzenlemelerin ve önlemlerin alınması gereken en önemli alanlardan birisi ise, göçün yarattığı ekonomi alanıdır. Bu ilişki içerisinde genellikle gelişmiş ülkeler göç alırken, gelişmekte olan ülkeler göç vermektedir. Göçü etkileyen başlıca ekonomik sebepler ise gelir, istihdam, beklentiler veya refah etkisidir. Bununla birlikte göçün kırsal kesimin ekonomik ve sosyal yapısı üzerindeki etkileri bölgeler arasında önemli farklılıklar göstermektedir. Marmara Bölgesi, Ege ve Akdeniz kıyılarında bulunan illerde köyler göç almakta iken, ülkenin kalan kısmıda ağırlıklı olarak göç vermektedir. Bu çalışma, Türkiye'deki göç olgusuyla sınırlandırılmış olup çalışmada, kavramsal olarak göç ve göç kavramlarına değinildikten sonra, Türkiye'deki göç olgusundan, göçlerin ortaya çıkış nedenlerinden ve sonuçlarından bahsedilmiştir. İkinci olarak ta, Ege bölgesine ait göç hareketlerinedeğinilmiş, ayrıcaMuğla iline ait göç rakamları verilerek, 2008-2015 yılları arasında Muğla'nın aldığı ve verdiği göç rakamları karşılaştırılmıştır.

***

Uluslararası Göçün Nedenleri ve Etkileri
(286) C. Erdem Hepaktan, İsmet Güneş (Celal Bayar University)

Göç kavramı ekonomik ve toplumsal olduğu kadar siyasal nedenlere bağlı olarak gelişen, insanların birey ya da grup yer değiştirme eylemi şeklinde tanımlanabilir. Göç kavramı içerisinde coğrafi yer değişikliği gerçekleşirken, yaşanan temel problem farklı geleneklere sahip bireylerin bir arada yaşayabilmesidir. Genel anlamda göç kavramı isteğe bağlı gerçekleşebildiği gibi zorunlu bir şekilde de gerçekleşebilmektedir. Tarihteki ilk büyük göç olayı Çinin egemenliğinden kurtulmak üzere dördüncü yüzyılın ortalarında batıya doğru yönelen Hunların Karadeniz'in kuzeyine yerleşmeleri neticesinde, bu bölgede yaşayan Cermen kavimlerinin uzun yıllar Avrupa kıtasına yönelmesidir. Kavimler göçü olarak tanımlanan bu süreç hem yeni ülkelerin hem de yeni şehirlerin oluşmasına yol açmıştır. Kristof Kolomb'un 1492 yılında Amerika Kıtası'nı keşfi sonrasında uluslararası göç kavramı deniz aşırı bir boyut kazanmıştır. Daha çok ekonomik nedene dayalı bu süreç ise deniz aşırı kapsamda uluslararası ticaretin doğmasına yol açmıştır. Ekonomik nedene bağlı göç kavramına bakıldığında birçok nedenin bu süreçte etkili olduğu neden olabilir. En başta gelen neden günümüze damgasını vuran küreselleşmedir. Küreselleşme, hem gelişmiş hem de gelişmekte olan ülkeler için uluslararası göçü hızlandırmaktadır. Bu durumun temel nedeni ise iş gücü hareketliliğidir. Birleşmiş milletlere göre, bir bireyin ülkesinden ayrılarak başka bir ülkede bir yıldan daha uzun süre yaşamayı planlaması uluslararası göç olarak tanımlanmaktadır. Ülke içinde ya da ülkeler arasında yer değiştirme olarak tanımlanan göç kavramı yukarıda belirtildiği gibi, genel olarak ekonomik, toplumsal ve siyasi nedenlere bağlı olmakla beraber günümüzde beyin göçü olarak tanımlanan eğitime bağlı bir göç şeklinde de gerçekleşebilir. Savaş, doğal afet, kuraklık, kıtlık gibi nedenlere bağlı olarak da gerçekleşebilir. Günümüzde yedi milyarı aşan dünya nüfusunun yüzde üçü doğduğu ülkeden farklı bir ülkede yaşamını sürdürmektedir. Bu oran küreselleşme olgusuna, itme-çekme kuramının sağladığı daha iyi koşulların yakalanması hipotezine, iş gücü hareketliliğine, beyin göçüne, daha iyi eğitim olanaklarının sağlanmasına ve savaş, doğal afet vb. nedenlere bağlı olarak giderek yükseleceği tahmin edilmektedir. Uluslararası sadece gerçekleşmekle kalmayan aynı coğrafi bölgede farklı kültür, alışkanlık ve davranışlara sahip bireylerin bir arada yaşamalarının getirdiği problemlerin devam ettiği bir süreçtir.

***

Sosyal Hizmet Perspektifinde Göç Olgusu
(593) İshak Aydemir, Gülsüm Çamur Duyan (Turgut Özal University)

Göç, insanlık tarihi kadar bilinen en eski toplumsal olguların başında gelmekte ve pek çok toplumsal sorunun ya nedeni ya da sonucu olmaktadır. Göç, psiko-sosyal nedenleri ve etkileri olan bir toplumsal sorundur. Bu bağlamda sosyal hizmet mesleği, toplumsal kaynak, hizmet, fırsat ve haklardan etkin yararlanamayan birey, aile, grup ve toplulumları refahı için psikolojik, sosyal ve ekonomik anlamda yapılan profesyonel mesleki yardım ve müdahaleleri içermektedir. Sosyal hizmetin en önemli amaçlarından birisi risk altındaki grupları (göçmenler, mülteciler, sığınmacılar, kadınlar, engelliler, yaşlılar, çocuklar, yoksullar, işsizler vb.) güçlendirmek ve onların savunuculuğunu yapmaktır. Zorunlu ve isteğe bağlı nedenlerle göç etmek başlı başına bir risktir. Göç olgusu sosyal hizmet mesleği açısından farklı düzeylerde ele alınması gereken bir olgudur. Mikro düzeyde göçten etkilenen bireyler ve ailelerle, mezzo düzeyde gruplarla ve makro düzeyde ise, toplulumlar, örgütler ve politika düzeyinde yapılan sosyal hizmet müdahaleleridir. Göçten etkilenen nüfus gruplarının sosyal hizmet bağlamındaki gereksinimlerinin araştırılması, belirlenmesi ve bu doğrultuda müdahale planlanması ve uygulanması sosyal hizmet uzmanlarının en temel görevidir. Sosyal hizmet mesleğinin bu alandaki temel rolleri göçmenlerin karşılaştıkları fiziksel (beslenme, barınma, giyinme, sağlık bakımı), duygusal (stress, depresyon, kaygı, anksiyete, öfke, saldırganlık gibi) ve sosyal (kültürel uyumsuzluklar, eğitim, maddi kaynak yetersizlikleri, toplumsal katılım sağlayamama, dışlanma, baskı, damgalanma, aşağılanma, işsizlik, yoksulluk, şiddete uğrama, ihmal ve istismara maruz kalma, insan ticareti mağduru olma ve sosyal güvence yoksunluğu gibi) sorunlarla başetmeleri için onları güçlendirmek, onların savunuculuğunu yapmak, toplumsal kaynak, hizmet, fırsat ve haklardan faydalanmalarını sağlamak amacıyla mikro, mezzo ve makro düzeyde mesleki çalışmalar yürütmektir. Bu çalışmanın temel amacı, göç olgusunu sosyal hizmet perspektifinde ele almak ve bu bağlamdaki sosyal hizmet mesleğinin mikro, mezzo ve makro düzeydeki müdahalelerini tartışmaktır.

***

SESSION 8E – Göç ve Sinema - II

	Room: SR 7
Chair	**Ahmet Beşe, Atatürk University, Turkey**
487	Minör Sinema Olarak Fatih Akın Filmleri - **Süleyman Kıvanç Türkgeldi**
499	Tunç Okan'ın Otobüs Filminde Türk Göçü İzlekleri -**Aycan Gürlüyer**
494	Fassbinder Sinemasında Göçmenlerin Öteki Bağlamında Sunumu: Korku Ruhu Kemirir - **Selami İnce**

Minör Sinema Olarak Fatih Akın Filmleri
(487) Süleyman Kıvanç Türkgeldi (Akdeniz University)

Gilles Deleuze ve Felix Guattari'nin "minör" kavramı küreselleşen, postkolonyal bir dünyanın içerisinde kimlik kavramına farklı bir yorum getirilmesine olanaklılık sağlamaktadır. Minör olanı major olanla doğrudan muhalefete sokmak yerine, onu majör dilden konuşturmak ve major olanı yersizyurtsuzlaştırmak, göç olgusuna ve ötekilik kavramına özgün bir noktadan yaklaşır. Bir anlamda müzikten alarak metaforize ettikleri minör ve majör kavramları, iki farklı gamın aynı tondan -ama minör olanın gamından- çalınması olarak düşünülebilir. Deleuze'ün "kaçış çizgileri" diyerek ifade ettiği düşüncesinin ve minör-majör olanın politik açıdan kesiştiği noktalardan biri de sanatsal üretimdir. Minör olmak, majör bir dili almak ve başka bir kimliği ifade edebilecek şekilde konuşturmak demekse, göç olgusunun kimlik, entegrasyon, arada kalmışlık, vb. sorunlarına bakışımızda minörlük kavramının sanatta tecelli ediş biçimleri incelenmeye değer gözükmektedir. Çünkü minör olmak; insanlığın tek bir temsile indirgenmesini değil, fark edilmeyeni yaratmak, fark çizgilerini olumlamak, ve bu fark çizgilerini, bütünün imkanlarını kullanarak farklı bir düzlemde farklı bağlantılara açma olanaklarını aramak demektir. Dolayısıyla Deleuze ve Guattari'nin edebiyat için kullandığı yersizyurtsuzlaştırıcı "minör" kavramı bu çalışmada sinema ve göç olgusu bağlamında düşünülmüş, "minör" bir sinema olanağı tartışılmıştır. Çalışma kapsamında Fatih Akın'ın filmleri incelenmiş ve "göç olgusunun sorunlarına değinen minör bir sinema örneği düşünülebilir mi" sorusuna cevap aranmıştır.

***

Tunç Okan'ın Otobüs Filminde Türk Göçü İzlekleri
(499) Aycan Gürlüyer (İstanbul Beykoz University)

1960'lı yıllarda başlayan Türkiye'den Avrupa ülkelerine göç, büyük umutlarla memleketinden ayrılıp tamamen yabancısı olduğu kültüre alışmak zorunda olan Türkler için bir dönüm noktasıdır. Bu göç/göçler sonucunda yaşananlar, sayısız yazınsal yapıta ve birçok filme konu olmuştur. 1974 yılı yapımı bir Tunç Okan filmi olan Otobüs, sahtekar bir şoförün dokuz erkeği Stokholm'e götürdükten sonra, tüm paralarını ve pasaportlarını alarak, onları şehir meydanında yapayalnız bırakmasını öyküler. Film kahramanlarının, "medeniyet"in ortasında bu süreçte yaşadıkları düş kırıklıkları ve acıklı öyküler, bunun gibi göç deneyimi yaşayan birçok Türk göçer/göçmen için çarpıcı bir örnektir. Bu bildiride, bir yandan Doğu Batı arasındaki uyumsuzluğun keskin hatlarıyla vurgulandığı Otobüs filmindeki göç izlekleri değerlendirilirken, öte yandan da kültürel çatışmalar filmdeki simgelerle çözümlenecektir.

***

Fassbinder Sinemasında Göçmenlerin Öteki Bağlamında Sunumu: Korku Ruhu Kemirir
(494) Selami İnce (İstanbul Büyükçekmece Belediyesi)

Rainer Werner Fassbinder'in "Angst Essen Seele Auf", Korku Ruhu Kemirir filminde, Almanya'da 2. Dünya savaşı sonrasında ortaya çıkan "yabancı işçi" veya "yabancılar" konusu ötekilik fenomeni olarak ele alınmaktadır. Film, Faslı göçmen işçi Ali ile 60 yaşın üzerindeki Alman temizlik işçisi Emmi'nin toplumsal – kültürel ayrımcılık nedeniyle yaşanması imkânsız hale gelen aşklarını konu edinmektedir. Fassbinder, Ali ile Emmi'yi sınıfsal olarak eşitlerken, aralarına yaş ve etnik farklılıkları yerleştirir. Emmi, yaşlı, beyaz ve Almandır; Ali ise, genç, siyah ve Faslı. Böylelikle karakterler arasındaki ilişkiyi toplum açısından kabul edilemez hale getirir. Gerçekten de Emmi'nin evine taşınan Ali, hem Emmi'nin çocukları hem de arkadaşları tarafından dışlanır, komşular ve mahalle marketinin sahibi bile bu ilişkiye karşıdır. Emmi - Ali ilişkisi, baskıcı, önyargılı ve ayrımcı Alman toplumundaki engelleri aşıp evlilikle sonuçlansa da, Fassbinder, Alman toplumundaki dışlayıcılık kadar, karakterlerin kendi içlerindeki engelleri de görünür kılmaya çalıştığı için, ilişki hüsranla biter. Film, çok kültürlülük, farklı kültürlerin bir arada yaşaması, hâkim kültür tartışması, cinsel ya da etnik açıdan öteki olanın hakim kültürle ilişkileri açısından keskin toplumsal eleştiri ve tartışma noktaları içerir. Ali ve Emmi, kültürel ve toplumsal tutuculuğu adeta hafife almış, çevrelerindekilerin ekonomik ve günlük çıkarlar uğruna kendileriyle ilişkiyi düzeltmesini toplumun kendilerini kabul etmesi olarak görüp yanılmışlardır. Toplumsal geleneklerde, ikilinin birlikte olmasıyla açılan gedik Ali'nin evi terk etmesiyle kapanmıştır. Fassbinder, "ötekileri" anlatırken, ötekiler içinde de "en alttakilerin" olduğunu göstermiştir. Emmi, dul, yaşlı, yoksul bir temizlik işçisi iken Alman toplumuna göre "öteki"dir, ancak Alman olduğu için Ali'ye karşı iktidar taşımaktadır. Ali, genç olsa da Faslı bir siyah olması nedeniyle Almanya'da tam "öteki"dir. Ama yaşlı ve yoksul Emmi karşısında, fiziki olarak iktidardadır. Film, ötekilik, yabancılık ve etnik farklılıklar açısından çok katmanlı tartışma noktaları sunmaktadır. Çalışmada savaş sonrası Almanya'da var olma savaşı veren ilk göçmelerin karşılaştıkları güçlükler film üzerinden analiz edilecektir.

***

SESSION 9A – Identity, Migration, Diaspora

	Room: SR 3
Chair	**Fuat Güllüpınar, Anadolu University, Turkey**
199	An Essay of Meta-Analysis on Seeking Identity of Euro-Turks - **Yakup Çoştu, Feyza Ceyhan Çoştu**
351	'The right to have rights' vs. The Recognition of the Alevis´ Rights - **Deniz Coşan Eke**
401	Crossing Borders-Negotiating Identities in Transnational Spaces: the Case of Bulgarian Turks in Germany - **Hande Erdem**
162	Reflections on the Self-Identifications and Cultural Practices of Turks and Kurds in London - **Olgu Karan**
566	Attitudes of tradesmen towards Somalian asylum seekers - **Veli Duyan, Tuba Yüceer Kardeş, Münevver Göker**

An Essay of Meta-Analysis on Seeking Identity of Euro-Turks
(199) Yakup Çoştu, Feyza Ceyhan Çoştu (Hitit University)

The concept of 'Double-Consciousness' is a significant conceptualization based on a study named 'The Souls of Black Folk' published in 1903 by an Afro-American sociolgist

W. E. B. Du Bois. He uses double-consciousness term for defining socio-psychological results of social and structural differences between black and white people in the USA. This concept stresses that black people consider themselves both in and out of the white society; therefore, as an identity they have double-consciousness or divided into two parts between their own identity and the one they are exposed in the society they live in. The term, which Du Bois brought into the social science literature, became very popular among other social scientists and used very frequently for analysing the immigration circumstances. In this paper, it is suggested that identity description of the first, second, third and other generations of Euro-Turks can be analysed within the context of one-consciousness, double-consciousness and one-consciousness conceptualizations by putting double-consciousness into the centre. In this analysis, meta-analysis method will be used in the light of the findings obtained in field research about Turkish immigrant population settled in several European countries such as Germany, French, England, Belgium and Denmark etc. In this context, it is thought that one-consciousness refers to the identity of the first generation brought from homeland, double-consciousness refers to the identity of the second and/or the third generation seesawing between two worlds and again one-consciousness refers to the identity of the third or the next generation losing their own ethnic culture and having a new identity in the host country. Each level of consciousness is thought to have different profiles due to several factors such as the social identity and belonging definitions of immigrant communities and their settlement, socio-cultural and economic status, civil organization style, integration process and culture of living together in the host country. Undoubtedly, to verify these conceptualizations it must be stressed that some more specific field research is strongly needed.

***

'The right to have rights' vs. the Recognition of the Alevis' Rights
(351) Deniz Coşan Eke (University of Munich)

Hannah Arendt, who inquires into conditions of rightlessness for the people that lost theirinalienable human rights, analyzes political exclusion from the philosophical perspective in herbook "The Origins of Totalitarianism" (1968). She mainly criticizes the International Human Rightslaw for holding rights of human as rights of only citizens belonging to a state. Moreover, she arguesthat the law should be understood as regulator of different domains of power (Birmingham, 2006). Since she states that both all members of a nation-state posseses "the right to have rights" and thecommon human rights law also regulates only the citizenship rights. What it is more critical in herargument, for the purposes of this paper, is how we can analyze the increasing political presence ofimmigrants in Europe and the demand for the recognition of cultural, religious and ethnicdifferences in the forms of post-national politics. The demand of recognition is not always seen as apart of the citizenship rights even though the meaning of recognition is formed by the legal andpolitical institution. In fact, the juridical and political distinction between citizens and non-citizenstoday acquire a different character by means of the new social movements. In the light of thiscontext, in this paper, the Alevis who are the struggle for recognition as a religious and culturalgroup and their diasporic movement in transnational social space will be analyzed.

***

Crossing Borders-Negotiating Identities in Transnational Spaces: the Case of Bulgarian Turks in Germany
(401) Hande Erdem (Free University of Berlin)

As a minority group, Turks in Bulgaria were exposed to repressive and assimilative politics of the communist regime until 1989, including forced emigration from Bulgaria. Previously, their migration flowed primarily to Turkey, which they perceived to be their true, ancestral homeland. In the post-socialist period, especially after Bulgaria's entry into the EU in 2007, the direction of their migration turned to Western Europe. Additionally, those who had immigrated to Turkey in recent years and had acquired dual citizenship (Bulgarian-Turkish) started to emigrate from Turkey to EU countries, as well. This study aims at understanding the reasons and meanings attached to these new immigration flows of Bulgarian Turks to Germany and their ethnic, national and European identity (re)negotiations and (re)constructions across borders. To achieve this objective, qualitative methodology is applied, including semi-structured interviews with Bulgarian Turks, which were conducted during one month of fieldwork research in the cities of Frankfurt am Main and Berlin, Germany. Through a transnational perspective, their ethno-cultural, religious identities are framed within triadic attachments to the country of origin (Bulgaria), the kin-state (Turkey) and the host country (Germany), as well as to their relations with their ethnic kin (Turks from Turkey). The national and supra/trans-national European identity negotiations of Bulgarian Turks are examined through their reported experiences and perceptions as Bulgarian citizens and EU foreigners in the context of migration.

***

Reflections on the Self-Identifications and Cultural Practices of Turks and Kurds in London
(162) Olgu Karan (London Metropolitan University)

This paper focuses on the changing and shifting cultural practices and identifications of Kurdish and Turkish (KT) communities in London. It argues that the re-enactment and dissolution/persistence of ethnic collective identity and cultural practises are dependent upon structural changes characterizing British cities and the structure of the groups. Depending on a field study consisting of 60 in-dept interviews, including, restaurant, off-licence, kebab-shop, coffee-shop, supermarket, wholesaler owners and various community organisations, this paper draw the conclusions that identification of shared interests and interest alignment constructed in the UK promotes the construction of new identities, and transposition and/or dissolution of cultural practices brought from the home country, which may be helpful to overcome various problems of the KT communities in London.

***

Attitudes of tradesmen towards Somalian asylum seekers
(566) Veli Duyan, Tuba Yüceer Kardeş, Münevver Göker (Ankara University)

Due to insufficient institutional state structure in Somali, unfounded civil peace and piracy, Somalians were forced to migrate and they requested asylum to Turkey by 1999. In 2009, they settled in the city of Isparta, Turkey. Isparta was designated as one of the "satellite town for refugees". According to the data of the Foreigners Unit of Isparta Police Department, the population of refugees of African and Asian origin in Isparta is 1080. This is a big number for a small homogenous city like Isparta. In this respect, it is important for Somalian asylum seekers to be integrated into the population. For this reason, the attitudes of the local people are very significant. In the scope of the study, a questionnaire that is designed by the researchers will be applied. The target population of the study is the tradesmen in Üzüm Market in Isparta. We are expecting to reach at least 100 tradesmen. The tradesmen in this market are selected as the target group because they are the people who are in day-to-day contact with Somalian asylum seekers. The ultimate goal of this study is to reveal the attitudes of tradesmen towards Somalian asylum seekers. This study will contribute to the literature on intercultural process between the host community and asylum seekers. Moreover, this study might shed light on the future policies for asylum seekers since Somalians are one of the oldest community of asylum seekers in Turkey.

***

SESSION 9B – Movers and Integration

	Room: SR 4
Chair	Apostolos Papadopoulos, Harokopio University Athens, Greece
214	A New Exploited Class: Syrian Migrants - Uğur Altıntaş, Hasan Boynukara
264	Integration of Syrian Refugees in Turkey: Football as a Useful Channel and Medium? - K. Onur Unutulmaz
338	Nigde University Foreign Students's Life Style and Social Values - Ümran Akdağcık, Bayram Ünal
394	Turkey's Policy on the Employment of Syrian Refugees and Its Impact on Turkish Labour Market - Cihan Kızıl
129	Transit Guest or Transit Residents: Iranian Refugees in Niğde, Turkey – Gamze Polat, Bayram Ünal

A New Exploited Class: Syrian Migrants
(214) Uğur Altıntaş (Kırklareli University), Hasan Boynukara (Namık Kemal University)

The concept of 'migration' is not new to Fertile Crescent and Anatolia. In a very broad sense, migration may be considered as a movement of a community from one place to another in a great scale (Çetin, 2012). In such a globalized world of today, it is a widely accepted view that effective domain of migration is not just limited to the community on the move and the folks on the route; it is a global-scale issue. Owing to its location between East and West, Turkey had already been receiving many asylum-seekers from Iraq and Iran; and most recently Syria has been added to this list. Syrian refugee crisis is felt deeply in Turkey as it does not only play a role as a route but functions as the transit camp as well. As a result of holding such a role, Turkey stands as one of the main actors being affected by the badly-treated immigration, which would be otherwise if it were organized with a collaboration of all actors involved. Upon the flood of people from Syria, Turkey is facing three interrelated issues which are (a) the emergence of a new exploited class made out of Syrian refugees who try to make a living for their children and families, (b) racism against Syrians, and (c) as an inner dynamic, emergence of a new Syrian identity. The first issue listed is not just limited to inhumanely low payment, but there is also the issue of honor considering the fact that 75 percent of the refugees are reported as women and children. They are intended to be sexually abused –some are successful attempts-, both by Turkish males and by Syrian human smugglers (Zaman, 2014). Secondly, in the middle of harsh feelings of being homeless, hopeless, and isolated, Syrians are also targeted with the hardcore racist discourse and activities, as well as harsh living conditions in the Turkish economics (Çetin, 2016). Partly as a result of this racist discourse, Syrians feel the loss of identity; simply, they are not Syrian any more, nor are they Turkish, not even refugees with rights. This temporary loss of identity –both mentally and bureaucratically- (The Economist, 2014) may give way to a new ethnicity-based clique of Syrians. Physically, mentally and sexually abused, Syrian asylum seekers are looking for hope which they have already lost, just before the eyes of the actors who simply watch the situation.

***

Integration of Syrian Refugees in Turkey: Football as a Useful Channel and Medium?
(264) K. Onur Unutulmaz (Social Sciences University of Ankara)

With no short term end to the ongoing bloody conflict in Syria in sight, it appears increasingly obvious that a sizable part of some 2,5-million Syrians who moved in the past 5 years to Turkey will remain in the country for the foreseeable future and might very well turn out to be permanent settlers. It is, therefore, absolutely essential for Turkish government to acknowledge this reality and take urgent measures to ensure effective integration of Syrians. This paper proposes to consider the medium of sport, more specifically football, as a useful platform for effective integration policies providing both a convenient tool for engaging the increasingly diverse Syrian communities all over Turkey and a familiar social field in which Syrian refugees could manifest, re-produce and represent their ethnic, cultural, and national identities in their new diasporic context. It will be argued that there have been many successful programs and projects in Europe and North America where sports have been used for engaging immigrant and minority communities for integration purposes. The paper will further consider the various implications of adopting such policies and practices in the Turkish context vis a vis the Syrian communities in terms of social, cultural, and psychological integration as well as prevention of social exclusion and marginalization of youth which could provide fertile ground for radicalization and recruitment by terrorist organizations. The theoretical part of the paper will rely on the migration and immigrant integration literature as well as a review of the existing integration policies and programmes in the Western world utilizing sports. Primary data from the field will also be presented as there are several NGOs in Hatay and Gaziantep provinces which have established amateur football teams and are already using the attractiveness of football as medium to reach out to young and disfranchised Syrians and give them an outlet to socialize, mentally move away from their post-traumatic experiences, and have aspirations for their future. In-depth interviews with the key actors from these NGOs as well as the involved Syrian refugees will provide the empirical component.

***

Nigde University Foreign Students's Life Style and Social Values
(338) Ümran Akdağcık, Bayram Ünal (Niğde University)

Değerler, sosyal bilimlerde ortak bir çerçeve olarak sunulmasa da başta Sosyoloji, Psikoloji ve Antropoloji gibi bilimlerde ve bu bilimlerin genel çerçevesini kullanan Spor Yönetimi ve Bilimleri gibi alt disiplinlerde önemli bir çalışma konusudur. Zira spor tek başına fiziksel hareketlerle sınırlı olarak ele alınamaz. Dönemsel olarak toplumsal değişimin dinamiklerini anlamak üzere yapılan çalışmaların hemen hemen tamamında toplumsal motivasyonun ölçüm aracı olarak değerler kullanılmaktadır (Schwartz 2012). Dolayısıyla değerler burada gerekenin kaynağı olarak referans verilen bir çerçeve olarak karşımıza çıkmaktadır (Avallone vd., 2010). Zira değerlerin içeriği ve sınırları üzerinde ortak bir mutabakat olmamasına rağmen, değerlerin insanların yaşam biçimleri üzerinde belirleyici bir etkisi yadsınmamıştır (Schwartz, 2006). Birey yaşam biçimini organize ederken, nasıl ve kiminle ne zaman ve nerede davranacağını belirlemede sürekli olarak değerlere referans vermektedir. Bu çalışmalar genellikle, sadece değerlerin ölçülmesi ile sınırlı kalmakta ama değerlere bağlı olarak gelişen davranış ve algı biçimlerine tam anlamıyla odaklanmamaktadır. Gündelik yaşamda somutlaştırabildiğimiz bireysel davranışlarımızın, toplumsal yaşantımızda soyutlaştırdığımız değerlerle birlikte geleceğin kuruluşunda ne kadar ilintili olduğu önem kazanmıştır. Ve bu çalışmada bu ilintinin dinamik ve örüntülerinin izlerini sürmeyi amaçlıyoruz. Çalışmamızda aynı önemde, yaşam biçimi olgusunun temel dinamikleri salt ekonomik belirleyicilikten kurtarılarak, kültürel belirleyicilik alanına doğru taşınmaktadır. Bu çalışmada Schwartz'ın Değerler Teorisine bağlı kalarak, Morris'in Yaşam Biçimi ölçeğine odaklanılmaktadır. Niğde Üniversitesi Beden Eğitimi ve Spor Yüksek Okulu öğrencilerinin diğer fakülte ve Meslek Yüksek Okulu öğrencilerine kıyasla yaşam biçimine atfettikleri öncelikleri ve değerler hiyerarşisini anlamaya çalışacağız.

***

Turkey's Policy on the Employment of Syrian Refugees and Its Impact on Turkish Labour Market
(394) Cihan Kızıl (İstanbul University)

After the start of the Syrian Crisis in 2011, Turkish authorities coined the term 'guest' for Syrian refugees. However, in a short span of time, it became apparent that this 'visit' of Syrians and refugee influx would not end anytime soon. This situation brings the employment problem into the question, considering that Turkey hosts nearly 3 million Syrian refugees. Even though Syrians already take part in the workforce, they are largely employed illegally and often paid very low wages. In a major shift of policy, Turkey has started to offer Syrian refugees work permits. Through the latest regulation, registered Syrian refugees who have been in Turkey for at least six months are allowed to apply for work permits in the province where they first registered. This study aims to examine current impact of Syrian refugees on the Turkish labour market at regional level, and to predict possible changes in the wages of local population and local unemployment levels after the Turkish government grants Syrians the right to work.

***

Transit Guest or Transit Residents: Iranian Refugees in Niğde, Turkey –
(129) Gamze Polat, Bayram Ünal (Niğde University)

This study focus on the socio-economic adaptation of Iranian Asylum-Seekers in Nigde Turkey. The issue is mostly related with two motivations: First of all, most of the Iranians whose religious beliefs are distinct from orthodox Islam are likely under the state's pressure therefore they are willing to leave the country. Second motivation is related with the destination countries in which they have their social and psychological contacts. However, Turkey is in the transit positions where all Iranian have been waiting until their paper works have been done. Duration of their stay here in Turkey mostly starts from the city of Van in the South Anatolia and then ends up in Nigde where the official interviews are undertaken with UN. These two semi-destinations however, must not be underestimated. Most of the people stay in the first destination, Van, for more than a five years then in the second destination, Nigde, up to two years. During their stay, albeit the transit nature of the migration, Iranians have been involved in everyday life in Turkish cultural and social environment. Most of the Iranians have developed direct or indirect contact with Turkish communities. Therefore, two major levels have to be regarded as social and cultural issue. One of these is the level of their social, cultural, economic and personal adjustment. The second is the major societal constrains of their interaction between and within communities. The data will be gathered through both questionnaires and deep interviews with Iranian Asylum-Seekers residing in Nigde. The sample will be constructed through snowball techniques. ***

SESSION 9C – Attitudes and Perceptions

	Room: SR 5
Chair	**Ali Faruk Yaylacı, Recep Tayyip Erdogan University, Turkey**
371	Attitudes of Shopping Mall Workers Towards Somalian Asylum Seekers - **Elif Gökçearslan Çifci, Burcu Özdemir, Ezgi Arslan, Fulya Akgül Gök**
417	Discrimination, Stereotypes and Social Inclusion of Roma in Sakarya (Turkey) - **Özge Burcu Güneş**
155	Democracy Perception Life Sytles and Values - **Mehmet Evkuran**
561	The image of "Turk" in Polish literature during the 'Great Emigration' of Poles - **Özlem Akay-Dinç**
543	Attitudes of Turkish Youth Toward Syrian Refugees in Respect to Youths' Gender, Income, Education, and City: A Scale Development Study - **Ulaş Sunata, Seray Çağla Keleş, Tuğçe Aral, Muazzez Yıldırım, Ece Kurtoğlu**

Attitudes of Shopping Mall Workers Towards Somalian Asylum Seekers
(371) Elif Gökçearslan Çifci, Burcu Özdemir, Ezgi Arslan, Fulya Akgül Gök (Ankara University)

Due to insufficient institutional state structure in Somali, unfounded civil peace and piracy, Somalians were forced to migrate and they requested asylum to Turkey by 1999. In 2009, they settled in the city of Isparta, Turkey. Isparta was designated as one of the "satellite town for refugees". According to the data of the Foreigners Unit of Isparta Police Department, the population of refugees of African and Asian origin in Isparta is 1080. This is a big number for a small homogenous city like Isparta. In this respect, it is important for Somalian asylum seekers to be integrated into the population. For this reason, the attitudes of the local people are very significant. In the scope of the study, a questionnaire that is designed by the researchers will be applied. The target population of the study is the shopping mall workers in Isparta. There are two shopping malls in Isparta, which are IYAŞ AVM and Centrum Garden. We are expecting to reach at least 100 shop keepers. The shop keepers in this market are selected as the target group because they are the people who are in day-to-day contact with Somalian asylum seekers. The ultimate goal of this study is to reveal the attitudes of shopkeepers in shopping malls towards Somalian asylum seekers. This study will contribute to the literature on intercultural process between the host community and asylum seekers. Moreover, this study might shed light on the future policies for asylum seekers since Somalians are one of the oldest community of asylum seekers in Turkey.

***

Discrimination, Stereotypes and Social Inclusion of Roma in Sakarya (Turkey)
(417) Özge Burcu Güneş (Graduate Institute of International and Dev. Studies & Institut für die Wissenschaften vom Menschen)

Research on social exclusion of Roma in Turkey considers exclusion in the realm of employment as the severest and the most difficult area for policy intervention. Roma experience high levels of unemployment and encounter discrimination at job applications. Many of them work in informal jobs and their access to social security is limited, therefore they are at risk of individual and external shocks. In order to tackle social and economic inequalities and promote dialogue between Roma and State authorities, Turkish government launched an initiative in 2010 and started to develop policies targeting Roma. Sakarya is one of the provinces where general inclusion policies and Roma-specific programs have been implemented. Based on qualitative field research I conducted in Sakarya in 2012 and 2013, this paper will analyze how and to what extent stereotypes and prejudices towards Roma shape social inclusion schemes and impact on Roma's access. It will focus specifically on cash and in-kind transfers, as well as employment and skills development programs. It will argue that Roma's access to these schemes is limited not only due to general characteristics of the welfare system in Turkey but also because of historically constructed stereotypes of 'Gypsy/Roma.'

***

Democracy Perception Life Sytles and Values
(155) Mehmet Evkuran (Hitit University)

People look at the world through cultural systems to which they belong. Each culture occurs as a result of traditionalisation of some particular historical-social experiences. The tools such as education, art and literature institutionalize and deepen and continuity it. Culture obtains and improves introverted or outward features depending on the social and political developments. Some situations like cultural encounters and rapid social changes, makes jarring impacts on the culture. Identity crisis, alienation, violence and fanaticism are typical results of this. To produce violence for itself or for others is an unnatural and unintended case for culture. Identities feel insecure and develop conflictive reflects in face of the attacks of an another culture. The reflections this on social and of daily life are increasing of violence and of popularization of otherization. The processes of globalization have added new ones on modern unresolved issues. Local identities are forced to express themselves in the global arena. There is an intense competition in the global carnival which identity of the culture holds sway in it. Old -new, modern-postmodern all the means and possibilities are used by identities. This table has leds to unexpected problems that not only the new identity but the world is not ready. Democratic culture contains empathy, understanding, folded and their emotions get the bottom which the living together needs. Democracy education is a process in which children learn these values effectively and prepare for the pluralistic world. It is assumed that the cultural interaction strengthens democracy. But like Zizek remarks that more interaction does not always support understanding and empathy, on the contrary commoves the conflicts. In the West and East, identities select and locate on specific regions and this situation increases the ghettoization. Mutual ghettoization feeds fanaticism and violence. The way to prevent is to use state authority properly and stand at an equal distance against of identities and values and make arbitration. But the globalization has eroded the concept of the nation-state. The paradox is that there is urgent need of state-nation but it's gone. It's very important that the identities produce the values related with co-existence and care for the World. Religious education is the process people built their own beliefs and values. How and with point of view the religion is taught is not only problem for it's believers but for others who share same social and public space. In this study, the foundations of religious education in changing world, religion-world relations will be discussed and some proposals will be suggested for a democratic and free world.

***

The image of "Turk" in Polish literature during the 'Great Emigration' of Poles
(561) Özlem Akay-Dinç (Niğde University)

By the end of the 18th Century, Poland i.e. Polish-Lithuanian Commonwealth had experienced three partitions and after the third partition she was completely divided between Russia, Prussia and Austria. Having no land, Poles had to immigrate to various countries, including Ottoman Empire, and carried out their cultural and political activities in these countries. This period called "Great Emigration" ("Wielka Emigracja") was the period when Poles were looking for a way to rebuild their state. The majority of Polish intelligentsia settled in Paris and established their government in exile. The leader of the government, Prince Adam Czartoryski has assigned ambassadors in Istanbul and London. France and Turkey were two states that have the power to help resurrection of Poland after the partitions. In this study the transformation of the negative image of "Turk" that is in accordance with the political changes of the time will be examined through literal and historical documents in 19th Century.

***

Attitudes of Turkish Youth Toward Syrian Refugees in Respect to Youths' Gender, Income, Education, and City: A Scale Development Study

(543) Ulaş Sunata (Bahçeşehir University), Seray Çağla Keleş (Bahçeşehir University), Tuğçe Aral (Koç University), Muazzez Yıldırım (Bahçeşehir University), Ece Kurtoğlu (Bahçeşehir University)

There has been increased migration from Syria to neighbouring countries since the emergence of civil war in March, 2011. Thus, the present study aimed to develop an attitude scales to examine young generations' attitudes toward Syrian refugees regarding youths' gender, income, education and city they lived. The research was conducted with the participation of 638 young adults, aged between 18-35, from 51 different provinces of Turkey. As a result of factor and reliability analysis, Attitudes toward Syrian Refugees Scale (ATSRS) was developed based on integrated threat theory and finalized with 26 items loading one factor. The results revealing group variations indicated significant difference among the young adults with various education levels. Consistent with the literature, young adults with post graduate education demonstrated less negative attitudes towards Syrian refugees compared to high school and undergraduate degree holders. Additionally, cities clustered in two different ways indicated contaradictory results. Categorizing cities based on the number of refugees showed that the higher the number, the more postive attiudes was held by the inhabitant population. Classification of the cities depending on the ratio of refugee population on overall population of the cities showed that young adults living in cities with high refugee ratio demonstrated significantly more negative attitudes towards refugees. Results were justified by the contact theory and group conflict theory respectively.

***

SESSION 9D – Göç ve Kentleşme

	Room: SR 6
Chair	M. Murat Yucesahin, Ankara University, Turkey
154	Göç ve Kentlileşme - **Gülsen Demir**
246	Kentleşmede Göçün Rolü - **Azize Serap Tunçer, Albeniz Tuğçe Ezme**
354	1980 Sonrası Türkiye'de Büyük Kent Sorunu ve Göç Olgusu - **İbrahim Erol, Ece Demiray Erol**
121	Role of Migration in Formation of Civilizations - **Mehmet Azimli**
577	The Theme of Rural Migration in the 17th and 18th Century Ottoman Political Thought - **Mert Can Erdoğan, Ayşe Asude Soysal Doğan**

Göç ve Kentlileşme
(154) Gülsen Demir (Adnan Menderes University)

Türkiye de dünyadaki benzer oluşumları yoğun olarak yaşamış bir kentsel coğrafyaya sahiptir. Özellikle 1980 sonrasındaki kırdan kente göçün asli unsurunu oluşturan kürt kökenli vatandaşların oluşturduğu ayrıksı yaşam alanları, temeldeki dilsel ve ırksal farklılığın kentsel yaşamda nasıl bir karşılığının olduğu ve bu unsurların "ayrıksı yaşam alanlarının kültürel inşasında" işlevsel olup olmadıkları, bu araştırmanın temel çıkış noktasıdır. Araştırma boyunca "bütünleşmeye dayalı sosyal değişme sürecini" analiz etmeye çalışarak, özellikle "gettolaşmada işlevsel olduğu düşünülen 1980 sonrası kürt kökenli vatandaşların göçleriyle oluşan ayrıksı yaşam alanları" irdelenmiş ve mevcut koşulların, temelde bütünleşen ve bütünleş(e)meyen göçmenlerin karşılaştırılmasıyla, gettolaşan yönde göstergelerinin olup olmadığına karar verilmeye çalışılmıştır. Göçle gelen nüfusun kentle bütünleşme sürecini/sorunsalını ele alan bu çalışma, farklı dönemlerde Aydın'a gelmiş ve göç dönemlerine göre merkez ilçe sınırları içinde yerleşmiş oldukları iki ayrı göçmen bölgesinde gerçekleştirilmiştir. Araştırmada 1980 öncesi ve 1980 sonrası farklı mekânsal yerleşimlerdeki iki farklı göçmen bölgesi karşılaştırılmış ve bu karşılaştırmaya bağlı olarak bütünleşme sorunsalı, dönemlere göre büyük farklılık taşıdığı tespitinden hareketle, "sosyal değişme sürecinin şekli ve hızıyla ilgili olarak" ortaya konulmuştur.

***

Kentleşmede Göçün Rolü
(246) Azize Serap Tunçer, Albeniz Tuğçe Ezme (Ahi Evran University)

Göç, günümüzün giderek kozmopolitenleşen dünyasının en önemli olgularından biri. Hardt ve Negri'ye göre, "dünyanın üzerinde bir hayalet dolaşmaktadır ve bu göç hayaletidir". Minc'e göre ise, Avrupa'da gerçekleşen göç dalgası açıkça bir "domino oyunu"dur. Minc'in "domino" kurmacasında, önce ülke içinde kırsal alandan kentsel alanlara yönelen göç akımı, daha sonra ülkelerin sınırlarına ulaşmakta; bu sınırlar da birer domino taşı işleviyle, her taş bir diğer taşı/sınırı yıkarak sürmektedir. Bu çalışma, çağdaş Türk edebiyatındaki göç ögelerini irdelemektedir. Önce romanlarda göçmenlerin duygu dünyasının anlatımı taranacak, Murathan Mungan'ın, "Lal Masallar"ındaki karakterinin, "sen bir bey kızısın, ben bir oba uşağı, dünyadaki yerimiz birbirin tutmaz; mezhebimiz bir değildir, nikahımız tutmaz; ben bir göçerim, sense bir dağlı, mekanımız tutmaz" yakınısı ve Ayla Kutlu'nun "Göçmen Bir Kuştu O", romanı, göçe dair en etkili cümleleri ile çalışmada değerlendirilecektir. Çalışmanın temel inceleme eseri ise, Orhan Pamuk'un "Kafamda Bir Tuhaflık" isimli romandır. Romanda, İstanbul'un gecekondulaşma, yoz bir kentsellik üretme aşamalarına dair naif bir öykü anlatılmaktadır. Öykünün odağında, 1960 darbesinden 3 yıl sonra köylerinden çıkıp İstanbul'a göçen kardeşler ve onlarla ilişkideki birçok göçmen kesimi bulunmakta; tarafların, kentsel sisteme uyumlarına göre kentte varoluşlarındaki farklılıkları vurgulanmaktadır. Göçmen kardeşlerin, yazarın "Kültepe" ve "Duttepe" olarak adlandırdığı bölgelerde arsa çevirmeleri, dönemin popüler söylemi olan "imar affı" uygulamaları üzerinden kurulan siyasi nüfuz ilişkileri ve mafyatik ögeleri, zenginleşen ve fakir kalan grupların sosyo-politik çözümlemeleri yapılmaktadır. Romanda ayrıca göçün çevresel baskıları, "1950lerde Ortaköy'den Boğaz'a dikilen ve adı Buzludere'den oluşan nehrin 15 yılda civar tepelere yerleşen 80.000 nüfus ve irili ufaklı sanayi tesislerinin kiri yüzünden adı Bokludere'ye dönüşmesini takiben üzerinin betonla kapatılması" örneğiyle somutlanmaktadır. Siyasi popülizm ise, "1965 seçimleri sırasında hazine arazisi çevirenlerin" muhtarlık, uyanık inşaat malzemesi satıcıları, polis ve iktidar partisi ilişkileri çerçevesinde detaylandırılarak; Gazi mahallesi örneği ile çerçevelenmektedir. Göçen kardeşler arasında, sistemle uzlaşarak değişimi erken gerçekleştirebilenler bu süreçten pay alırken, romana adını veren "kafasındaki tuhaflığı" (kırsallığı) aşamayan kardeş ise "boza ve pilav satıcılığı" gibi marjinal sektörün bir parçası olarak tutunmaya çalışmakta ve diğerleri kadar başarılı olamamaktadır. Bu anlamda roman kentleşmenin "iç göç" boyutunu tüm geniş çerçevesi ile okuyucuya sunmaktadır. Sonuç itibariyle yazarın bir diğer eseri olan Masumiyet Müzesi'nde "kentsoylu İstanbullu" anlatılırken, bu romanda "gecekondulu/göçmen İstanbullu" anlatılmaktadır. Çalışmanın diğer edebiyat incelemesi ise Alev Alatlı'nın "Yaseminler Tüter mi Hala?" romanı üzerinedir. Bu eserde de Kıbrıslı bir Rum kadının, önce bir Türkle evlenerek din değiştirmesi, sonra bir iftiraya uğrayarak, toplumundan dışlanması ve Selanik'e göçmek zorunda kalması, bu kez de göçmen bir

Anadolu Rum'uyla evlenerek geçmişini saklamasının trajik öyküsü anlatılır. Bütün bu göçlerin yarattığı ruh parçalanması ve göçlerle şekillenen sosyo-kültürel yapı dönüşümleri edebi bir dil ve kurguyla sunulmaktadır. Öyle ki, adanın Rum kabul edilişi, tarih boyunca adaya göçmüş tüm diğer ırklar vurgulanarak şiddetli şekilde sorgulanmaktadır. Günümüzün temel yaşam tarzının kentlerde kurulması gerçeği, göçen insanların sosyo-ekonomik işlevlerini her yönüyle değerlendirmeyi gerektirmektedir. Türk insanının genetiğinde var olduğunu ileri sürebileceğimiz göçmen karakteri ve devingen doğası, geleceğin dünyasının şekillenmesinde etkin bir rol oynayacağını ileri sürmemiz için yeterli veri sunmaktadır. Bugün Maalouf, göçmenin "ikili dünyası"nın önemini vurgulamakta, sosyal sermaye yazını ise artarak bu grupların değerlerine dair olumlamasını sürdürmektedir.

***

1980 Sonrası Türkiye'de Büyük Kent Sorunu ve Göç Olgusu
(354) İbrahim Erol, Ece Demiray Erol (Celal Bayar University)

Türkiye'de 1980 sonrası değişen bölgesel politikalar çerçevesinde büyük şehirlerin nüfusları aşırı bir biçimde artmıştır. Türkiye'deki göç hareketlerinin artışında Neo-liberal politikalar ve küreselleşme hareketleri etkili olmuştur. Bu göç olgusunun perde arkasında büyük kentlerdeki daha iyi yaşam koşullarının varlığı, yeni iş fırsatları, eğitim ve sağlık hizmetlerinden daha iyi yararlanma ile kültür olanakları ön plana çıkmaktadır. Bu çalışmanın amacı büyük kent sorununu analiz etmek, büyük kentlerin olumlu ve olumsuz etkilerini tartışarak optimal şehir büyüklüğünü ortaya koymak ve bu çerçevede göç olgusunu değerlendirmektir. Değerlendirmeyi zorlaştıran en önemli etken bu alandaki çalışmaların çok az olmasıdır.

***

Role of Migration in Formation of Civilizations
(121) Mehmet Azimli (Hitit University)

A handful of thinkers agree that "civilizations are formed because of immigrations". We cannot deny that this statement actually reflects the truth, because if we look deeper into some of the historic civilizations, we can see that it is indeed true that immigration plays an important role in the forming of civilizations. The fact that the Islamic civilization began with an immigration, some of the civilizations that were established in Anatlolia (such as Hittite, Urartu, Phrygia, Lydia, etc.) eventually formed the Turkish civilization... In short, we can tell that immigration plays a very prominent role in many aspects of civilization. It should also be noted that America-- today's largest pioneering society –also began with an immigration. Whether it'd be white or black, it truly is an interesting story of victory. It goes without saying that since Andalusian times, Europe has been a society that recieves many immigrations. We also know that some of the most qualified people in Andalusia migrated to inner Europe. In fact, Europe's growth is a result of all these immigrations they recieved. The real reason why this is considered as the truth is because the immigrants have a desire to hold on to their new land. People who are used to a stationed lifestyle (the natives) are more calm and collected while they are carrying on with their lives. If we were to phrase this more correctly, these "well-to-do" people don't have to struggle that much. They did what they have to do and they're now trying to live their life to the fullest with what they have. And because of that, as well as the desire of not losing what they have in the midst of social developments, they are left in the background. But the immigrants are not like the natives. With their passion of holding on to their new home, they are very anxious and are struggling to see the natives accept them into their own community. And thus, it is very normal to see them very enthusiastic, enterprising and venturesome. These traits cause them to be treated like pioneers in terms of the development of the civilization. Today, in Europe and America, a large amount of people who are very agressive and bold are actually immigrants who moved there a long time ago with their roots, as their ascendants had nothing to lose. We can also see that, their children also work very hard to keep their ascendants' names in the lighter side. We believe it will be more beneficial if we organize all the Syrian and Iraqi immigrants in Turkey. If not, it can result in a massive social disaster. It is easier to analyze the immigrant spirit and if their opportunity to adapt is provided more easily, it's possible to see positive outcomes on both sides and, by experience, it is indeed more stable. As a result, while immigrations are providing social dynamism, it's possible that they can also convert the society in a more positive way.

***

The Theme of Rural Migration in the 17th and 18th Century Ottoman Political Thought
(577) Mert Can Erdoğan, Ayşe Asude Soysal Doğan (Kırıkkale University)

It is a well-established fact that to preserve the permanency of state, one must maintain the stability of its tax base. This tax base was exclusively consisted of the rural population for pre-modern political structures. The pre-modern political thought, therefore, had focused on the prosperity and security of the peasantry for the very survival of the state itself. However, the changing socio-economic context of Europe in the 16th century made a catastrophic effect on the prosperity and stability of the peasantry throughout the continent. The growing and urbanizing populations, market oriented economies and expanding circulation of cash money throughout Europe, enforced the states to take new precautions for preservation of their rural population. In this respect, the Bourbons in France and the Tudors in England took active precautions against enclosure movement in the rural areas and inhibited the consolidation of farmlands in the hands of great land-owners. A similar concern was also present for the Ottoman Empire. The Ottoman political thought was already excessively based on an administrative theory which named as the circle of justice, which promotes the stability and prosperity of the rural producers above everything else for the survival of state. However, the mass migration waves of 17th century incorporated the theme of rural migration into the justice theory. According to 17th and 18th centuries Ottoman political writers, the mass migrations from rural areas to the urban centers was an unacceptable treat for the state. The fleeing peasants who protested illicit nature of certain taxes, improper timing of taxation or excessive amount of taxation, had become a prominent theme for 17th and early 18th century Ottoman political writers. In this regard, we will try to elaborate in this study the theme of rural migration in 17th and 18th centuries Ottoman political thought through the adalatnames (royal circular), nasihatnames (mirror for princes) and histories.

SESSION 9E – Göç ve Sanat

	Room: SR 7
Chair	Yıldız Aydın, Namık Kemal University, Turkey
464	Çoklu Kültürün Bir İfade Biçimi Olarak Çingene Müziği ve Çalgıcı Kimliği – **Tuncay Aras**
346	Çerkes Sürgününü Müzik ve Dans Eşliğinde Yeniden Düşünmek - **Sümeyye Aydın**
492	Göç Eden Şairler "Seyyid Nesimî" - **İbrahim Akça**
471	Bulgaristan Türk Şiirinde Göç- **Aynur Özgür Tüsgil, Cengiz Tüsgil**
594	Göçün Kadınsılaşması ve Hak İhlalleri – **Gülsüm Ç. Duyan, İshak Aydemir**

Çoklu Kültürün Bir İfade Biçimi Olarak Çingene Müziği ve Çalgıcı Kimliği
(464) Tuncay Aras (Marmara University)

Çingene toplulukları yaşamlarını sürdürebilmek adına farklı uğraşlar içerisinde olsalar da çoğunlukla müziğin çalgıcılık boyutuyla ilgilenmişlerdir. Bu bağlamda çingene çalgıcıları, değişik kültürel özelliklere sahip olan toplulukların olduğu bir toplumun farklı müzik anlayışlarına da hakim olmayı başarabilmiş usta zanaatkarlardır. Ülkemizde yoğunluk olarak İstanbul, İzmir, Tekirdağ gibi batı illerimizde yerleşik bir yaşam sürseler de geçmişten gelen göçebe yaşantısı geleneği çingene farklı bir boyuta taşımaktadır. Bu göçebe yaşantılarının etkileri de farklı kültürlerin müziklerini tanımalarına sebep olmakta ve bu yaşantı sürecinde karşılaştıkları müzik çeşitliliğini, kendi içlerinde birbirlerine aktararak devam ettirebilmektedirler. Bu çalışmanın amacı, çingene müziğinin göçebe kültürüne bağlı olarak nasıl bir yaşam şekline dönüştüğünü açıklamak ve tarihsel süreç içerisinde toplumsal ve kültürel etkileşimleriyle müziksel formların nasıl bir yaşamın ifade biçimine dönüştüğünü müziğin kültürel aracı olma işleviyle yansıtmaktır.

***

Çerkes Sürgününü Müzik ve Dans Eşliğinde Yeniden Düşünmek
(346) Sümeyye Aydın

Yaklaşık yüz elli yıl kadar önce Rusya'nın yayılmacı politikaları neticesinde sürgüne maruz bırakılan Çerkes halkının Samsun'un birçok farklı bölgesinde sosyo-kültürel yaşam pratikleri özellikle müzik bağlamında dikkat çekicidir. Bu anlamda müziğin farklı bir coğrafyada, kültürel kimliği ifade etmenin, bir güven ortamı oluşturmanın ve bunun yanında yaşanılan yeri kendilerine aşina bir mekan haline getirmenin yollarından biri olduğu ifade edilmelidir. Şu halde Çerkes gelenek ve kültürünün unsurlarını içinde taşıyan geleneksel müzik ve dans pratiklerinin bir sürgün hikayesindeki işlevsel durumu açık hale gelecektir. Bugün Samsun'da birçok Çerkes topluluğu çok sayıda dernek, iletişim araçları ve farklı sosyo-kültürel etkinlikler bünyesinde dil, müzik, dans gibi pratik alanlar vasıtasıyla geleneklerini korumanın ve yaşatmanın farklı imkanlarını hayata geçirmişlerdir. Müzik ve göç arasındaki ilişkinin seyrini Samsun'da ikamet eden Çerkes halkı bağlamında ele alacağımız bu bildiride, geleneksel Çerkes müziğini ve danslarını bu sürgün hikayesinin esaslı bir yol arkadaşı olarak görmekteyiz. Dolayısıyla göç eden insanların yaşadıkları tecrübe ve dönüşümlerin izinin biraz da sözlü ya da yazılı olan müziklerinde ve aynı zamanda danslarında saklı olduğunu ifade edebiliriz.

***

Göç Eden Şairler "Seyyid Nesimî"
(492) İbrahim Akça (Isparta Süleyman Demirel University)

XIV. yüzyıl şairlerinden olan Seyyid Nesimî, Divan edebiyatının olduğu kadar Tekke-Tasavvuf edebiyatının da önemli isimlerinden biridir. Asıl adı İmâdüddîn olan şair, aynı zamanda ünlü bir Türk sûfisidir. Bu cihetle Nesimî'nin edebiyat tarihimizde, tasavvufi yönüyle de ön plana çıktığı görülmektedir. İlk başta Şeyh Şiblî'nin dervişi olan Nesimî, daha sonra Hurufîliğin kurucusu olan Fazlullah-ı Hurûfî'ye intisap etmiştir. Şair, I. Murad devrinde de Anadolu'ya gelip Hacı Bayram-ı Velî'ye intisap etmek istemiş; ancak bu isteği Hacı Bayram-ı Velî tarafından kabul edilmeyince Halep'e gitmiş ve orada derisi yüzülerek öldürülmüştür. Öldürülüş şekliyle de ünü artan şair, Hallacı Mansur'un bir eşi sayılmış ve adına çok sayıda efsane yazılmıştır. Şairin hayatı hakkındaki bilgiler yetersiz olmakla birlikte, doğumundan itibaren dile getirilen mekânlardan başlayarak, yaşadığı yerlerle alakalı birçok ülke ve şehir ismi zikredilmektedir. Biz bu çalışmamızda Nesimî'nin şiirleri ve hakkında bilgi veren eserlerden hareketle, hangi ülke ve şehirlere, hangi nedenlerle göç ettiğini tespit etmeye çalışacağız.

***

Bulgaristan Türk Şiirinde Göç
(471) Aynur Özgür Tüsgil (Trakya Üniversitesi), Cengiz Tüsgil (Ege University)

Tarih içerisinde zor dönemler geçiren Bulgaristan Türk Edebiyatındaki edebi türlerin gelişimi zaman zaman sekteye uğramıştır. Bulgaristan Türk edebiyatında en çok şiir türü gelişme imkanı bulmuştur. Sözlü geleneğin de ürünlerinden biri olan şiir her zaman halk tarafından yaşatılmıştır. Özellikle savaş dönemlerinde halkın güç kazanmasını sağlamış ve milli ruhunu beslemiştir. Dönem dönem suskunluğa mahkum edilen Türk edebiyatı, şiir aracılığıyla dilden dile dolaşan söylemlerle dağ başlarında söylenen tek kelime ile varlığını sürdürmeye çalışmıştır. Fakat 1978 ve özellikle de 1989 göçleri Bulgaristan Türk edebiyatına ağır bir darbe indirmiştir. Bu göçler neticesinde bu coğrafyada yetişen yüzlerce yazar Türkiye'ye göç etmiştir. Göç esnasında ve sonrasında yüreklerinde hissettikleri acıyı, öfkeyi, kırgınlığı doğdukları toprakları terk etmenin ıstırabını şiirlerine yansıtmışlardır. Bu çalışmada metin odaklı yöntem kullanılarak Bulgaristan Türk Edebiyatında yer edinmiş yazarların göçle ilgili şiirleri incelenecektir, ve en çok tekrar eden ve şiirlerin genel havasını yansıtan kelimelerin tablosu oluşturulacak ve bu doğrultuda imaj çalışması yapılacaktır.

***

Göçün Kadınsılaşması ve Hak İhlalleri
(594) Gülsüm Çamur Duyan, İshak Aydemir (Turgut Özal University)

Göç oldukça eski bir sosyal sorun olup kadın erkeği çocuğu bir bütün olarak aileyi etkiler ve pek çok diğer sosyal soruna da neden olabilir. Göç insan hareketliliği olarak ele alınır. Göç olgusu farklı ölçütlere göre sınıflandırılabilir. Literatürde göç olgusu; zorunlu göç, gönüllü göç, geçici göç, sürekli göç, düzenli ve düzensiz göç şeklinde ele alınmaktadır. Göç süreci göçe katılan bireylerde farklı etkilere neden olmaktadır. Göç sürecine dahil olan bireylerin sosyo-ekonomik durumları, etnik ve dini kimlikleri, kültürel özellikleri, süreçten nasıl etkileneceklerini belirleyen olgulardır. Göç olgusu göç edenin cinsiyetine göre farklı yaşantılara ve aşamalara dolayısıyla anlamlandırmalara neden olabilmektedir. Göç kadınların aile içindeki rolleriyle de yakından ilişkilidir. Yani kadının anne, eş, evlenmek üzere olan bir genç kız gibi farklı rollerini göç yaşantısı ile yakından ilişkilidir. Göç süreci kadın ve erkek açısından farklı deneyimlenmektedir. Dünyada göç hareketleri giderek artarken insan hakları konusunu da gündeme getirmektedir. Göçmenlerin % 10-15'ini oluşturan yasadışı göç edenler insan ticareti ve seks işçiliği açısından risk altında olup, psiko-sosyal açıdan göçün etkileri özellikle kadın ve çocukları derinden etkilemektedir. Kadınlar uluslararası göçmenlerin yarısını oluşturmaktadır. Çeşitli veriler göstermektedir ki dünya genelinde zorla yerlerinden edilen 25 milyon insanın % 70'ini kadınlar oluşturmaktadır. Bu nedenle günümüzde "göçün feminizasyonundan" (göçün kadınsılaşmasından) söz etmek mümkündür. Bu çalışmada göç olgusunun kadın üzerine etkilerini, bu süreçte kadınları bekleyen risk ve sorunlar, insan hakları ihlalleri ile toplumsal cinsiyet rolleri sosyal hizmet disiplini açısından ele alınacaktır.

***

SESSION 10A – Education and Skilled Migration

	Room: SR 3
Chair	**Yasemin Akış Kalaylıoğlu, Middle East Technical University, Turkey**
124	The Impact of the Recent Global Economic Crisis on Adult Education Policy in the UK: the Effect of Teacher Redundancies on Provision of Adult Education on Turkish Migrants – **Serkan Baykuşoğlu**
253	Mobility of Turkish Academics: Challenges and Opportunities for Returnees –

	Seçil Paçacı Elitok, Meltem Yılmaz Yener
294	Migration and Education Studies in Turkey: A General Evaluation – **Ali Faruk Yaylacı, Filiz Göktuna Yaylacı**
568	Social Determinants of International Students' Mobility: A Case of PhD Students From Turkey – **Setenay Dilek Fidler**
151	Temporary Education Centers as a Temporary Solution for Educational Problems of Syrian Refugee Children: Case of Mersin - **Bilge Deniz Çatak**

The Impact of the Recent Global Economic Crisis on Adult Education Policy in the UK: The Effect of Teacher Redundancies on Provision of Adult Education on Turkish Migrants
(124) Serkan Baykuşoğlu (University of Eastern Finland)

Adult education is extremely important for adults to improve their lives, increase their workprospects and to enhance their capabilities for adaptation to social and economic changes inthe society. The teaching profession demands further commitments towards learners' futurecareer plans and prospect in their professions. However, the recent crises in global economyhave inevitably led to changes in educational policies. The UK officially entered into arecession with a severe impact on all public spending in 2008. The governments had tomake choices which inform policy. This paper intends to explore how the global economicrecession affected the British governments' adult learning policies. It aims to provide insightinto particular aspects of teacher redundancies while simultaneously looking at the circumstances by which adult learners have been affected. This will include analysis ofchanges in funding adult learning programmes; of the challenges faced by teachers andadult learners and adult education providers; and investigation of learners' demands to studya range of courses. This research also examined the effect of teacher redundancies onhuman capital which has been considered as a key factor in educational policies in terms ofteacher quality improvement and learner achievement. Analysis of the preliminary resultssuggests that adult learning sector has been undergoing substantial transformation underthe effects of policy shift due to economic recession. A number of implications includereduced and state-subsidised adult programmes and insecurity of employment for teachers; and less opportunities for Turkish immigrants in developing their skills and finding job asunemployment has risen dramatically. Data in this in-progress research were collected by using qualitative methods including questionnaires and in-depth semi-structured interviews with the lecturers, managers and Turkish adult learners. Government reports, policy documents and related literature wereused as source of this research.

***

Mobility of Turkish Academics: Challenges and Opportunities for Returnees
(253) Seçil Paçacı Elitok (Koç University), Meltem Yılmaz Yener (İ. Bilgi University)

This paper stems from the findings of an empirical research based on in-depth interviews conducted with Turkish academics who returned from Germany and the US. The sample of our research is composed of returnees who went abroad for graduate education lived in that country for a minimum of five years and had a minimum of one-year work experience. The findings of this paper shed light on the migration experiences of returnees, their reasons for return migration as well as their re-adaptation process in Turkey, with a special focus on the roles of social networks and institutions. When the limited literature on the mobility of Turkish academics is considered, this paper's contributions are as follows: First, instead of focusing on a single model such as transnationalization, brain drain/ brain gain, push/ pull models dominating the literature, a wider theoretical perspective that considers return migration as a process which is a result of multiple factors has been adopted. Second, this paper is based on a comparative analysis of American and German contexts, which reveals many differences and similarities in terms of their migration histories, labor market proceedings and migration laws. Third; cultural, social and economic challenges and opportunities that returnees face in their working environment as well as in their daily lives have been explored.

***

Migration and Education Studies in Turkey: A General Evaluation
(294) Ali Faruk Yaylacı (Recep Tayyip Erdoğan University), Filiz Göktuna Yaylacı (Anadolu University)

Social, political and economic effects of population mobility which have become more and more intensive on a global scale over the last decades, have also given rise to scholarly works on migration. Now there are many studies dealing with such topics as dimension of migration process, its causes and sorts, related structures and problems faced by migrants. In this context, one can also mention the existence of a correlation between educational processes and migration phenomenon. As intensive migration waves make countries culturally more diversified, education systems are restructured in a bid to respond to this diversification as well. Besides this, solving educational problems facing migrants and refugees holds an important place both in social and political agendas. In all phases of migration from the decision to migrate to adaptation processes of migrants, education has an effective role. That's why academic inquiries are increasingly being made into the relation or interaction between migration and education. The main objective of this paper, taking into consideration the trends indicated above, is to make a general evaluation and analysis of postgraduate studies and other academic articles in Turkey, conducted and published between 2000 and 2015, within the context of migration and education, followed by a general evaluation of this scholarly output particularly with respect to their results. To this end the studies were examined in relation to the benchmarks below: their types, research dates, university and journal origin, their research topics etc. Following this examination, they were evaluated in terms of the results they had obtained. It is expected that such a study of scholarly output in Turkey concerning migration and education will make a timely and much-needed contribution to understanding research tendencies in the field of migration and education, laying the groundwork for enhanced future inquiries. It is also anticipated that this sort of study will enable a holistic approach towards the relation between migration and education.

***

Social Determinants of International Students' Mobility: A Case of PhD Students from Turkey
(568) Setenay Dilek Fidler (University of Westminster)

The shift towards a knowledge-based economy has resulted in a rising trend in both international mobility of students and doctorate holders in the last decade. There is competition amongst countries to attract high skilled movers and it is likely to grow further in the near future. PhD holders are considered as key in competitive knowledge sectors. However, although international students are often considered as an important segment of highly qualified movers, the mobility of researchers and students have received scant attention in comparison to other highly qualified mobile groups. Similarly, despite being recognized as an issue, non-return of government funded students sent abroad by Turkey have received very little attention in the literature. Very few earlier studies on students and professionals from Turkey have focused on the USA and Germany using mainly quantitative data. Despite being the second most popular destination student and high skilled migration from Turkey to the UK has not been researched. This study examines the movement of PhD students from Turkey in the UK. We will identify structural (macro), agency (micro) and meso level factors in international students' mobility and analyse the factors influencing their mobility, drawing upon Structuration theory and the Capability Approach. Adopting a qualitative methodology, we analyze the factors influencing PhD students' future mobility-related plans through analysis of forty semi-structured interviews. This study's findings could be significant for those countries exposed to outflow of high skilled movers.

***

Temporary Education Centers as a Temporary Solution for Educational Problems of Syrian Refugee Children: Case of Mersin
(151) Bilge Deniz Çatak (Mersin University)

As Syria crisis enters its fifth year, civil war in the country continues at serious level and it does not seem come to an end in the near future. Since conflicts broke out more than 4.8 million Syrian have arrived mostly to neighbouring countries including Turkey. More than half of the Syrian refugees in Turkey are below 18 years of age. Children are one of the most vulnerable among Syrian refugees, and their basic needs such as education, health and safety have been interrupted on the way of migration and in the host countries. Syrian refugee children who live in uncertainty have education problems in Turkey like other countries which refugees sheltered. Although concrete steps were taken to solve problems about education of refugee children, there are still troubles and most of the Syrian children can't attend to school. One of the solutions for educational problem of refugee children is temporary education centers which were built especially in southern cities of Turkey. In this study, roles of temporary education centers for solving education problems of Syrian children and status of these centers were discussed. In temporary education centers which there are 15 in Mersin, Syrian students can get educate in their native language and their curriculum which they used to. Although most of the Syrian children enrol temporary education centers and students receive diplomas in valid, these centers are provisional. Besides of this solution, educational problems of refugee children need to be resolved permanently.

***

SESSION 10B – Syrians and Local Communities

	Room: SR 4
Chair	**Oğuzhan Ömer Demir, Global Policy and Strategy Institute, Turkey**
538	Comparative Analysis of Public Attitudes Towards Syrian Refugees in Turkish Cities: Ankara and Hatay - **Güneş Gökgöz, Cansu Aydın, Alexa Arena**
410	Tracing the Pathways of Acculturation in A Dominant Society: Syrian Refugees in Kayseri, Turkey – **Muhammed Ziya Paköz, Methiye Gül Çöteli**
366	The Impact of the Immigrants From Syria in Batman on the Socio-Economic Structure of the City – **Ayşegül Kanbak, Nihal Şirin Pınarcıoğlu, Makbule Şiriner Önver**
525	Syrian Refugees and Turkey's Local Governments: Policies, Programs and Services - **Güven Şeker, Arif Akgül**

Comparative Analysis of Public Attitudes Towards Syrian Refugees in Turkish Cities: Ankara and Hatay
(538) Güneş Gökgöz (Tel Aviv University), Cansu Aydın (Cornell University), Alexa Arena (Tel Aviv University)

Turkey currently hosts nearly 3 million Syrian refugees. Given the expected long-term residence of Syrian refugees in Turkey, the issue of integration of Syrian refugees into Turkish society has become crucial. As such, it is necessary to examine the attitudes of the native population towards refugees and the factors affecting such attitudes. Drawing upon the theoretical tenets of perceived threat and exclusionary attitudes, this research will consider the willingness of Turkish natives to allocate social and economic rights to Syrian refugees. Specifically, the study will examine the impact that refugee population density has on perceived threat and consequently exclusionary attitudes. In this study public attitudes in the Turkish cities of Ankara and Hatay will be compared. These two cities host low and high densities of refugees, respectively. This study was conducted utilizing quantitative research methods; data was collected via surveys with a structured questionnaire administered to a sample of 1429 university students in Ankara and Hatay.

***

Tracing the Pathways of Acculturation in A Dominant Society: Syrian Refugees in Kayseri, Turkey
(410) Muhammed Ziya Paköz (Abdullah Gül University), Methiye Gül Çöteli (Erciyes University)

Acculturation is a very old concept, which dates back to the first contact between different cultural groups and their members in the history. It means both cultural and psychological change as a consequence of this interaction, and the process of the change acts as a pendulum between conflict and integration. Since the beginning of Syrian armed conflict, there has been a huge flow of Syrians to Turkey. As a result of this flow, Turkey has become the largest refugee-hosting country worldwide with 2,620,553 registered Syrian refugees. Although Kayseri, a medium-sized and socially introverted Anatolian city is 400 km far from the nearest Syrian border gate, it has been influenced by this refugee flow like other cities in Turkey. The aim of this presentation is to share the first findings of the research, which investigates the outcomes of the acculturation process in Kayseri in terms of conflict and integration between Syrian refugees and local people, and seeks the clues of multi-cultural engagements in the city. This study involves a qualitative analysis, including deep interviews with Syrian refugees, indigenous people, NGO's, businesses and local authorities, and investigating the relationship between the socio-economic and demographic determinants and the level of integration in the acculturation process. The study also emphasizes the importance of 'cultural distance' to determine the level of integration. According to first findings of the study, we can say that the first phase, which involves supplying basic requirements of the refugees, is completed. Most of Syrian refugees think that it is very hard to go back their hometown in the near future, and they are striving to adapt new conditions in Turkey. The situation in Kayseri is closer to the integration rather than the conflict because of some religious, socio-cultural and economic reasons.

***

The Impact of the Immigrants from Syria in Batman on the Socio-Economic Structure of the City

(366) Ayşegül Kanbak, Nihal Şirin Pınarcıoğlu, Makbule Şiriner Önver (Batman University)

Immigration has played an important role in the shaping of civilization throughout the history of humanity and has more than one reason as well as consequence. One of these reasons is war. One of the most recent examples of this is the Syrians who have migrated to Turkey due to the civil war in their country. The first refugees from Syria came to Turkey in April 2011. According to the official figures published by the Turkish state, over 2.5 million Syrian refugees live in Turkey as of January 2016. Demographic structure, economic status, culture and political environment in the cities where Syrian refugees are highly populated vary significantly. Therefore, it is possible to claim that the situation of each city is unique given their own individual properties. Batman is one of the cities that has received Syrian immigrants who have immigrated to Turkey due to the civil war in their own country. Currently, there are 18 thousand Syrian immigrants living in the city as officially registered. The relevant local actors in Batman indicate that this new immigration wave caused a transformation in the city's socio-economic structure. The effects of this immigration is even more significant for Batman which is ranked low for the socio-economic development levels when compared to other cities. The main objectives of the study include determining how Syrian immigrants affect the urban socio-economic structure of Batman, providing a manifestation of the extent to which the immigrants can adapt to the urban setting. In this regard, interviews will be conducted with the Provincial Directorate of Disasters, Provincial Immigration Administration, other relevant institutions and the immigrants. One of the important aspects of the research is to fill the gap caused by the lack of any other study that directly investigates the situation in the city.

***

Syrian Refugees and Turkey's Local Governments: Policies, Programs and Services

(525) Güven Şeker (Celal Bayar University), Arif Akgül (Muğla Sıtkı Koçman University)

Syrian refugee crisis has emerged one of the most tragic and catastrophic incidents which has become the agenda of several international organizations and governments for the last years. Millions of Syrians has fled the regional (e.g. Jordan, Lebanon and Egypt) and western countries since the beginning of the crisis, 2011. In fact, Turkey alone has become the largest refugee hosting country in the world. Turkey's response to Syrians in this process has appeared "open-door policy" and "temporary protection regime." Since, the assumption of the policy was a short term reception, which indicates the conflict would end soon and the "guests" would return back to Syria. However, the numbers of Syrians staying in Turkey has reached to 275.000 in temporary camps, whereas the number of urban refugees in cities has been estimated around 2.5 million. In this context, local authorities especially municipalities have emerged one of the most crucial institutions to deal with Syrian refugees in Turkish cities. The main objective of this research is to analyze the role of Turkey's municipalities on service delivery and how they manage the refuge crisis within their jurisdictions. Qualitative research method is employed to collect relevant sources of data. Interviews were carried out with key actors in municipalities such as Gaziantep, Sanliurfa and Kilis among others. Additionally, secondary sources (statistics, relevant reports and newspapers) were obtained to examine the conditions of Syrians living in Turkey. The research indicates that the crisis is a challenge for Turkey's local authorities especially for those which are proximity to the Syrian border. The research identified several shortcomings that the municipalities' have been facing in managing the needs of refugees. The research discusses some policy implications for local and central governments such as strengthening the coordination and partnership mechanisms, increasing financial and technical assistance and, planning long term programs for integration.

***

SESSION 10C – Gypsies on the Move

	Room: SR 5
Chair	Özge Burcu Güneş, Graduate Institute of International and Dev. Stud., Switzerland & Institut für die Wissenschaften vom Menschen, Austria
345	"Being Intrinsically, Hereditarily, Racially and Morally Gypsy" the 1923 Population Exchange and the State Policies Towards the Exchanged Muslim Romani / Gypsy Groups – **Nurşen Gürboğa**
240	Studying Gypsy / Roma Groups' Identity Construction Through the Sociology of Pierre Bourdieu – **Elif Gezgin, Margaret Greenfields**
557	The Politics of Openness in Turkey: Contradictions and Ambiguities of Democratization in a Dislocated Romani Community - **Danielle Schoon**
386	Political Participation and Representation of Roma Groups in Turkey – **Deniz Eroğlu Utku**
530	From Pillar to Post: Syrian Dom Refugees in Turkey – **Yeşim Yaprak Yıldız**

"Being Intrinsically, Hereditarily, Racially and Morally Gypsy" the 1923 Population Exchange and the State Policies Towards the Exchanged Muslim Romani / Gypsy Groups
(345) Nurşen Gürboğa (Marmara University)

The 1923 compulsory population exchange between Turkey and Greece was based on the exchange of the Orthodox Anatolian Rums and Muslim population of Greece. Since religion was the basic criterion in determining the exchanged communities, thousands of non-Turkish Muslims were included in the population exchange. Although these groups were subjects of specific policies of settlement, there have been few studies on the settlement policies of the Turkish government towards them. The Muslim Romani/Gypsy groups have been totally ignored in the already scant literature on the non-Turkish Muslim groups. This paper examines the discourse of the Turkish government on, and its policies towards the exchanged Romani/Gypsy groups, as reflected in archival documents. The paper argues that Muslim Romani/Gypsy groups were accepted by the Turkish government during the population exchange in order to recover the post-war population deficit. However, they were treated by the political elite neither favorite nor prospective citizens to be integrated in the nation building process. The long lasting stigmas produced by the Ottoman state and society on the Romani/Gypsy groups shaped the discriminatory discourses and polices of the Republican elite. The Republican elite defined the Romani/Gypsies as communities living antithetical to the moral, social and economic values of the society due to their "ethnic/racial characteristics", hence, a threat to law and order. Although the state followed assimilating settlement policies towards the non-Turkish Muslim migrant groups in order to embody them into the Turkish community at the etno-cultural level, it excluded the Romani/Gypsy groups. Instead of it, the state bureaucracy at the central and local level pursued discriminatory discourses and policies toward the Romani/Gypsy communities and tried to put them under surveillance and control.

***

Studying Gypsy / Roma Groups' Identity Construction Through the Sociology of Pierre Bourdieu

(240) Elif Gezgin (Çanakkale Onsekiz Mart University), Margaret Greenfields (Buckinghamshire New University)

In social science, both historically and in the present, the dichotomy between agency and structure tends to dominate debates pertaining to identity construction. However, it is clear that in discussions which omit to explore the dialectic relationships between any kind of dichotomy (in this case agency and structure) the holistic and relational nature of 'reality' as perceived by those actors engaged in 'identity construction' tends to be overlooked. Focusing very complex social facts simply through a prism of either individual activities or dominant structural impacts is likely to doom research —especially that which involves field research with potentially vulnerable human subjects - to being a two-dimensional study which excludes essential elements and interplays of circumstances, agency and structure in a rapidly changing context. Accordingly, in this paper, Pierre Bourdieu's theories will be utilised to explore the potential for creating an alternative theory of identity construction amongst Roma people which does not relinquish any core elements of 'lived reality' but which enables complexity of debate. In the context of this paper, we define identity construction as the process through which an individual becomes a member of a given society (i.e. not purely through accident of birth but through living in a particular manner and defining herself / himself as a part of a particular culture or community). One of the most significant and sui generis groups around the world whose identity construction depend both on internal identification and that of other (dominant) groups amongst they live, are Gypsy / Roma populations. Because of their unique historical position these communities have perhaps more than most, been subject to externally imposed identification and the coalescing of different communities under the same Policy banner (Roma, Gypsies and Travellers) regardless of ethnic, cultural or geographical origins or even whether they nomadise or are sedentarised. As is well recognised, Gypsy / Roma groups have historically been associated with being of no fixed abode and accordingly have been forced to comply with generally accepted principles and rules of countries in which they live predicated on assumptions of nomadic lifestyle. Despite a widespread tendency to seek to comply with the legislation of countries in which they reside, it is still not possible to say that compliance with the law equates to the absence of discriminatory attitudes towards Romani/Gypsy groups; as a problem of discrimination against them (Romaphobia) is found around the world. In this theoretical discussion on identity formation and Romani/Gypsy populations we seek to offer an insight into the Bourdieu's sociological approach to understanding identity construction of social groups; with a particular focus on the situation of Gypsy /Roma people who experience discriminatory attitudes and the identity 'choices' and 'performance of identity' undertaken at particular moments in time. As a result of utilisation of Bourdieu's analysis within this framework, we argued that Bourdieuian sociology presents appropriate tools to analyze some particular groups' (especially that of disadvantaged members of society) daily living activities and sense of active agency without excluding the structural effects which impact them; enabling a nuanced relational sociological approach to understanding Gypsy / Roma groups' identity construction in its entirety, whilst taking account of context in specific geographical areas in which they reside.

***

The Politics of Openness in Turkey: Contradictions and Ambiguities of Democratization in a Dislocated Romani Community
(557) Danielle Schoon (Ohio State University)

From the open economy and the open society, to open cities and open minds, "openness" is ubiquitous in discourses surrounding liberal democratization. "Openness" invokes positive associations with freedom, human rights, and civil society, informing global standards for so-called 'developing countries' like Turkey. Yet, the politics of openness involve contradictions and ambiguities, such as increased surveillance, a lack of political transparency, and the proliferation of secrecy. Since the beginning of democratization in Turkey in the 1980s, the country has seen simultaneous openings and closings, from the globalization of its economy and the expansion of civil society, to oppressive policies against Kurds and other minorities. Drawing on fourteen months of ethnographic fieldwork in Turkey, thisÂ paperÂ presents an analysis of the politics of openness as it plays out in one arena: Romani rights in Turkey. In 2010, the AK Party announced a 'Romani Opening' (Roman Açılımı) geared toward the social integration of the country's Roma. Yet, the initiative has mainly consisted of housing reforms that appropriate poor urban neighborhoods in prime locations and relocate Romani residents to state housing. In order to discuss this further and with a particular example, this paper explores how the dislocated residents of Sulukule, a demolished Romani neighborhood in Istanbul, navigate and interpret competing interests and discourses introduced to their community by policy-makers and activists. A close look at this community's lived experiences of "openness" offers insights into the contradictions and ambiguities of democratization on the ground, and contributes to anthropological understandings of the intersection of culture and power.

***

Political Participation and Representation of Roma Groups in Turkey
(386) Deniz Eroğlu Utku (Trakya University)

Until recently, Roma people in Turkey and their political demands have been largely neglected. This group of people did not have any political parties to raise their voices, any political figures to bring their issues to the table or any kind of political will to change discriminative clauses in the Turkish legislations. However, since the accession negotiation process to the EU started, there have been limited but important awakening in considering Roma people in Turkey. In this regard, the most important step was election of the first ever Romani MP for in the history of Turkish Republic. Based on interview data, this paper will question the background of the limited political activities of Roma people. The interviews are conducted in one of the Turkish cities in which majority of Roma population live: Edirne. The paper will address the barriers to political participation, expectations of Roma groups from local politics and other strategies that they rely on to influence public policy when they face with limitations. Drawing on the literature on political participation of minority groups, this study argues that although there has been visible political engagement and interest of Roma groups to local politics, there are still significant discriminative attitudes towards them.

***

From Pillar to Post: Syrian Dom Refugees in Turkey
(530) Yeşim Yaprak Yıldız (University of Cambridge)

This paper aims to highlight the issues facing Syrian Dom refugees in Turkey in accessing their basic rights and needs. The Dom, linked to Roma in Europe form a distinct linguistic group and live across the Middle East including Syria and Turkey. The challenges facing Syrian refugees in Turkey are further exacerbated for Dom refugees due to prevailing prejudices and discrimination by the authorities, the host society and other Syrian refugees. The vast majority lives in makeshift tents, informal camps, ruins or abandoned buildings in the outskirt of the cities. There are reports of the police regularly raiding and destroying informal Dom refugee camps, and in some cases sending them back to Syria. Following the government circular on relocation of Syrian refugees who live, work or beg on the streets to the camps, they are increasingly subject to forced evictions and relocation. Except for a handful of news reports focusing on their situation, the coverage by the mainstream media has been predominantly negative and limited to the context of "Syrian Gypsies begging on the street". Their desperate situation caused by the conflict is portrayed as their lifestyle. Discriminated and denied their basic rights, they are moving from pillar to post in search for a safer place. In this paper, in addition to sharing the main findings of the report I authored for the European Roma Rights Centre on this issue, I aim to provide updates on the situation of Dom refugees in Turkey.

***

SESSION 10D – Tarımda Mevsimlik Göçmen İşçiler

	Room: SR 6
Chair	**Kuvvet Lordoğlu, Kocaeli University, Turkey**
268	Yoksulluk Nöbetinden Yoksulların Rekabetine: Türkiye'de Mevsimlik Tarımsal Üretimde Yabancı Göçmen İşçiler –**Saniye Dedeoğlu, Ertan Karabıyık**
195	Türkiye'de Mevsimlik Tarımsal Üretimde Yabancı Göçmen İşçiler: Bir Haritalandırma Çalışması – **Ertan Karabıyık**
406	Mevsimlik Tarım İşçisi Kadınların Sınıf, Etnik ve Patriyarka Kıskacındaki Yaşam Deneyimleri - **Fatime Güneş**
190	Mevsimlik Gezici Tarım İşinde Çalışan Kadınların Çalışma ve Yaşam Koşulları – **Yasemin Yüce Tar, Kezban Çelik**
339	Tarım Sektöründe Göçmenlik ve Kadınlık - **Bahadır Nurol, İlknur Saatçi**

Yoksulluk Nöbetinden Yoksulların Rekabetine: Türkiye'de Mevsimlik Tarımsal Üretimde Yabancı Göçmen İşçiler
(268) Saniye Dedeoğlu (Muğla Sıtkı Koçman University), Ertan Karabıyık (Development Workshop Cooperative)

Dünyada olduğu gibi Türkiye'de de mevsimlik tarımsal üretimde yabancı göçmen işgücü kullanımı yaygın bir şekilde gerçekleşmektedir. 2000'lerden itibaren göçmen işçiler Türkiye'de mevsimlik tarımsal üretime ciddi boyutta emek arz etmektedirler. Liberal vize rejiminin avantajlarından faydalanarak vize ile ülkeye giriş yapan göçmenlerin yanı sıra Suriye'deki savaştan kaçan Türkiye'de geçici koruma altında bulunan iki milyonda fazla Suriyeli ise birçok tarımsal ürünün üretimine yine kayıtdışı çalışan işçiler olarak katılmaktadırlar. Sonuç olarak, yabancı göçmen işçiler kırılgan ve güvencesiz işçiler olarak tarımsal üretime dahil olmaktadırlar. Bu çalışmanın amacı yabancı göçmen işçilerin mevsimlik tarımsal üretimde durumunu ortaya koymak ve yabancı göçmen işçilerin mevsimlik tarımsal üretime katılımlarının, Türkiye'deki tarımsal üretim ve tarım işçiliğini nasıl etkilediği sorusuna yanıt aramaktır. Türkiye'de çay, fındık, kayısı, hayvancılık, pamuk, fıstığı, narenciye ve sebze üretiminde çalışan göçmenlerin mevcut durumu Temmuz-Kasım ayları arasında 12 ili kapsayan ve 120 görüşmeyi içeren bir alan araştırması ile tespit edilmeye çalışılmıştır. Çalışma, farklı tarımsal ürünlerin üretilmesi ve hayvancılıkta Azeri göçmenler, çay ve fındık toplama işinde Gürcü göçmenler yoğunluklu olarak çalıştığını, ayrıca Suriyelilerin ise özellikle 2011 yılından itibaren birçok ürünün tarımsal üretiminde yerel işçilerin yerine alan asıl işçiler haline geldiğini göstermektedir.

***

Türkiye'de Mevsimlik Tarımsal Üretimde Yabancı Göçmen İşçiler: Bir Haritalandırma Çalışması
(195) Ertan Karabıyık (Development Workshop Cooperative)

Türkiye'de mevsimlik gezici tarım işçiliği çok sayıda insanın hayatını yakından etkileyen ekonomik bir faaliyet olarak son yıllarda yabancı göçmen işçilerin de varlığı ile işgücü açısından giderek çeşitlenmekte, dönüşmektedir. Mevsimlik tarımsal üretimde Güneydoğu Anadolu ve Güney Akdeniz illerinden gelen işçilerin egemen olduğu işgücü yapısı Türkiye'nin değişen göç yapısının da sonucu olarak Türkiye'ye yönelen göç hareketlerinden etkilenmektedir. Bunun en son örneği ise Suriye iç savaşından kaçan Suriyeli geçici sığınmacıların giderek artan sayılarda mevsimlik tarımsal üretime girmektedir. Göçmen işçilerin Türkiye'de görünmezliği onların kayıtdışı, düşük ücretli ve güvencesiz işlerde yoğunlaşmasının bir sonucudur ve Türkiye'de bulunan yabancıların ne tür işler yaptıkları sadece nitel araştırmaların bulguları üzerinden izlenebilmektedir. Bu alandaki bilgi, istatistik ve sistematik araştırma eksiklikleri çok ciddi boyuttadır, bu sorunların benzerleri tarımsal üretimde çalışma yabancı göçmen işçiler için de geçerlidir. Bu çalışmanın amacı bu alandaki bilgi eksikliğini bir nebze azaltmak ve Türkiye'de mevsimlik tarımsal üretimde çalışan yabancı göçmenlerin faaliyetlerinin medya haberlerinden derlenen veriler, bilgiler, çeşitli araştırma raporları ve alan çalışmalarındaki gözlemler ışığında bir haritasını çıkarmaktır. Haritalandırma çalışması için 2010-2015 yılları arasında medyada mevsimlik tarımsal üretimde çalışan yabancı göçmenlerle ilgili çıkan haberlerin derlenmesi, çeşitli raporlarda yer alan veriler ve alan gözlemleri bu göçmenlerin çalıştıkları iller, ürünler ve göçmenlerin geldikleri ülkelere ilişkin bir harita çıkarılmıştır.

***

Mevsimlik Tarım İşçisi Kadınların Sınıf, Etnik ve Patriyarka Kıskacındaki Yaşam Deneyimleri
(406) Fatime Güneş (Anadolu University)

Son yıllarda mevsimlik işçilerin sosyal güvenlik hakları, hukuk sistemindeki yeri, enformel ilişki ağları, toplumsal dışlanma süreçleri, barınma sorunları, toplumsal ve ekonomik sorunları, çalışma ve yaşam koşulları, çalışma ilişkileri, mevsimlik işçilik yapan ailelerinin ihtiyaçlarının belirlenmesi, sağlık koşulları/durumları, farklılaşma, emek ve beden deneyimleri, gibi konu ve alanlarda önemli araştırmalar yapılmıştır. Bu çalışmalar tarım işçilerinin hukuksal, ekonomik ve toplumsal durumlarının, çalışma ilişkilerinin ve günlük yaşam pratiklerinin anlaşılması açısından önemli bilgiler içermekledir. Ancak mevsimlik tarım işçiliğinde özel olarak kadınların toplumsal konumunu ele alan araştırmaların sayıları sınırlıdır. Oysa kadınlar da günlük yaşamın aktif özneleri olarak gezici ve geçici tarım işçisi olarak tarımsal üretimde yer almaktadır. Bu çalışmanın temel amacı, mevsimlik tarım işçisi kadınların toplumsal konumunu kadınların bilgisine başvurarak ortaya koymaktır. Mevsimlik tarım işçisi kadınların toplumsal konumu sınıfsal, etnik ve cinsiyetçilikle ilgili yaşadıkları deneyimleri temelinde analiz edilmektedir. Analiz Eskişehir iline göç ile gelen hanelerde yaşayan kadınlarla birlikte yapılan görüşmelere dayanmaktadır.

***

Mevsimlik Gezici Tarım İşinde Çalışan Kadınların Çalışma ve Yaşam Koşulları
(190) Yasemin Yüce Tar, Kezban Çelik (19 Mayıs University)

"Gezici Mevsimlik Tarım İşinde Çalışan Kadınların Çalışma ve Yaşam Koşullarının İrdelenmesi" araştırması 2014 yılında Adıyaman ve Şanlıurfa illerinde gerçekleştirilmiştir. Araştırmanın temel amacı gezici mevsimlik tarım işçiliğinde yer alan kadınların deneyimlerine odaklanmaktır. İş yaşamına katılmanın kadınları güçlendireceğine ilişkin görüş doğrultusunda, Mevsimlik Tarım İşçisi kadınların bu işle güçlenip güçlenemediklerine bakmak ve mevsimlik tarım işçisi kadınların ücretli çalışan olmaktan elde ettikleri kazanımların olup olmadığını görmek hedeflenmiştir.

***

Tarım Sektöründe Göçmenlik ve Kadınlık
(339) İlknur Saatçi (Niğde University), Bahadır Nurol

Bu çalışmada tarımsal niteliklere sahip ataerkil bir yapının içerisinde kadın/lığı en küçük ortak paydada tanımlayan ücretsiz aile işçiliği formu geçici tarım işçiliği üzerinden incelenmektedir. Niğde ilinin Ovacık ve Konaklı kasabasında mevsimlik tarım işçiliği çalışmamızın sahasını oluşturmaktadır. Ailede görülen cinsiyete dayalı işbölümünün bir uzantısı olarak kadın, bu sektörde aktif bir konumda yer almaktadır. Geçici Tarım İşçiliğinin tanımına uygun olarak özel yaşam ve onun organizasyonu da geçici bir forma bürünmektedir. Bu özel yaşam ve organizasyonu, çadırın temizliği, yemek yapımı, çocukların bakımı gibi gündelik yaşamın idamesinde belirmekte ve tamamıyla kadının sorumluluğu altında kalmaktadır. Öte yandan, hanenin sosyal ve ekonomik yeniden üretimi de ücretsiz aile işçiliği konumuyla kadın üzerinden varlığını sürdürmektedir. İşin denetimi ve ücretin kontrolü ise hane reisi olarak erkeğin sorumluluk alanına girmektedir. Bu demektir ki kadın üretim yaparken, erkek bu üretimi denetleme işini yüklenmektedir. Niğde'ye gelen tarım işçilerinin emek piyasası içerisinde etnik olarak homojen bir yapıya sahip olmadığı görülmektedir. Adıyaman'dan gelen işçiler genellikle Kürt kökenli iken Şanlıurfa'dan gelenler Arap kökenli hanelerden oluşmaktadır. Ayrıca birkaç tane Suriyeli hane ve çevre il olan Kayseri'den de bir tane Türk kökenli aile mevsimlik tarım işinde çalışmaktadır. Bu işçiler, patatesin toplanması, hasadı, yemeklik ve kızartmalık olarak patatesin ayrıştırılmasını yapmakta ve bu ürünlerin farklı çuvallara konularak kasaya yüklemesi ile işi tamamlamaktadır. Özellikle Doğu ve Güneydoğu illerinden gelen işçiler, çalışacakları yerlere çavuşlar aracılığıyla getirilmektedir. Çavuşlar daha önceden bildikleri Niğde ilindeki toprak sahibi işverenler ile görüşmekte ve işin niteliğine göre kaç işçi getireceğini belirlemektedir. Bu durum yerli olmayan işçinin, çalışılacak mekânı bilmemesi sebebiyle çavuşlara muhtaç hale gelmesine neden olmaktadır. Çavuşların belirlediği işçiler genellikle hemşerilik ilişkisi üzerine kuruludur. Bu çalışma kapsamındaki veriler nitel olarak -katılımlı gözlem ve derinlemesine ikili görüşmeler ile elde edilmiştir. Kartopağı yöntemiyle ilişkiler kişisel olarak geliştirilmiş ve güven tabanlı genişletilmiştir. Gözlemlerimiz, sadece pasif kalarak durum tespitleriyle sınırlı kalmamış, ayrıca sahada gerek özel alan gerekse çalışma alanlarında aktif katılım üzerinden yürütülmüştür. Bu katılım, çadırlarda ve tarlada kadınlarla birlikte çalışmaları da kapsamaktadır.

***

SESSION 10E – Çocuk Edebiyatında Göç

	Room: SR 7
Chair	**Kamil Civelek, Atatürk University, Turkey**
181	Çocuk Edebiyatında Göç ve Edebiyata Pedagojik Müdahale - **Efruze Esra Alptekin**
295	Müge İplikçi'nin Kömür Karası Çocuk ve Babamın Ardından Romanlarında

	Göç – Sevda Savur
247	Fransiz Çocuk Yazınında Göç Olgusu: Buranın Çocukları Başka Yerlerin Anne-Babaları ya da Küçük Bir Kitabın Söyleyebildikleri – **İrfan Atalay**

Çocuk Edebiyatında Göç ve Edebiyata Pedagojik Müdahale
(181) Efruze Esra Alptekin (İstanbul 29 Mayıs Üniversitesi / Bilgi Üniversitesi)

Bu çalışmamdan Juju eseri merkezde olmak üzere Çocuk Edebiyatında göç kavramını araştıracağım. Bu bağlamda Çocuk Edebiyatına pedagojik müdahalenin doğru olup olmadığını tartışacağım. Bugün Çocuk Edebiyatına en çok önem veren İskandinav ülkelerinin bu konuda nasıl tavır aldığını sergileyeceğim. Konu aslında "Çocuk Edebiyatı neyi anlatmalı?" sorusundan doğuyor. Çocuk Edebiyatı çalışmalarına baktığımızda iki zıt tavrın olduğunu görüyoruz. İlki Türkiye de ki yayınlarda da baskın olan, çocuğa dünyanın gerçeklerinden izole börtü-böcek edebiyatı sunar. İkincisi ise daha çok özgürlükçü yapısı ile bildiğimiz İskandinav Ülkelerinin yayınlarında gördüğümüz tavır; göç, savaş, cinsiyetçilik, taciz vs konularını çocuktan saklamaz. Bu tavrın altında çocuğa saygının yattığı kanaatindeyim; çocuğa saygı duymalıyız. Bu sebeple literatürüne de saygı duymalıyız. Tabi yazara da saygı duymalıyız. Baskı hissi altında güzel eser vermek zorlaşır. Oysa sanatçı eserini müdahalesiz inşa etmeli. Klasik olabilecek bir eserin sanatçıyı özgür bırakmakla gerçekleşebileceğini düşünüyorum. Ama maalesef bir satış stratejisi olan pedagojik müdahale çocuk edebiyatına ket vurmakta, sanatçıyı sıkıştırmaktadır. Sıkışan sanatçı cesur ve özgür yazma yolundansa börtü-böcek edebiyatına başvurur. Bu mücadeleden bağımsız çocuk edebiyatını ele alamayız. Bugün çocuk edebiyatındaki konulara baktığımızda da arka planda yazara yapılan müdahaleleri düşünmemiz gerekir. Göç konusu peki bu müdahalelerden ne kadar nasibini aldı? Çocuk edebiyatına ne kadar sızmayı başardı. Bu soruyu aydınlatmakla beraber 2015 yılında yayımlanmış bir eserden bahsedeceğim: Çiğdem Sezer'in Juju adlı eseri. Türkiye'ye yerleşmiş Suriyeli bir mülteci ailenin çocuğu olan Juju'nun ağzından savaşı, mülteci olmayı anlatıyor yazar. En genel anlamıyla bu çalışmada Juju örneği üzerinden Çocuk Edebiyatında göç ve bilhassa zorunlu göç kavramının yerini konuşacağım. Bu yerin az ya da çok olmasındaki etkenleri ve müdahalenin edebiyata verdiği zararı konuşacağım.

***

Müge İplikçi'nin Kömür Karası Çocuk ve Babamın Ardından Romanlarında Göç
(295) Sevda Savur

Bu çalışmada göç olgusunun edebiyata yansımalarından yola çıkılarak Müge İplikçi' nin Kömür Karası Çocuk ve Babamın Ardından adlı kitapları incelenecektir. Göç teması Türk edebiyatında geçmişten günümüze birçok eserde yer almıştır. Müge İplikçi' de bu iki kitabında göç temasını ele almıştır. Ailesiyle birlikte İstanbul'da göçmen olarak yaşayan bir çocuğun hikayesini anlatan Kömür Karası Çocuk kitabından yola çıkarak bir çocuk gözüyle göç olgusu üzerinde durulacaktır. Babamın Ardından kitabından hareketle savaş yüzünden göç etmek zorunda bırakılan insanlar, göçle birlikte değişen hayatları ve parçalanan bellekler incelenecektir. Bir hiç öyküsü olan bu iki kitap ile göçlerle dolu bir coğrafya, yıkılan hayaller, göçle savrulan insanlar ve göçün yok ettiği hayatlar irdelenecektir.

***

Fransız Çocuk Yazınında Göç Olgusu: Buranın Çocukları Başka Yerlerin Anne-Babaları ya da Küçük Bir Kitabın Söyleyebildikleri
(247) İrfan Atalay (Namık Kemal University)

Çocuklara bir sürgünden ya da bir göçten nasıl söz edilebilir? Ya da tersinden sorarak çocuklar bir sürgünden veya göçten nasıl söz eder? İtalyan kökenli göçmen bir aileden olan Fransız vatandaşı Carole Saturno'nun, dokuz yaşından büyük çocuklara yönelik olarak kaleme aldığı ve dilimize Buranın Çocukları Başka Yerlerin Anne-babaları: iltica ve kırsal göçün tarih ve belleği (Enfants d'ici, parents d'ailleurs : histoire et mémoire de l'exode rural et de l'immigration) adlı deneme türünden kitap yalnızca 144 sayfadan oluşmasına karşın, neredeyse Fransa'daki geniş göç ve göçmen sorunlarını bir çocuğun anlayabileceği ve anlatabileceği basitlik ve yalınlık içinde özetleyen rapor niteliği taşır. Kitap, 1850 sonrasından başlayarak bir buçuk yüzyılı kapsayan göç ve iltica tarihini, dünyanın farklı coğrafyalarından Fransa'ya gelen göçmen aile çocuklarının ağzından aktarır. On beş farklı kökenden çocuğun anlatısına bolca resimle yer veren kitap, tarihsel göç dalgalarını esas alarak farklı ulusların bakış açılarıyla sorunu ortaya koymaya çalışır. İtalyanlara ayrılan bölüm bir bakıma otobiyografik bir anlatıyla İtalya'nın yaşadığı ekonomik ve toplumsal krizler sonucu göç etmek zorunda olan insanların öyküsünü verirken, Ermenilere ayrılan bölümde Osmanlı Devletinin çıkardığı Tehcir Yasası sonrasında yapılan uygulamalarda Ermenilerin karşı karşıya kaldıkları dram ve sonrasında Fransa'daki yaşamları öykülenir. Sırası geldiğinde Türklere, Cezayirlilere, Polonyalılara ve diğerlerine söz verilir. Yazar, bu küçük yapıtıyla Fransa'nın göç sorununa ilişkin genel bir tablosunu yapmaya çalışır. Bunu yaparken öyküleri ve kahramanlarını tümüyle Paris'e taşımaz. Farklı kökenli toplumları kendi yaşam ortamlarında yaşadıkları ve karşılaştıklarıyla anlatır. Başka coğrafyalarda doğmuş dede ve ebeveynlerin taşıdığı kültür ile iç içe oldukları kültür çatışmalarını, dil ve din sorunlarını, kendilerine özgü değerleri kaybetmek korkusuyla dışa dönük olmaktan korkarak genel çerçeve içinde kalmış küçük etnik yaşam alanlarını betimler. Çalışmamızda, geçmişlerinden tümüyle habersiz, geleceklerinden endişe taşıyan çocuklar aracılığıyla anlatılan göç ve göçmen sorunlarını, bir yandan söylemlerdeki ipuçlarını da kullanarak irdelerken, öte yandan çocuk dünyasındaki olumlu ve olumsuz sonuçlarını, özetle bir öz niteliğine sahip kitaptan hareketle Fransız çocuk yazınındaki göç olgusunun ele alınma biçimlerini çözümlemeye çalışacağız.

***

SESSION 11A – Migrant Integration

	Room: SR 3
Chair	**Ali Çağlar, Hacettepe University, Turkey**
368	After Two Generations: Disparities in Integration and Incorporation - **Christine Inglis, Maurice Crul, Jens Schneider, Philipp Schnell**
558	Transnationalism, Identity and Belonging: Turkish-Norwegians in Drammen, Norway – **Pınar Yazgan**
144	Constructing Immigrants' Affiliations Towards Receiving Countries: the Role of the Media - **Ayşegül Kayaoğlu**
215	Dutch Turkish Youngsters and Their Integration Problems in the Netherlands – **Özge Karayalçın**
478	Framing Immigrants and Framing Germany: Integration Courses and Intersecting Identities in Contemporary Germany – **Daniel Williams**

After Two Generations: Disparities in Integration and Incorporation

(368) Christine Inglis (University of Sydney), Maurice Crul (Erasmus University Rotterdam), Jens Schneider (University Osnabrück), Philipp Schnell (Kammer für Arbeiter und Angestellte für Wien)

The 1960s were a critical period in emigration from Turkey as tens of thousands of its citizens left following bilateral labour migration agreements made between Turkey and numerous European countries. While their experiences and those of their children born and raised in Europe have attracted considerable attention, far less well known are the experiences of their contemporaries who emigrated to Australia following the 1967 bilateral agreement made between Australia and Turkey. This paper compares the trajectories of the Australian second generation descendants of these early settlers with those of their European born contemporaries. The basis for this comparison are the results of parallel studies undertaken in Europe (the TIES- The Integration of the European Second Generation- project) and Australia (the TIAS- the Integration of the Australian Second Generation –project). Despite the similarity in the background of the initial emigrants to Europe and Australia, the i and trajectories of their children in the subsequent half a century differ in many important ways. After outlining a number of the key findings from the European and Australian comparison the paper considers potential explanations for the fact that, at its most simplistic, the Australian young people have a somewhat more positive experience of growing up in their families' new country of residence than their European peers.

***

Transnationalism, Identity and Belonging: Turkish-Norwegians in Drammen, Norway

(558) Pınar Yazgan (Sakarya University)

In recent times, more than ever, individuals are on the move and are interacting constantly with each other, both physically and virtually, thereby creating a world of interactive Networks. Mostly, migration is accepted as temporary movement and migrants are seen as object whose actions are shaped by prevailing macro level conditions. However, in this study, migrants from Turkey residing in Drammen, Norway are seen as agents, both in mobility and as carriers of culture between their respective countries of origin and residence. This study focuses on migrants as members of a family and also on groups with mezzo level interactions. In this context, I differentiate Turkish migration to Norway from Turkish migration to other countries. With mobility in this context, I focus on the daily life (routines and rituals) of the Turkish migrants and their descendants as a transnational community and analyse their sense of belonging and identity in Drammen, Norway. A migrant 's identity and their sense of belonging are embedded within the realm of their daily life. I conceptualize belonging as emotional attachments and as the ties and interactions between ―the self-‖ and the society. I conducted participant observations during from the 5th of January to the 5th of February 2015 and face-to-face and unstructured interviews with 9 members of two generations of 6 families. I find out migrants and their descendants who are living in Turkey and Norway are connected through social and cultural ties. Transnational practices become routine in the lives of these individuals and their identities are affirmed by their daily rituals which also transmit their culture to future generations. These shared values are undeniably important determinants in the identity formation of future generations.

***

Constructing Immigrants' Affiliations Towards Receiving Countries: The Role of the Media
(144) Ayşegül Kayaoğlu (İstanbul Technical University)

The impact of economic well being on the integration of immigrants is discussed indepth in the migration literature. However, the role of media and especially transnational media consumption is only partially analyzed. As it is known, television is an important medium since it is a very crucial regulator for daily lives of people and its impact is even more important for migrants since television is also a kind of bridge between their homeland and diasporic zones apart from being a tool for the reformation of their identities. The role of media in this zone is through its discursive effect, which contributes intensively in constructing identities. Migrants living away from their homeland fill in the blanks of their memory, and cover their desires for myths relating to their homelands through media. Based on this, in this paper, the role of the transnational media consumption and labour market outcomes on the affiliations of the Turkish immigrants in Belgium, France and Germany are analysed. A direct measurement of ethnic identities of Turkish immigrants is constructed by classifying them into four categories such as integrated, assimilated, separated and marginalized using a 2008 micro-survey on Turkish immigrants in Germany, France and Belgium. To understand how the transnational Turkish media affects the way Turkish immigrants affiliate themselves to their receiving countries, the results of a micro survey with the first- and second-generation immigrants are discussed in the paper. It is found that the role of media is more effective in the integration of immigrants than their labour market outcomes. More interestingly, immigrants who follow Turkish TV channels regularly are found to be less assimilated and their ties with their 'homeland' is kept alive thanks to the constitutive power of media on identity formation.

***

Dutch Turkish Youngsters and Their Integration Problems in the Netherlands
(215) Özge Karayalçın

This study tries to find out the reasons for the integration problems of third generation Dutch-Turkish youngsters by particularly focusing on the socio-cultural and socio-economic situations of these people in the Netherlands. The results obtained from the field research are summed up under four sections. These four sections are education and language, labour market, cultural factors, religion and nationality. The underlying reasons of the integration problems are reflected from two different perspectives. The first one is the effects of social and economic enforcements implemented on the Turkish immigrant society. The second one is the traditional Turkish values that are quite different from Dutch values. The problems experienced by third generation Turkish origin Dutch youngsters are not one-sided. To conclude, solution-oriented advisements are asserted.

***

Framing Immigrants and Framing Germany: Integration Courses and Intersecting Identities in Contemporary Germany
(478) Daniel Williams (St. Catherine University)

Since 2005, Germany has required integration courses of new immigrants intending to obtain permanent residence. A part of these courses is the "orientation course," a 60-hour component of the larger integration course whose purpose is to teach immigrants about life in Germany, including history, politics, and bureaucracy, as well as everyday life and norms. This paper addresses the question of how Germanness as well as immigrants are defined, shaped, and and constructed in the orientation course. Using ethnographic observation, content analysis of integration course materials, and focus group interviews, this paper focuses on which foreigners and characteristics are the targets of integration courses. I adopt an intersectional perspective to examine whether the typical immigrant is imagined, as well as whether or not immigrants imagine themselves, through particular or intersecting differences of religion, national origin, and social class—differences which correspond to those of the largest historical immigrant group in contemporary Germany—Turkish immigrants.

SESSION 11B – Migration in Austria - I

	Room: SR 4
Chair	**Gudrun Biffl, Donau University, Krems, Austria**
521	Benefiting from A Turkish Migration Background? Experiences from Medical Students with A Turkish Migration Background – **Gloria Tauber, Heidi Siller, Margarethe Hochleitner**
528	Economic Analysis of the Refugee Influx to Austria in 2015 - **Johannes Berger, Ludwig Strohner**
520	Are Ethnic Entrepreneurs Social Innovators? Turkish Migrant Entrepreneurs in Salzburg - **Heiko Berner**
532	A Longitudinal View on Migration: Biography and Public History – **Rita Maria Garstenauer**
5581	Cross-Country Differences in the Contribution of Future Migration to the Funding of Old-Age Pensions – **Johannes Berger, Thomas Davoine, Philip Schuster, Ludwig Strohner**

Benefiting from A Turkish Migration Background? Experiences from Medical Students with A Turkish Migration Background
(521) Gloria Tauber, Heidi Siller, Margarethe Hochleitner (Medical University Innsbruck)

The research focuses on achieving a better understanding of medical students with Turkish migration background. Turkish migrants are one of the largest groups of non-German speaking migrants in Austria (Statistik-Austria, 2015). Women as well as men with migration background and educational success seem to be largely marginalized in a dominant deficit-orientated migration discourse (Farrokhzad, 2007). The objectives of this study were to investigate which advantages and disadvantages Turkish migrants experience in tertiary education, more specifically in medical study programmes. Focus groups were conducted with medical students with Turkish migration background (12 women, 9 men). 76% of the participants belong to the second generation of Turkish migrants. The groups were separated by gender and each group had two appointments that lasted for two hours each. In analysis Grounded Theory was applied according to Strauss and Corbin. Female and male focus group participants reported that they both experienced discrimination during their school education. The discrimination of the male participants – associated with their migration background - stopped when they started to study medicine. But the female counterparts reported an increase of discrimination, mainly focused on their outfit. All participants mentioned several advantages during the medical studies, they seem to benefit from having an awesome family support and furthermore from being able to speak Turkish, for which reason they can communicate with the large Turkish patient group. There seem to exist disadvantages, but also some particular advantages and opportunities for students with migration background. The question arises why the discrimination of male medical students stops and why female medical students experience an increase of discrimination when they began to study and if there exist other advantages for male medical students in benefitting from the Turkish migration background in contrast to the female students.

***

Economic Analysis of the Refugee Influx to Austria
(528) Johannes Berger, Ludwig Strohner (EcoAustria - Institute for Economic Research)

This paper presents an economic assessment of the current refugee influx to Austria, largely from Syria, Afghanistan and Iraq. Economic effects are analysed relative to a baseline scenario without additional migration. The skill composition of refugees is taken from surveys conducted. Assumptions about labour market integration are based on Swedish experiences, as Sweden already has a large number of migrants from the Middle East. The Swedish experience suggests below average labour force participation of refugees, particularly in the first years after arrival. The simulation model PuMA of EcoAustria suggests a considerable increase in total employment, particularly of the unskilled workforce. The rise in employment remains, however, clearly below the number of additional refugees. The unemployment rate rises and is concentrated upon the refugees themselves, but to a smaller extent also unskilled residents are going to be affected. At the same time wage developments of unskilled residents are going to be below average. The refugee inflow boosts economic growth and private consumer demand. GDP per capita is, however, lower than in the baseline scenario as a result of lower productivity growth and below average employment opportunities of the refugees.

***

Are Ethnic Entrepreneurs Social Innovators? Turkish Migrant Entrepreneurs in Salzburg
(520) Heiko Berner (Salzburg University of Applied Sciences)

Our hypothesis is that social innovations are capable of resolving social problems; they are targeted measures which respond to real social grievances; they are directed towards an amelioration of the situation. In Austria it is argued that ethnic business represents a type of social innovation. The question the paper addresses is if and to what extent ethnic business goes hand in hand with social developments and possibly boosts social change. Entrepreneurs of Turkish originated in salzburg are the focus of analysis. The paper starts out with the discussion of the term ‚innovation' (1), followed by the description of the labour market situation of Turkish migrants in Salzburg (data source: Statistics Austria, labour force data) (2.), the issue of ethnic business (3.), and, to to round up, the analysis of biographic interviews of Turkish entrepreneurs in Salzburg; the latter have been undertaken in the clourse of a doctoral thesis in educational sciences (4.).The preliminary results show that: 1. there is a social problem; Turkish migrants are a disadvantaged group on the labour market in Salzburg, which is often perceived as structural discrimination by the target group; 2. the Turkish run ethnic businesses do not represent a social innovation; in working on their own account they may overcome disadvantages on the labour market but their actions are not directed towards overcoming the problem per se. 3. it is much rather a transintentional aspect (Schimank 2007), which goes beyond the economic interest of the actors. To start a business is usually not the original intent but much rather a response to a precarious economic situation (unemployment, deskilling, sickness...) which can be overcome by setting up one's own business. This was the major motive for most interviewees. 4. social innovation will only materialise if the whole community is involved and if the actions go beyond satisfying one's economic survival and address the social needs of the whole group.

***

A Longitudinal View on Migration: Biography and Public History
(532) Rita Maria Garstenauer (Zentrum fuer Migrationsforschung)

Migration has long term effects on both sending and receiving societies that go beyond merely one generation. While we are fully aware of the cost, risk and effort that migrants take during the immediate act of migration, there seems to be forgetfulness about the process following the immediate act of migration. Current discussions about necessity and means of integration also often imply an abbreviated view on this process. A longitudinal view on recent migration phenomena can help to change the perspective. But then, interdisciplinary research is more easily said than done: Sociologists do analysis of a given present, historians tell stories about more or less extended periods of the past. Sociologists generalise and make propositions about macro-phenomena, while historians, having learned that they will be contested by their colleagues any time they draw too wide a conclusion, delight in the depth and precision of circumstantial detail. A viable longitudinal approach to migration requires both: a common analytical framework, and a common narrative, that is, a description of the phenomenon that takes into account its temporal as well as its causal aspects. At the Centre for Migration Studies, we try to achieve this by choosing two perspectives that provide the common ground between Sociology and History: Biography and Public History. This paper presents two projects according to this approach at the Centre for Migration Studies: A community-funded local history about the integration of Czech immigrants in a Lower Austrian rural commune from 1880 till today, and a research focus on the history of labour migration to the industrial town of St. Poelten since the 1960s.

Cross-Country Differences in the Contribution of Future Migration to the Funding of Old-Age Pensions
(5581) Johannes Berger (EcoAustria), Thomas Davoine, Philip Schuster, Ludwig Strohner

As life expectancy increases and fertility declines, population aging puts pressure on the funding of welfare states in Europe and other developed countries. Given that immigrant workers are younger than the domestic population, a continuous flow of immigrants reduces the old-age dependency ratio and improves public funding. Existing general equilibrium estimates of the public finance contribution of migration, performed with different models, are not comparable across countries and sometimes differ even in sign. We use the same overlapping-generations model with a detailed representation of institutions and labour market activity to provide comparable estimates of the impact of immigration on public finance in four European countries. We find that future projected immigration flows are equivalent to 14.3 percentage points labour income taxes in Austria, 7.3 points in Germany, 6.2 points in the United Kingdom and 1.7 points in Poland in 2060. These differences are due to the projected volume of immigration and institutional set-ups, among other factors. For comparable volumes of immigration, future flows have the largest positive impact in Germany and the smallest in the United Kingdom.

***

SESSION 11C – İçgöç

	Room: SR 5
Chair	**B. Dilara Şeker, Manisa Celal Bayar University, Turkey**
459	Türkiye'de 'Öteki' Olarak Çingene/Romanlar – **Serap Gün**
545	Erzurum ve Göç –**Yıldız Akpolat**
312	Iğdır'a Son Göçler: Iğdır'da İskan Edilen Ahıska Türklerinin Durumu - **Seyfeddin Buntürk**
192	Göç ve Afganlar: "İstikrarlı Göçmenler" – **Selda Geyik Yıldırım**
200	Maliye Politikası Araçlarının İç Göçteki Rolü: Tiebout Hipotezi - **Gül**

Türkiye'de 'Öteki' Olarak Çingene/Romanlar
(459) Serap Gün (Gazi University)

Tüm zamanların ve toplumların 'öteki' si olarak görülen Çingene/Romanlar, günümüzde de bulundukları her yerde çok boyutlu eşitsizliklerin girdabında, insan haklarından mahrum şekilde yaşamlarını idame ettirmektedirler. 'Biz' den olmayan 'öteki' olarak görülen Romanlar, önyargı ve kalıpyargılar nedeniyle olumsuz söylem ve eylemlerin odağında yer almakta; barınma başta olmak üzere istihdam, eğitim, sağlık ve sosyal hizmetlere erişimde etnik kimliğe yönelik ayrımcılık ve dışlanma ile karşılaşmaktadırlar. 'Biz' in 'öteki' lere biçtiği hiyerarşik konum nedeniyle en altta görülen Romanlar; çok düşük eğitim düzeyleri, yetersiz sağlık koşulları ve yüksek işsizlik oranları ile yalıtılmış mekânlarda olumsuz barınma koşulları içinde hayatta kalma çabası vermektedirler. Dolayısıyla ekonomik, sosyal ve kültürel alanlarda 'Roman olma' halinin meydana getirdiği kısıtlayıcılık ve engelleyiciliğin içinde oldukça düşük yaşam koşullarıyla mücadele etmektedirler. Bu çalışma, Türkiye'de toplumsal yapı içinde en kırılgan (dezavantajlı) etnik grup olarak nitelendirebileceğimiz, 'görünmez'-'duyulmaz' olan Romanların ayrımcılık ve dışlanmayı yaşamlarının hangi alanlarında, nasıl deneyimlediklerini anlamayı amaçlamaktadır. Bu bağlamda çalışmada, ayrımcılık ve dışlanmanın arka planında yer alan süreçler ile ayrımcılık ve dışlanmayı derinleştiren boyutların neler olduğu üzerinde durulmaktadır.

Erzurum ve Göç
(545) Yıldız Akpolat (Atatürk University)

Erzurum, Doğu Anadolu bölgesinin merkez konumunda bulunan bir şehridir. Erzurum, Türkiye'nin göç profilinde hem göç alan hem de göç veren bir yapıya sahip ilidir. Verileri göre, Erzurum nüfusunun üçte biri sürekli hareket halindedir. Nüfusun bu hareketli kısmı, genellikle Erzurum'un güney ilçelerinden ve daha doğuda bulunan illerin ilçelerinden gelen ancak bir süre iş imkânı aradıktan sonra ülkenin daha batısına göç eden bir nüfus özelliğine sahiptir. Bu hareketli nüfus, ilde şiddet gibi suçların oluşmasında etken bir faktör olarak karşımıza çıkmaktadır. Ekonomik olarak tedirgin ve güvensiz olan insanlar şiddet suçlarına daha fazla yönelebilmektedir. Bu bildirinin konusu ilimizdeki göç olgusunun nedenlerini ve sonuçlarını ortaya çıkarmaya yöneliktir. Bildirinin yöntemi ise, Erzurum ilinde yapılmış olan toplumsal yapı ve değişme alanındaki araştırmaların verilerini kullanarak ikincil düzeyde bir veri analizi gerçekleştirecektir. Araştırmanın amacı ise göç olgusu ve suç arasındaki ilişkiyi belirlemektir.

***

Iğdır'a Son Göçler: Iğdır'da İskan Edilen Ahıska Türklerinin Durumu
(312) Seyfeddin Buntürk (Uludağ University)

Bildiri aşağıdaki plan üzere hazırlanacaktır: 1. Stalin Başkanlığında Sovyet Yönetiminin 1944 Ahıska sürgünü 2. 1970'lerde Ahıskalıların Türkiye'ye göç etme talepleri ve başvuruların iletilmesi 3. Sovyetlerin Çöküşü ve TBMM'nin 3835 Sayılı ("Ahıska Türklerinin Türkiye'ye Kabulü ve iskanına Dair") Kanunun Kabulü 4. Iğdır'da İskan Edilen Ahıska Türklerinin Sosyal Yapısı: Cinsiyete ve Yaş Gruplarına Göre Dağılımı, Eğitim ve medeni durumu vb. 5. Iğdır'daki Ahıskalıların sosyal, ekonomik ve kültürel sorunlar. Çalışmamızda Rusya, Azerbaycan, Gürcistan, Türkiye, Avrupa ve diğer kaynaklardan istifade edilecektir.

***

Göç ve Afganlar: "İstikrarlı Göçmenler"
(192) Selda Geyik Yıldırım (Sakarya University and Kafkas University)

Afganistan, tarihi boyunca "göçmen üreten" ve "istikrarlı göçmenlere" sahip sayılı ülkelerden biri olmuştur. Post-endüstriyel çağ olarak tanımlanan günümüz dünyasında Afganlar en "ilkel" yöntemlerle göç etmekte, varış noktalarında ise karşı karşıya kaldıkları ötekileştirilme ve emek sömürüsü neticesinde yeniden göç arayışlarına girmektedirler. Göç, ülke tarihinden ve göçmenlerin hayatlarından hiç eksilmeyen tek olgu haline dönüşmüştür. Bu süreçte Türkiye de transit göçün değişmeyen coğrafyası olmayı sürdürmüştür. Bu çalışma, Kars il merkezinde ikamet eden Afganları kapsamaktadır. Çalışmanın temel amacı, Kars il merkezinde ikamet eden Afgan göçmenlerin mevcut koşullarını, sorun ve ihtiyaçlarını tespit edebilmektir. Çalışmada yarı-yapılandırılmış mülakat tekniği kullanılarak Afganların göç tecrübelerine ve mevcut durumlarına ilişkin bilgiler toplanmaya çalışılmıştır. Çalışmanın neticesinde Afgan göçmenlerin göç sonrası durumlarının göç öncesine göre göreli bir değişim geçirdiği söylense de yine de yaşam koşulları açısından ciddi eksikliklerin hala var olduğu sonucuna ulaşılmıştır. Büyük çoğunluğunun yoksul yaşamlarına çözüm bulmak adına çıktığı göç yolculukları varış noktalarında yeniden yoksullukla karşı karşıya kalmış, yolculuk sonrası değişen tek şey ise yoksulluğun yaşandığı coğrafya olmuştur. Ülkeler için "endişe kaynağı; ülkelerin işverenleri için "ucuz emek kaynağı" haline gelen bu göçmenlerin bazılarının yaşamlarından silah sesleri, güvenlik tehdidi, zulüm ve şiddet eksilmiştir ancak yoksul yaşamları hiç değişmemiştir.

***

Maliye Politikası Araçlarının İç Göçteki Rolü: Tiebout Hipotezi
(200) Gül Kayalıdere (Celal Bayar University)

Maliye politikası, makro ekonomik bir kavram olmakla beraber mikro ekonomik etkileri yadsınamaz. Maliye politikası, ekonomik büyüme ve kalkınmayı, fiyat istikrarını ve gelir dağılımında adaletin sağlanmasını temel hedefler olarak belirlemiştir. Söz konusu amaçları gerçekleştirmek için kamu gelir ve harcama politikalarını kullanır. Çalışmada, maliye politikası ile ilgili kavramsal açıklamalar, maliye politikasının amaçları ve bu amaçlara ulaşabilmek için kullandığı (vergiler, kamu harcamaları vb) araçların yerel halkın yaşama yeri kararlarına etkisi Tiebout hipotezi çerçevesinde ele alınmıştır. Bu bağlamda, Tiebout hipotezi kavramsal olarak açıklanmış, varsayımlarının neler olduğu ortaya koyulmuştur. Yerel halkın, yönetimler tarafından alınan mali kararlar nedeniyle ülke içinde gerçekten yer değiştirip değiştirmediği pek çok ampirik çalışmanın konusu olmuştur. Çalışmanın önemi de buradan doğmaktadır. Daha açık bir ifadeyle, yerel (ülke içi) mali politika kararlarının halkın dolaşımını etkileyici unsurlardan biri olduğunu savunan söz konusu hipotez, aslında küresel anlamda da düşünüldüğünde etkili olabilmektedir. Araştırmanın temelini, Tiebout hipotezi çerçevesinde, yönetimler tarafından alınan mali kararların kişilerin yaşam alanı seçimlerindeki rolünü araştıran çalışmalar ve sonuçları oluşturmaktadır. Genel olarak, literatürde, yönetimlerin uygulamaya koyduğu mali politikaların kişilerin göç etme karalarında etkili olduğu araştırmaların yoğunlukta olduğu sonucuna ulaşılmıştır.

***

SESSION 11D – Göçü Çözümlemek

	Room: SR 6
Chair	Tuncay Bilecen, Kocaeli University, Turkey
489	Çatışma Temelli Ayrılış: Türkiye'den İngiltere'ye Düzensiz Göçün Nedenleri - Fethiye Tilbe

527	Türkiye'deki Uluslararası Göç Akımlarının Öntahmini: Bir Bayesyen Bakış Açısı – **Kadir Karagöz, Mehmet Yiğit**
533	Uluslararası Göç Hareketleri ve Sınır Duvarları Bağlamında Türkiye – **Nihan Kocaman**
534	Yumuşak Güç Kullanımının Uluslararası Göç Hareketleri Üzerine Etkisi: Türkiye Örneği - **Ayşe Betül Nuhoğlu**
269	Türkiye'de 1980 Sonrası Ülke İçi Tehcir: Diyarbakır Örneği – **İnan Keser**

Çatışma Temelli Ayrılış: Türkiye'den İngiltere'ye Düzensiz Göçün Nedenleri -
(489) Fethiye Tilbe (Namık Kemal University)

Kıbrıs Türklerinin 1940'lardaki göçüyle başlayan, 1970'lerdeki Türk göçmenlerle ve 1990'lardaki Kürt göçmenlerle büyüyen İngiltere'deki nüfus günümüzde Kıbrıs Türklerinden, Türklerden ve Türkiye Kürtlerinden oluşmaktadır. Çatışma modelinin önermeleri doğrultusunda Türkiye'den İngiltere'ye göç, tüm diğer göçmen akımları gibi, çeşitli çatışmalarla renklendirilmiştir. Türkler, Kürtler, Aleviler, Sünniler ve diğerleri, çatışmadan kaçınmak, zorlukları ve engelleri aşmak, uzlaşmazlıklardan, gerilimlerden ve hoşlanmadıkları şeylerden kaçmak için Türkiye'den göç etmişlerdir. Her grubun ve her bireyin Türkiye'de sunulanlara dair kendine has bir çıkar çatışması ve uzlaşmazlık hikâyesi vardır. Bunların bir kısmı sessizce geride bırakılmış durağan gerilimlerken, bir kısmı da yok sayılamayan ve yok sayılması tercih edilmeyen açık ve büyük çatışmalardır. Kürtlerin ve Alevilerin Anadolu'dan kitlesel göçleri, özellikle 1980lerde ve 1990lardaki açık karşılaşmalar ve şiddetli çarpışmalar ile ilişkilidir. Kürt ve Alevi kimlikleri, çatışmaya neden olanlar arasında öne çıkan konulardır. Bu çalışmada, Türkiye'den İngiltere'ye 1980 sonlarında başlayıp, 1990'larda giderek çoğalan düzensiz göçmen akımlarının nedenleri incelenecektir. Bu çerçevede, Londra'da, geçmişte ve günümüzde düzensiz göçmen statüsünde bulunan 27 göçmen ve 7 anahtar görüşmeci ile gerçekleştirilen derinlemesine görüşmelerden yararlanılarak, düzensiz göçün nedenleri çatışma modeli çerçevesinde analiz edilecektir.

***

Türkiye'deki Uluslararası Göç Akımlarının Öntahmini: Bir Bayesyen Bakış Açısı
(527) Kadir Karagöz, Mehmet Yiğit (Celal Bayar University)

Uluslararası göçe ilişkin güvenilir öntahminlere duyulan ihtiyaç giderek daha önemli hale gelmektedir. Nüfus dinamiklerindeki doğal değişim üzerindeki bozucu etkileri dikkate alındığında, nüfus hareketleri daha da önem kazanmaktadır. İster yasal ister yasa dışı olsun göç hem gelişmiş hem de gelişmekte olan ülkeler açısından bir sorundur, ancak artan nüfus, yoksulluk, nitelikli işgücü eksikliği ve beyin göçü gibi önemli sorunlarla karşı karşıya bulunan gelişmekte olan ülkeler için daha da hayatidir. Sürekli ve kitlesel göç akımı bu sorunu daha da ağırlaştırmaktadır. Göçün etkisi sadece demografik değildir, aynı zamanda ekonomi, işgücü ilişkileri, siyaset ve kültürü de içeren sosyal yaşam üzerinde de etkilidir. İç ve dış göç Türkiye için de önemli bir sorun teşkil etmektedir. Yolların kavşak noktasındaki bir ülke olarak Türkiye, transit göçmenler için Avrupa'ya giden yolda önemli bir koridor ve büyüyen ekonomisiyle kalıcı göçmenler açısından gözde bir duraktır. Son yıllardaki önemli gelişmelere rağmen Türkiye ekonomisi hâlâ kırılgandır ve iç ve dış göç bu durumu daha da kötüleştirmektedir. Bu nedenle, göçmen hacmine ilişkin sofistike ve güvenilir öntahminler daha sağlam ve etkili ekonomik ve sosyal politika tedbirlerinin hazırlanmasına yardımcı olacaktır. Bu çalışmada, göçe ilişkin ampirik literatürde oldukça az kullanılan bir yöntemle böylesi tahminler elde etmeye çalışmaktayız. Bayesyen metodoloji, önsel kanaatler ile örnek bilgisini birleştirerek daha gerçekçi öntahminler vaad etmektedir.

***
Uluslararası Göç Hareketleri ve Sınır Duvarları Bağlamında Türkiye
(533) Nihan Kocaman (Yeditepe University)

Sınır kavramı, Ortaçağın sonundan itibaren karşımıza çıkmış ancak, özellikle de küreselleşme kavramı ve uluslararası sistemde ortaya çıkan yeni aktörler ile birlikte, anlam değişikliği yaşamış, aynı zamanda devletlerin egemenlik alanlarında da önemli değişiklikler yaşanmasına sebebiyet vermiştir. Sınır duvarları da aynı dönemde karşımıza çıkmaktadır. Her ne kadar, 1989 yılında Berlin Duvarı'nın yıkılmasının ardından sınırsız bir dünyaya geçileceği düşünülse de, özellikle de 2001'de yaşanan terör saldırıları sebebiyle, önemini kaybeden sınır duvarları uluslararası ilişkilere geri dönüş yaşamış ve o günden itibaren artarak günümüze kadar gelmişlerdir. Özellikle son yıllarda dünyada kurulan yeni devletler, devletler arası savaşlar ve çatışmalar ile sürekli gündemde yerini koruyan bu konu Avrupa'ya geçişte transit ülke konumunda olan Türkiye açısından da büyük önem arz etmektedir. Bu çalışmanın amacı, sınır kavramını ele alarak, gün geçtikçe önem kazanan yasadışı göçleri durdurmak adına Türkiye'nin çevresinde yükselmeye başlayan sınır duvarlarının durumunu gözler önüne sermektir.

***

Yumuşak Güç Kullanımının Uluslararası Göç Hareketleri Üzerine Etkisi: Türkiye Örneği
(534) Ayşe Betül Nuhoğlu (Yeditepe University)

Soğuk Savaş yıllarında ideolojik savaşın araçlarından biri olarak kullanılan ve ABD'nin etkin kullanımı sonucu SSCB'nin dağılmasını hazırlayan nedenlerden biri olarak görülen yumuşak güç kavramı, kısa zamanda uluslararası ilişkilerde en çok karşımıza çıkan kavramlardan biri haline gelmiştir. Yumuşak güç kullanımları ile devletler, olumlu imajlarını yabancı kamuoylarında arttırmaya ve bir cazibe merkezi haline gelmeye çalışmaktadırlar. Bu çalışmalar, genel olarak olumlu sonuçlar doğurmak amacıyla yapılsa da bazı durumlarda olumsuz sonuçlara neden olabilmektedir. Bunun en belirgin yansımalarını yumuşak güç kullanan ülkelere doğru yapılan göç hareketlerinde ve bu hareketler sonucu almış oldukları göçmen nüfustan kaynaklanan sorunlarda görmek mümkündür. Bu çalışmanın amacı yumuşak gücün göç hareketlerini tetiklemedeki etkisini incelemektir. Çalışmada çeşitli örneklere yer verdikten sonra, Türkiye'nin yumuşak güç kullanımının, Türkiye'ye doğru yapılan uluslararası göç hareketleri üzerindeki etkisi tartışılacaktır.

***

Türkiye'de 1980 Sonrası Ülke İçi Tehcir: Diyarbakır Örneği
(269) İnan Keser (Dicle University)

Türkiye tarihinin son döneminde yaşanan en büyük tehcir sürecini anlamaya yönelik bir çaba olan bu çalışmada kullanılan veriler nitel ve nicel araştırma tekniklerinin bir arada kullanıldığı, 2009 yılında Diyarbakır kentinin tamamında gerçekleştirilen aşamalı bir alan araştırması ile elde edildi. Araştırma neticesinde Diyarbakır kentindeki hanelerin önemli bir bölümünün, özellikle devlet güçlerinin 1990'lı yıllarda yaşam alanlarından tehcir ettiği haneler olduğu ve bu hanelerin gerek tehcir öncesi gerek sırası gerekse sonrasında başta devlet görevlileri olmak üzere birçok failin insani olmayan muamemeleleriyle karşılaştıkları tespit edildi. Daha da ötesi, temel yurttaş ve insan haklarının açıkça çiğnenmesinin ötesinde insafsız bir cezalandırma olarak uygulanan ve insanların nesilden nesile aktardıkları ağır ruhsal ve sosyal travmalar yaşamasına neden olan tehcirin faillerinin cezalandırılması ve tehcir mağdurlarının sorunlarının hakkaniyetli ve onurlu biçimde çözülmesine dair bugüne kadar hiçbir adımın atılmadığı, tam tersine tehcire maruz kalanların mağduriyetlerinin birçok farklı failin katkısıyla o günden bugüne katmerlenmeye devam ettiği ve tehcirin başladığı tarihlerden bu günlere uzanan süreçte tehcir edilenlerin önce terör destekçisi daha sonra, doğrudan ya da dolaylı biçimde, akla gelebilecek her türden sorunun kaynağı olarak etiketlenip dışlandığı sonucuna varıldı.

SESSION 11E – Edebiyat ve Göç - V

	Room: SR 7
Chair	**Cahit Kahraman, Namık Kemal University, Turkey**
226	Kalebentlik ve Bir Coğrafyanın Muteberleştirilmesi: Cevat Şakir Ve Bodrum Örneği - **Esma İgus, Hayriye İsmailoğlu**
514	Latife Tekin'in Romanlarında Göç ve Kenar Mahalle Olgusunun Dile Yansımaları - **Macit Balık**
461	Göç Olgusu ve Yabancılaşma: Assia Djebar'ın Les Nuits De Strasbourg Adlı Romanı Üzerine Bir İnceleme – **Esma Sönmez Öz**
177	Göçmen Rus Kadın Yazarların Algısında İstanbul – **Sevinç Üçgül**

Kalebentlik ve Bir Coğrafyanın Muteberleştirilmesi: Cevat Şakir Ve Bodrum Örneği

(226) Esma İgus (Mimar Sinan Fine Arts University), Hayriye İsmailoğlu (Faruk Saraç Vacational School of Design)

In the history of Turkish Literature there are numerous cases that authors were forced to live away from their hometowns or more conceptually, were exiled, though the punishment by the political power. However, contrary to its negative perception, this obligatory residence took part in their biographies as the periods in which their literary productivity increased. One of the prominent authors of the Early Turkish Republic Literature Era, Cevat Sakir was sentenced to confinement in a fortress, a type of banishment, by Independence Tribunals (Istiklal Mahkemeleri) because of a political reason and was sent to Bodrum Kaleici for his punishment. After two and a half years of obligatory residence, he left Bodrum Kaleici. However, his love of Bodrum sent him back there and he lived in Bodrum until the end of his life. His return to Bodrum is regarded as a milestone for his literature career, Bodrum and related themes became dominant in his literal work. Cevat Sakir successively created the image of "Heavenly Bodrum" in the minds of his audience by consolidating the representation of Bodrum's urban spaces in his related literal work. This representation transforms Bodrum from a peripheral place in Turkey in the 1940s and 1950s into a imaginary space that people desire to go, therefore contributing to its gentrification. The main aim of this article is to analyze how authors can change the destiny of a geography during their obligatory residence. Through the analysis of Cevat Sakir's literal work, the adventure of how Bodrum reached the masses in the following years; its history, culture and natural beauty; its path from locality to universality and the representation of urban and architectural spaces of Bodrum will be investigated.

***

Latife Tekin'in Romanlarında Göç ve Kenar Mahalle Olgusunun Dile Yansımaları
(514) Macit Balık (Bartın University)

1980 sonrası Türk romanının önemli isimlerinden biri olan Latife Tekin (d. 1957), Sevgili Arsız Ölüm (1983) ile başladığı yazı hayatında edebî metni bir dil ve kurgu sorunu olarak görür. Yazarın romanlarında öne çıkan diğer önemli bir unsur da hayata tutunma ve yer edinme çabası içinde olan yoksullardır. Yoksulluğun zorunlu kıldığı göç olgusu da yazarın romanlarındaki temel sorunsallardan biri olarak odağa alınan temalardan biridir. Latife Tekin göçü sadece toplumsal bir olay olarak yansıtmaz. Aynı zamanda yazar, göç eden insanların yaşadığı kültür şokunu dil düzeyinde ortaya koyar. Bu itibarla ilk romanından Aşk İşaretleri'ne (1995) kadar yazdığı romanlarında göçe mecbur kalmış insanların hayatları anlatılırken kullanılan dilde de göçebeliğin izlerini görmek mümkündür. Köyden kente göçün ilk durağı olan gecekondu mahallelerinde yaşayan insanların içine düştükleri kimlik karmaşasını ve köylü-kentli ikilemini yazar bilinçli bir şekilde dile de yansıtır. Bu bildiride göç ve yoksulluk ilişkisinin Latife Tekin'in roman diline yansımaları karşılaştırmalı ve analitik bir anlayışla değerlendirilecektir.

***

Göç Olgusu ve Yabancılaşma: Assia Djebar'ın Les Nuits De Strasbourg Adlı Romanı Üzerine Bir İnceleme
(461) Esma Sönmez Öz (Atatürk University)

Göç kavramı, kültürleri devingen tutan, kimi zaman uygarlıkların ilerlemesini sağlayan, toplulukları var eden ve varlıklarını sürdürmesine aracı olan bir olgudur. Göç olgusu, hayal kırıklıklarıyla örülü, insanın yaşam düzeyini iyileştirmek, şartlarını daha da yükseltmek için insanın ya da toplulukların eyleme geçmesi olarak ifade edilebilir. Göç, terk edilen yerde, evini, arkadaşlarını, anılarını yitirmektir, onlara hasret kalmaktır. Bu gidiş, ister kısa ister uzun süreli olsun geride kalan her şey insan için gurbettir. Gurbette kurulan yeni bir yaşam ise yabancılaşmayı da beraberinde getirir. Böylelikle, hem gidilen topluma hem de içinden çıkılan topluma yabancılaşma söz konusu olur. 1962 yılında bağımsızlığına kavuşana kadar Fransız sömürgesinde olan Cezayir, pek çok kavganın, savaşın, siyasi ve politik çatışmanın ortasında kalır. Böyle olumsuz koşulların yaşanıldığı Cezayir'de, dışarıya göç vermek kaçınılmaz bir durumdur. Cezayir'de yaşanan bu mücadeleler, göçler, edebi eserlere de ilham kaynağı olur. Bu bağlamda bakıldığında ise, göç, sadece toplumbilimsel bir alanın konusu olmanın yanı sıra ayrıca edebiyat eserleri için de önemli bir konu olmuştur. Bu çalışmanın amacı, Cezayir asıllı Fransız yazar Assia Djebar'ın "Les nuits de Strasbourg" adlı romanını, göç ve göçmenlik, bunlarla ilintili olarak yabancılaşma duygusunu; çağrışımlar, hatırlamalar, tarihsel anlatımlar, özyaşamöyküsel veriler ve iç monologlarla zaman katmanlarının dokusu içinde elde edilen verileri göç-edebiyat ilişkisi bağlamında değerlendirip incelemektir. Assia Djebar için doğup büyüdüğü hatta alışık olduğu vatan topraklarını bırakarak, sadece dilini bildiği yabancı topraklarda yaşamaya karar vermesi kolay olmayan bir eylemdir. Djebar'ın çocukluk ve gençlik yıllarının geçtiği Cezayir'in hasretiyle ilgili düşünceleri romanlarında hep ön plandadır. Arapçayı sevda sözü, Fransızcayı da yazı dili olarak ifade eden Assia Djebar, göçü, göçmenliği, yabancılaşmayı bizzat yaşamış ve bunu yapıtlarına hem tarihsel hem de özyaşamöyküsel veriler kullanarak yansıtmaktan kaçınmamıştır.

***

Göçmen Rus Kadın Yazarların Algısında İstanbul
(177) Sevinç Üçgül (Erciyes University)

Mythologically speaking, Istanbul was constructed for the most beautiful woman of the world. Considering the epic history, wonders, beauty, art and nature, Istanbul has unbearable attraction for the visitors from all over the world. After the Revolution in 1917 of October, Istanbul was one of the destination for the immigrants who left Russia due to political turmoil. Easily conforming to the multicultural environment of the city, Russian immigrants developed a special feeling for Istanbul. In particular, Russian women like Lyubov Belozerskaya-Bulgakova, Zinaida Shakhovskaya, Anastasia Shirinskaya recorded their experince from thier unique female perspective. Istanbul has been the contact zone for diverse races, cultures, languages and religions. Conforming the native and cultural atmosphere of the city, immigrants face the risk for losing their national values, identity and manner. The risk is more obvious for Russian women who are greatly impressed by the city recording and leaving memorable experiences about the city. Russian women (immigrant), risking their identity, also adopted and reflected the daily life and local culture of the city. The present study aims to excavate how above mentioned Russian women reflected their feeling and experience of Istanbul in their memoirs, letters and diaries. The present study aims to explore memoires, diaries and letters of these women from historiographical point of view.

***

SESSION 12A – Religion and Diaspora - II

	Room: SR 3
Chair	**Yakup Çoştu, Hitit University, Turkey**
202	Internationalization of Domestic Affairs Through Migration: Alevis in Germany: A Specter Haunting Turkish Foreign Policy – **Besim Can Zırh**
134	Migrations of Bosniaks From the Former Socialist Federal Republic of Yugoslavia to Turkey in the Period 1945-1974: the Case of Sanjak - **Sabina Pachariz**
465	Faith and Fear: Mobility of Naqshabandi Sufis on the Turkish-Syrian Border – **Ramazan Aras**
451	An Alevi Concert Event in Paris: Doğa Aşkına - Terre, Mon Amour - **Sinibaldo De Rosa**
166	The Alevi Diaspora's Entrance as A Political Stakeholder and Its Impact on the Homeland – **Zeynep Arslan**

Internationalization of Domestic Affairs Through Migration: Alevis in Germany: A Specter Haunting Turkish Foreign Policy
(202) Besim Can Zırh (Middle East Technical University)

During his four-day visitation to Turkey, the German President Joachim Gauck did also pay a visit to Middle East Technical University on the 28th of April 2014. However, this was the only visitation which became subject to controversy when then-Prime Minister Erdoğan specifically targeted due to what was said during this event. Actually, in his speech addressing METU academics and students, Gauck criticized the Turkish government by reminding recent moves to ban the usage of social media channels such as Twitter and YouTube. In his immediate response to Gauck, Erdogan plainly declared that he found this speech as an attempt to interference in domestic affairs hence could not be tolerated. However, Erdogan's critique did not stop at the point of the "internal affair" privacy and that of political polemics but he also extended to Alevis living in in Germany. Why the name of Alevism was mentioned in such a speech would probably sound confusing for those who are not familiar with the question of Alevism in Turkey. This paper takes this puzzling incident as an opportunity to associate two seemingly unrelated fields of study: international relations among nation-states and anthropology of migration and aims to discuss why/how could Alevis, the second largest belief-culture group in Turkey, become a critical issue on the international political nexus between Turkey and Germany? This scope, of course, cannot be presented as being totally new yet it could be legitimately claimed that it has not been studied extensively. In that sense, I may claim that Alevis who migrated from Turkey to Europe since the 1960s constitute an important case to analyze the process of internationalization of domestic affairs through migration in the age of globalization.

***

Migrations of Bosniaks from the Former Socialist Federal Republic of Yugoslavia to Turkey in the Period 1945-1974: the Case of Sanjak
(134) Sabina Pachariz (Marmara University)

The subject of this study is the migrations of Bosniaks from the former Socialist Federal Republic of Yugoslavia (SFRY) to Turkey in the period 1945-1974. More specifically, such emigration was widespread amongst Bosniaks from the Sandžak region, while such emigration occurred only sporadically amongst those from Bosnia and Herzegovina. Sandzak was distinctive for its specific economic and socio-political situations, which seriously disadvantaged the populace and which were the central driving force of emigration. Due to the long-established historical bonds, the migrants tended to perceive Turkey as their "original" homeland, particularly since they were primarily concerned with preserving their religious and cultural identity. While questioning the widely promoted official SFRY ideology of "Brotherhood and Unity", this study examines the effects of the policies of the ruling SFRY regime, and highlights the importance of a fuller appreciation of the role of religious and national identity within a multi-ethnic communistic country in the Balkans.

***

Faith and Fear: Mobility of Naqshabandi Sufis on the Turkish-Syrian Border –
(465) Ramazan Aras (Mardin Artuklu University)

This paper aims to analyze diverse forms of border crossings and human mobility with a particular focus on members of Naqshabandi Sufi order Haznavis and their journeys and experiences from Mardin to Hazna a small Kurdish village of border city of Kamışlo, Syria from 1930s to 1980s. I am trying to analyze life stories of followers of Sheikh Ahmed Haznavi and his successors who have been resided in the village of Hazna with a particular focus on relation between faith, piety and fear of death on the border, sense of belonging and religious identity. This paper aims to document mobility and seasonal migration patterns of Sufis that challenge diverse forms of border making practices of the nation-state.

***

An Alevi Concert Event in Paris: Doğa Aşkına - Terre, Mon Amour
(451) Sinibaldo De Rosa (University of Exeter)

In this paper I wish to examine how, rather than a legal recognition as religion, Alevism in France has been pursuing a public type of commitment that is different from the past and from elsewhere. If Samim Akgönül has been pivotal in elucidating how Alevism has been living in France in the shadow of Sunnism, with the French having little to no awareness of this ethno-religious minority within the Turkish minority, the 'Franco-Alevi' novelty I present here is revealed by the specific ecologist route embarked by the main French Alevi association, the Federation of the Alevis in France (FUAF). Recurring to methods pertaining to ethno-musicology, ethno-choreology and performance anthropology, I wish to discuss the permeable character of Alevism in this specific European articulation by focusing on a specific event as ethnographic case study. This realized in June 2014 when FUAF celebrated the 15th anniversary since its establishment and was titled Doğa Aşkına - Terre, Mon Amour. Its realization was achieved by an alliance with two of the major non-governmental ecologist associations operating in Turkey and in France, namely Doğa Derneği and the Nicolas Hulot Foundation. The event merged with celebrations for the World Environment Day and was staged at the Palais des Congrès in Paris, currently the largest concert venue in France. Doğa Aşkına honoured 'Nature' through the lenses of Alevi culture and belief, contributing to its emerging international visibility. The new environmental discourse adopted in Doğa Aşkına reframes Alevism out of the habitual anti-Sunni rhetoric adopted in the past. Whereas until recently Alevi associations in France had been attempting to prove that Alevism epitomized "Turkishness" and Turkish Islam as entirely different from Sunnism, Doğa Aşkına places Alevism into a slightly different picture. In a sophisticated spectacle into which musical and choreutic components play a major role, Alevism emerges here as a public entity that sets its own spiritual tradition into global current environmental discourses.

***

The Alevi Diaspora's Entrance as A Political Stakeholder and Its Impact on the Homeland
(166) Zeynep Arslan

This paper is dealing with a religious ethnicity that is recovering its identity thanks to the democratic circumstances in the European Diaspora. Alevism, which is still rejected and not recognized in Turkey has an estimated 25 million members in Turkey, 80 thousand in Austria and 1 million in Germany. As a religious community often pushed to the boarder of its existence the Alevis have managed to protect and keep the core of their belief. This people group that is defined by a common historical trauma, displacement, massacre and finally immigration, is confronted by new questions regarding their identity and their aspiration to be seen as a political stakeholder. Also analized is the extent Alevis have managed to realize an explicit definition of a political attitude in consideration of their new social and political circumstances in the diaspora. The main question at this point is what makes the Alevis to a diaspora community and what are the chances and possibilities to influence the homeland? Furthermore, how does the selfidentification process influence their awareness about their diaspora existence and the resulting challenges? The paper comes to the conclusion that currently there is no explicit agreement regarding the definition of the Alevi identity as a political stakeholder, and that this disorientation influences their relationship concerning the developments in the homeland. The paper also tries to outline some options regarding ways of dealing with that situation. Comparative literature research, qualitative research and analysis concerning the recent and ongoing change and political developments in the homeland and the discussions regarding integration and participation in the diaspora are the methodological approaches of the paper.

***

SESSION 12B – Round Table II: Refugee Migration and Integration in Austria Today

	Room: SR 4
Chair	**Gudrun Biffl**, Donau University Krems, Austria
5582	Udo **Janz** (Former UNHCR Director New York), with Special Focus on the Situation of Refugees in Turkey, Lebanon and Jordan) (TBC)
5583	Austrian Representatives of Policy (Susanne **Knasmüller**, BMEIA) (TBC)
5584	Peter **Webinger**, BMI (Migration and Asylum Policy) (TBC)
5585	Ngos: Werner **Kerschbaum**, ÖRK (NGO- Red Cross) (TBC)
5586	Murat **Düzel** (Integration 'Ambassador' in Lower Austria) (TBC)
5587	Gabriele **Rasuly-Paleczek** -Representative of Rornet (Refugee Outreach and Research Network, Vienna)

Panel discussion.

***

SESSION 12C – 93. Yılında Türk-Yunan Nüfus Mübadelesi

	Room: SR 5
Chair	**Gökçe Bayındır Goularas**, Yeditepe University, Turkey
1431	Keynote Speaker: **Samim Akgönül**, Strasbourg University, France
571	Mübadele ve Müzik - **Dionysis Goularas**
569	Son Dönem Roman ve Biyografi Kitaplarında Mübadele ve Mübadiller - **Betül Nuhoğlu**
570	Göç ve Sinema: Mübadelenin sinemaya yansıması – **Nihan Kocaman**
572	Mübadele Anlaşmasının 93. Yılında Genel Bir Değerlendirme: Kültürel Kimlik Devamlılığı Üzerine Bir Çalışma - **Gökçe Bayındır Goularas**

Mübadele ve Müzik
(571) Dionysis Goularas (Yeditepe University)

1923 Türk-Yunan Nüfus Mübadelesi'nden yaklaşık bir yüzyıl sonra halen farklı mübadil kuşaklar için "eski vatan" ile bağlarını simgeleyen mübadil müzik ve şarkıları, mübadil kültürünün en önemli öğeleri arasındadır. Bu çalışma, mübadil şarkılarının gerek Türkiye gerek Yunanistan'daki mübadiller için kültürel devamlılık açısından önemini vurgulamayı amaçlamaktadır. Aynı zamanda çalışmada, Türk ve Yunan mübadil halkları için ortak bir kültürü oluşturan şarkıların iki halk arasındaki ilişkilerdeki rolüne de değinilecektir.

***

Son Dönem Roman ve Biyografi Kitaplarında Mübadele ve Mübadiller
(569) Betül Nuhoğlu (Yeditepe University)

Kurtuluş Savaşı ve hemen arkasından gelen Türk-Yunan nüfus mübadelesi, sadece her iki halkın hafızasına kazınmakla kalmamış aynı zamanda dönemin ve gelecek dönemlerin edebiyatına da yansımıştır. Yunanistan'da mübadeleden çok kısa süre sonra yayınlanmaya başlayan mübadil ve mübadele konulu kitaplar, Türkiye'de 1990'lı yıllara kadar çok az sayıda karşımıza çıkmaktadır. Ancak 1990'lardan itibaren özellikle de 2000'li yıllardan sonra mübadil tanıklıkları, biyografiler, mübadele roman ve hikayeleri Türk yazımında da hakettiği yeri bulmaya başlamıştır. Bu çalışmada son dönem roman ve biyografi kitaplarında mübadele ve mübadiller incelenecektir.

Göç ve Sinema: Mübadelenin sinemaya yansıması
(570) Nihan Kocaman (Yeditepe University)

Anadolu'ya doğru yapılmış olan farklı göçler, zaman içinde farklı sanat dallarına da yansımış, bu bağlamda sinema filmleri ve belgeseller göç olgusunu yansıtmada en önemli araçlardan biri olmuştur. Her ne kadar en yoğun şekilde beyazperdeye yansıyan göç türü iç göç olsa da, Anadolu'ya doğru yapılan en büyük kitlesel göçlerden biri olan Mübadele göçü de 2000li yılların başından itibaren film ve belgesellere konu olmuş olan göçler arasında yer almaya başlamıştır. Zorlu ve zorunlu koşullar altında gerçekleşmesinden dolayı mübadillerin hayatlarında derin izler bırakan 1923 Türk-Yunan Nüfus Mübadelesi, göç sırasında ve sonrasında yaşananlar, mübadele anlaşmasından çok uzun zaman sonra mübadil dernek ve vakıfları ile mübadil çocuk ve torunlarının çalışmaları sayesinde sinema filmleri ve belgesellere konu olmuş ve izleyici ile buluşmuştur. Bu çalışma, mübadele ve sonuçlarının Türk film ve belgesellerine yansımasını incelemeyi amaçlamaktadır.

***

Mübadele Anlaşmasının 93. Yılında Genel Bir Değerlendirme: Kültürel Kimlik Devamlılığı Üzerine Bir Çalışma

(572) Gökçe Bayındır Goularas (Yeditepe University)

Cumhuriyet Dönemi'nde Türkiye'ye doğru yapılan en önemli göçlerden biri 1923 Türk-Yunan Nüfus Mübadelesidir. Mübadele sözleşmesiyle İstanbul, Gökçeada ve Bozcaada'da ikamet eden Ortodoks Rumların dışında Anadolu ve Doğu Trakya'da ikamet eden tüm Ortodoks Rumlar Yunanistan'a, Batı Trakya dışında Yunanistan topraklarında yaşayan tüm Müslümanlar Türkiye'ye gönderilmiştir. Mübadele sonucu Yunanistan'dan Türkiye'ye 450.000'den fazla Müslüman gelmiş ve çoğunluğu Ekim 1923'te kurulan Mübadele İskan ve İmar Vekaleti tarafından belirlenmiş olan köy ve şehirlere yerleştirilmiştir. Bu zorunlu göç, sadece her iki ülkenin tarihini etkilemekle kalmamış, aynı zamanda yüzbinlerce kişinin ve ailelerinin yaşamlarını derinden etkilemiş, kültürel kimlik ve toplumsal hafızaları üzerinde son derece etkili olmuştur. Türkiye'ye ve Türk toplumuna uyum sağlama sürecinde mübadiller, bir yandan farklılıklarını en aza indirmeye çalışmışlar, diğer bir yandan ise kimliklerinin ve kültürlerinin devamlılığını sağlamak için uğraşmışlardır. İskanı takiben kısa zaman içinde doğulan toprakları zorunlu olarak terk edişin yarattığı travma, yeni topraklarda eskiyi yaşatmak için kurulan düzenlerle giderilmeye çalışılmıştır. Kuşaktan kuşağa aktarılan kültürel kimlikler ve ortak hafıza, oldukça özel bir örnek olan bu göçmen grubunun, grup içi farklılıklarına rağmen yerel kimliklerinin günümüze kadar koruması ve yaşatmasındaki etkisi bakımından özellikle dikkat çekmektedir. Diğer taraftan, mübadele ve mübadiller ile ilgili çalışmalar ülkemizde geç dönemde karşımıza çıkmaktadır. Yunanistan'da gerek bilimsel gerek sanatsal gerekse dernekleşme anlamda bu konuya verilen önemin aksine Türkiye'de mübadil derneklerinin ortaya çıkışı bile 2000li yıllara denk gelmiştir. Aynı dönemden itibaren mübadele ve mübadiller üzerine yapılan çalışmaların sayısı da hızlıca artış göstermiştir. Bu çalışma, Mübadele Anlaşmasının imzalanmasının 93. yılında mübadele ve mübadiller üzerine genel bir değerlendirme yapmayı amaçlamaktadır.

***

SESSION 12D – Göç ve Azınlıklar

	Room: SR 6
Chair	**Sinan Zeyneloğlu, Gaziantep Zirve University, Turkey**
231	Avrupa'daki Türkiye Cumhuriyeti Vatandaşlarının Geri Dönüş Sürecinde ya da Döndükten Sonra Karşılaştıkları Eğitim Sorunları ve Çözüm Önerileri - **İbrahim Aksakal, Murat Taşdan**
511	Bulgaristan Cumhuriyeti'nin Kuruluşundan İtibaren Türk Azınlığa Yönelik Göç Politikası - **Fatma Rodoplu**
430	Uluslararası Göçün Türkiye'deki Güncel Sorunları: Suriyeli Sığınmacılar Üzerinden Bir Değerlendirme - **Harun Aras**
201	Londra'da Yaşayan Türkiyeli Göçmenlerin Emek Piyasalarında Ayrımcılık Deneyimleri ve Algıları - **Mehmet Rauf Kesici**
284	Dinamik/Statik Siyaset İkileminde Göçmenlik "Sorunu" – **Esin Hamdi Dinçer**

Avrupa'daki Türkiye Cumhuriyeti Vatandaşlarının Geri Dönüş Sürecinde ya da Döndükten Sonra Karşılaştıkları Eğitim Sorunları ve Çözüm Önerileri

(231) İbrahim Aksakal, Murat Taşdan (Kafkas University)

1950'den sonra birçok Türkiye Cumhuriyet vatandaşı Avrupa'nın çeşitli ülkelerine çalışma amacıyla göç etmiştir. Ancak son yıllarda, göç eden vatandaşların bazıları geri dönmeyi amaçlamaktadır. Bu geri dönüş sürecinde önemli sorunlardan biri de çocuklarının devam eden eğitimlerinin sekteye uğramasıdır. Avrupa'ya göç eden Türk vatandaşlarının Türkiye'ye geri dönüş yaptıklarında, eğitimleri devam eden çocukları, eğitim sistemi, dil yetersizliği ve ülkemizde uygulanan sınavlarla ilgili çeşitli uyum problemleri yaşamaktadır. Birçok Avrupa ülkesinin uyguladığı eğitim ile Türkiye'de uygulanan eğitim programları arasında çeşitli sistemsel farklılıklar olduğu için öğrenciler mağdur olmakta ve gerekli uyumu sağlayamadıkları için başarısız olabilmektedir. Bu nedenle geri dönüş sürecinde yaşanan bu eğitim problemlerinin çözümü için işbirliğine ihtiyaç duyulmaktadır. Bu araştırmanın temel amacı Avrupa'dan Türkiye'ye geri dönmüş ya da geri dönmek isteyen Türk vatandaşlarının bu süreçte karşılaştıkları eğitim sorunlarını ortaya koymak ve bu sorunlara çözüm önerileri geliştirmektir. Araştırmanın bu temel amacına ulaşmak için aşağıdaki alt sorulara cevaplar aranmıştır. 1. Avrupa'dan Türkiye'ye göç etmiş ya da göç etmeyi düşünen vatandaşların, yaşadıkları dil uyum sorunları nelerdir? 2. Avrupa'dan Türkiye'ye göç etmiş ya da göç etmeyi düşünen vatandaşların, eğitim sistemi içerisinde okulların işleyiş farklılıkları, ders denkliği problemleri ve sınıf ikliminden kaynaklı sorunlar nelerdir. 3. Avrupa'dan Türkiye'ye göç etmiş ya da göç etmeyi düşünen velilerin yaşadıkları sorunlar ve çözüm önerileri. Bu araştırma tarama modelinden ve nitel araştırma yöntemi kullanılarak tasarlanmıştır. Araştırmanın örneklemi seçkili örneklem tekniklerinden amaçlı örneklem tekniği kullanılarak oluşturulmuştur. Buna göre araştırmanın amacına uygun olarak örnekleme yurtdışından Türkiye'ye göç etmeyi düşünen, 10 öğrenci ve bu 10 öğrencinin velisi, yine araştırmanın amacına uygun olarak Türkiye'ye geri dönüş yapmış 10 öğrenci ile bu 10 öğrencinin velileri olmak üzere toplam 40 kişi dâhil edilmiştir. Araştırmada veri toplama aracı olarak araştırmacılar tarafından geliştirilen "Geri Dönüş Sürecinde Karşılaşılabilecek Eğitim Sorunları Görüşme Formu" kullanılmıştır. Araştırma verilerinin analizinde ise betimsel ve içerik analizi yöntemi kullanılmıştır.

***

Bulgaristan Cumhuriyeti'nin Kuruluşundan İtibaren Türk Azınlığa Yönelik Göç Politikası
(511) Fatma Rodoplu (Trakya University)

Uzun yıllar Osmanlı hâkimiyetinde yaşayan Bulgaristan devletini bağımsızlığa götüren en önemli olay 1877-1878 Osmanlı-Rus savaşıdır. Savaşın Bulgarların lehine sona ermesi ve akabininde yapılan Ayastefanos ve Berlin antlaşmaları ile Bulgaristan topraklarının sınırları belirlenmiştir. Nüfus bakımından uzun yıllar (XIV-XIX yy.) bölgenin hâkim unsuru Türk ve Müslümanlar olmuştur. Ancak Bulgaristan'ın önce özerkliğini, daha sonra da bağımsızlığını kazanması neticesinde bölgedeki Türk ve Müslümanların oranı değişmeye başlamıştır. Bulgaristan, Türklerin ülke içindeki etkinliğini azaltmak için 93 Harbi olarak adlandırılan savaştan itibaren belli aralıklarla Türkleri göçe zorlamıştır. Önce göç şartlarını hazırlamış, daha sonra da kitleler halinde anavatan Türkiye'ye göçmelerine sebep olmuştur. Göçürülen kitlelerin en başında dönemin eğitimli ve elit kesimleri gelmiştir. Çalışmada, 93 Harbi, Balkan Savaşları, 1950-1951, 1971, 1978, 1989 dönemlerindeki kitlesel göç hareketleri ve Bulgar devletinin göçe zorlamada uyguladığı yöntemler ve sonucunda bölgede meydana gelen nüfus değişimleri istatistikî veriler kullanılarak ele alınacaktır.

***

Uluslararası Göçün Türkiye'deki Güncel Sorunları: Suriyeli Sığınmacılar Üzerinden Bir Değerlendirme
(430) Harun Aras (Celal Bayar University)

Uluslararası göç, insanların savaş, sürgün, afetler vb. durumlar sebebiyle daha iyi koşullarda yaşamak için yaşadıkları ülkeden ayrılıp başka bir ülkeye yerleşmesi sürecidir. Özellikle küreselleşme ve dünya çapındaki yaşanan krizlerin artmasıyla birlikte uluslararası göç ülke gündemlerini daha çok meşgul etmektedir. Türkiye de doğu ile batı arasında göç yolları üzerinde transit bir ülke olma özelliğinden dolayı uluslararası göçten en fazla etkilenen ülkelerden biridir. Bu çalışma Suriyeli sığınmacılar üzerinden göçün Türkiye üzerindeki toplumsal, ekonomik, siyasi ve güvenlik etkileri üzerinde durmaktadır. Bilindiği üzere, Suriye'de 2011 tarihinde başlayan halk ayaklanmaları bir iç savaşa dönüşerek milyonlarca Suriyelinin zorunlu göçe maruz kalmalarına neden olmuştur. Bu bağlamda, Türkiye de Suriye'deki gelişmelerden en fazla etkilenen ülkelerden biridir. Bu çalışmada uluslararası gelişmeler ışığında Türkiye özelinde göç konusunda güncel bir tartışma ve değerlendirme yapılmaktadır.

***

Londra'da Yaşayan Türkiyeli Göçmenlerin Emek Piyasalarında Ayrımcılık Deneyimleri ve Algıları
(201) Mehmet Rauf Kesici (Kocaeli University)

Londra'da yaşayan Türkiyeli göçmenlerin emek piyasalarındaki ayrımcılık deneyimleri ve algılarının ürettiği sosyal ve ekonomik sonuçların ortaya konulması, çözüm(ler) üretmek için fayda sağlayacaktır. Ayrıca ayrımcılığın türediği kaynaklara ışık tutmak hem göçmenlerin emek piyasalarındaki durumlarını ortaya koymak hem diğer göçmen ve yerli gruplarla karşılaştırmalar yapmak hem de politika yapıcılara, uygulayıcılara veri sunmak bakımından önem arz etmektedir. Bu çalışma, Londra'da sürdürülen bir alan araştırmasından elde edilen bulguların derlenmesiyle oluşturulacaktır. Bu çerçevede Londra'da çalışan Türkiyeli göçmenlerin emek piyasalarındaki ayrımcılık deneyimlerini ortaya koymak ve ayrımcılık algılarını irdelemek araştırmanın temel sorusunu oluşturmaktadır. Göç literatürü sosyal ve ekonomik değişmelerle yenilenen, farklılaşan dinamik bir alandır ve çalışmanın gerekçesi biçiminde, bu çalışmayla, ilgili alana güncel bir katkı yapılması hedeflenmektedir.

***

Dinamik/Statik Siyaset İkileminde Göçmenlik "Sorunu"
(284) Esin Hamdi Dinçer (Düzce University)

Modern ulus devletlerde yurttaşlık hakları ile göçmen hakları arasında kurulan ilişki yürütülen siyasete ilişkin de önemli ipuçları sunar. Dışarıdaki/içerideki ikiliği bağlamında, göçmen nüfusunu "içeridekinin kolektif yurttaşlık haklarını tehdit eden dışarıdaki" olarak nitelendiren yaklaşımlar siyasetin statik konumuna işaret eder. Bu bakışla, yurttaşlık hakları homojen nüfus olarak içerideki için yurttaşın varlığını güvence altına alma anlamına gelirken aynı koşullarda dışarıdaki için reform, yenilik, muhalefet, değişim olanaklarını engelleme ve baskı altında tutmanın aracı olarak şekillenir. Diğer yandan yurttaşlık haklarını göçmenler ve göçmenlik tarafında kalarak yorumlayan ve böylelikle siyasetin dinamik karakterine gönderme yapan ayrı bir literatür de bulunmaktadır. Seyla Benhabib ve Hannah Arendt benzer kavramlarla bu literatürü yurttaşlık ve göçmenlik arasında kurdukları bağlantı bakımından temsil eden iki önemli yazardır. Jacques Derrida'dan ödünç aldığı yineleme kavramını Benhabib, ulus devlet sınırlarına sonradan katılan yabancı uyruklu kişiler için demokratik yineleme kategorisiyle geliştirerek kullanır. Benhabib'e göre siyaset esas olanı sürekli olarak, yeniden ve yeniden yorumlayabilmelidir. Ona göre sonradan gelen, yurttaşlık haklarının konusu değil koyucusu olabilmelidir; bunu mümkün kılacak olan ise demokratik yinelemedir. Benzer şekilde Hannah Arendt felsefesinde yineleme kategorisi devrim kavramı ile karşılanır. Arendt, Martin Heidegger'in dasein kavramına gönderme yaparak devrimleri, yurttaşın "burada ve şimdi"yi sürekli olarak deneyimleyebildiği bir siyasete olanak sağlaması bakımından öne çıkarır. Ona göre modern ulus devletler ise söz konusu dinamik siyaset olanağını dışlarken, yurttaşı Parya ve Parvenü seçeneklerinden birini tercihe zorlar. Arendt'e göre Parya içinde bulunduğu toplumdan kendini ayrıksı tutmaya zorlanan yurttaşı, Parvenü ise içinde bulunduğu toplumun özelliklerine uygun davranma eğilimindeki yurttaşı temsil eder. Dinamik siyasetin öznesi olan ve özgürlük olanaklarını sürekli kılan insan ise Arendt için "hakka sahip olma hakkı" olan varlıktır. Bu çalışma, günümüzün en önemli tartışmalarından olan "göçmenlik" durumuna Benhabib'in yineleme ve Arendt'in devrim kavramlarıyla yaklaşarak siyasetin hızla statik ve dışlayıcı karakterli bir anlayıştan dinamik ve özgürleşme merkezli bir düzleme geçilebileceği tezine dayanmaktadır.

SESSION 12E – Göçer Edebiyatı - III

	Room: SR 7
Chair	**Yakup Çelik, Yıldız Teknik University, Turkey**
275	Göç ve Sürgün Olgusunun Kültür Aktarımında ve Kültürlerarası / Karşılaştırmalı Edebiyatta Yeri ve Önemi - **Medine Sivri**
522	Türkiye Sınırları Dışında Türkiye Kökenli Yazarlar Tarafından Almanya'da Oluşturulan Edebiyatın Adlandırılması – **Şahbender Çoraklı**
356	Türk Halk Hikayelerinde Çokkültürlülük ve Göç Üzerine Bir Değerlendirme - **Songül Cek**
531	Almanya'daki Türk Göçmen Yazınına Kavramsal Bir Yaklaşım – **Nalan Saka**
513	Göçü Yaşayan ve Yansıtan Ressam: Ömer Kaleşi - **Süreyya Genç**

Göç ve Sürgün Olgusunun Kültür Aktarımında ve Kültürlerarası / Karşılaştırmalı Edebiyatta Yeri ve Önemi
(275) Medine Sivri (Eskişehir Osmangazi University)

Karşılaştırmalı Edebiyat, doğası gereği çok dilli, çok kültürlü ve çoklu bakış açılarını içinde barındıran, disiplinlerarası çalışmalardan beslenen, farklı dillerde ve kültürlerde üretilen edebiyat metinlerini bir arada irdelemeyi kendine iş edinmiş bir bilim alanıdır. Bu nedenle özellikle edebiyat sosyolojinin alanında değerlendirilen göç ve sürgün, insanların ve toplumların içinde bulundukları durumları ve geleceklerini olumlu ya da olumsuz yönde değiştiren ve dönüştüren, insan bedeninde ve ruhunda olağandışı, örseleyici, yaralayıcı ve kalıcı hasarlar bırakan bir olgudur. 21. yüzyıl dünya konjonktüründe başat bir yer tutan ve küresel kültürün gelişen teknoloji ve kolaylaştırılmış ulaşımla yaygınlaşması ile giderek de artacak olan kaçınılmaz bir durumdur göç olgusu. Bu durumun bir üst kültür olan edebiyat metinlerine yansıması ve onlar aracılığıyla dile getirilmesi de son derece doğaldır. Zira dünya edebiyatlarında göç ve sürgün tek başına ayrı bir araştırma alanı yaratmayı başarmıştır. Hangi edebiyata bakarsak bakalım, ilk etapta akla gelen, hem yer değiştirmiş ve bedeller ödemiş toplumların durumlarını hem de kendi makûs talihlerini dile getiren Puşkin, Molière, Victor Hugo, Tolstoy, Dostoyevski, Namık Kemal, Nazım Hikmet, Sabahattin Ali, Kemal Tahir, Halikarnas Balıkçısı, Yılmaz Güney, Nedim Gürsel, Özkan Mert, Ataol Behramoğlu vb. çok sayıda büyük şairler ve yazarlar mevcuttur. Uzam ve dil, kültürü oluşturan çok önemli temel unsurlardandır. Hangi nedenlerle ve hangi koşullarla olursa olsun, farklı bir uzamda farklı bir dille buluşmak zorunda kalmak, hem kimlik hem de köken kültür üzerinde bir şok etkisi yaratmaktadır. Bu çalışmada, göç ve sürgünün kültür aktarımında ve kültürlerarası/karşılaştırmalı edebiyattaki yeri, edebiyat sosyoloji ışığında irdelenmeye çalışılacaktır.
***

Türkiye Sınırları Dışında Türkiye Kökenli Yazarlar Tarafından Almanya'da Oluşturulan Edebiyatın Adlandırılması
(522) Şahbender Çoraklı (Namık Kemal University)

1969'lı yıllardan başlayarak günümüze kadar uzanan süreçte Almanya sınırları içinde gelişmekte olan bir Türk Diyaspora Edebiyatının varlığından söz etmek kaçınılmazdır. Kuşkusuz bu edebiyat günümüze kadar çok çeşitli tanım ve adlandırma süreci yaşamış, hala da yaşamaktadır. Türkiye sınırları dışında Almanya'da oluşan bu edebiyat, artık kültürler arasında köprü olmak için çabalamayan, "diaspora kimliği" denilen yeni bir kimlik kazanmış gençlerin ürettiği bir edebiyat haline gelmiş, bu yeni edebiyatın konuları da değişmiş göstermiştir; Örneğin Türkiye'de doğup Almanya'da yetişen İkinci kuşak yazarların ele aldığı kimlik sorunu, aile içi çatışma, Türkiye'ye geri dönüşte yeniden uyum sorunları ile Almanlarla uyum gibi konuların yerine Almanya'da doğmuş olan üçüncü kuşak yazarlar, çevre kirliliği, savaş, bilim, gerçeklik gibi global sorunları ele almaktadırlar.. Kaldı ki birinci kuşak yazarlarımızın kullandığı göç sorunu, sıla özlemi gibi sorunlar dünden gelen esintiler olmaktan başka bir şey değildir. Günümüz Türk Diyaspora yazarları her ne kadar global sorunları işliyor olsalar da, ne Alman ne de Türk Edebiyatı içinde yer bulamamakta, hem aldıkları Chamisso ödülleriyle, hem de Türkiye de tanınmadıkları ve dolayısıyla Türk Edebiyatından sayılmadıkları için yabancı olarak değerlendirilmektedirler. Bu Edebiyat Almanya'da Kültürler Arası Edebiyat ya da öteki Alman Edebiyatı olarak adlandırılmaktadır. Biz günümüz Türk Diyaspora Edebiyatını, Araf'taki Edebiyat olarak adlandırmayı uygun görüyoruz. Biz bu çalışmamızda, Almanya'da oluşan Türk Diyaspora Edebiyatının, misafir işçi edebiyatından, Araf'taki Edebiyat'a kadar değişik adlandırmalarını neden ve sonuçlarıyla açıklamayı amaçlıyoruz.

***

Türk Halk Hikayelerinde Çokkültürlülük ve Göç Üzerine Bir Değerlendirme
(356) Songül Cek (Sinop University)

Âşık edebiyatının mensur ürünlerinin büyük bir çoğunluğunu teşkil eden halk hikayeleri 16. Yüzyıldan itibaren çeşitli kaynaklardan beslenerek Anadolu'da yayılmaya başlamıştır. Osmanlı devkletinin en geniş topraklara ulaştığı bu yüzyıldan itibaren aşık edebiyatı da çok hızlı bir gelişme göstermiş, kahramanlık, aşk veya hem kahramanlık hem aşk anlatan hikayeler hem sözlü kültürde hem de yazılı kültür ortamında etkili bir şekilde anlatılmıştır. Anadolu insanını ve özelde aşıkların yaşantısını ve dönemin sosyo-kültürel niteliklerini en iyi gösteren anlatmalar arasında yer verilen halk hikayelerinin 10-12.yüzyılda Orta Asya'dan başlayan göçü, Anadolu da yaşanan iç göçü ve hatta aşıkların 1950 lerden sonra Almanya'ya yaptıkları dış göçü aksettirmek bakımından önemli özellikler taşıdığı söylenebilir. Bu yazıda halk hikayelerinde sıklıkla rastlanan kahramanın memleketinden ayrılışı bağlamında hikayenin anlatıcısı "aşık"ın ne şekilde kültürel çeşitliliğe katkıda bulunduğu ortaya konmaya çalışılacaktır. Çok kültürlü bir yapıya sahip olan Osmanlı imparatorluğunda yaygın olan anlayış farklı kültür yapılarının doğal gelişim süreçlerini yaşamaları ve kendilerini geliştirmelerinin kabulü yönündedir. Bu anlayış çerçevesinde Anadolu'nun çeşitli merkezlerini sürekli olarak gezen hatta İstanbul'da da bulunan âşıklar, halk arasında çeşitli kültür çevrelerinde bulunma şansı elde etmişlerdir. Her gittikleri yerin 'âdet, gelenek ve inanışlarını tanıma şansı bulmuş kendi anlatıkları hikayeler ile yeni çevreler arasında etkileşim ortamı yaratmış bu bakımdan çok kültürlü yapının uzlaşmacı bir süreçte devam etmesine olanak sağlamışlardır. Tahir ile Zühre, Ferhat İle Şirin, Asuman İle Zeycan, Kerem ile Aslı gibi çok sayıda halk hikayesinin ana ekseninde bulunan erkek kahramanın, zengin olmak ya da sevdiğine kavuşmak üzere Yemen, İstanbul, Mısır gibi uzak diyarlara göçmeleri buralarda bulunan kahvehanelerde, tekkelerde ya da saraylarda bulunup amaçlarına ulaşmak için gereken ne varsa yerine getirmeleri, âşıkların gerçek yaşantılarıyla örtüşmektedir.Âşıklar sanatlarında usta olmak hem de geçimlerini sağlamak gibi maksatlarla memeleketlerini terk ederken bir yandan da farklı kültürel grupları içinde yer edinerek çokkültürlü yaşam biçiminin sürdürülmesinde önemli yapıtaşlarından olmuşlardır.

***

Almanya'daki Türk Göçmen Yazınına Kavramsal Bir Yaklaşım
(531) Nalan Saka (Atatürk University)

Almanya'daki Türklerin oluşturduğu Göçmen Türk Yazını, 1960'lı yıllarda başlayan ve halen güncelliğini korumaya devam eden göç olgusunun yazınsal alandaki bir yansımasıdır. Bu sanatsal faaliyetin ortaya çıkmasında etkili olan faktörlerin en başında ise Türklerin Almanya'ya gittiğinde maruz kaldıkları kültür şoku gelmektedir. Göçmen olarak hayatlarını sürdürdükleri bu yabancı diyarda kültürel bir boşluk içine düşen insanlar, gün geçtikçe artan anavatanlarına duydukları özlemi gidermek ve içlerini kemiren sıkıntılardan bir nebze olsun kurtulmak adına yazmayı tercih ederler. Yazınsal dünyada kısa zamanda büyük kitlelere ulaşmayı başaran bu yeni oluşum, Alman yazın tarihine zengin içeriğiyle farklı bir boyut kazandırmıştır. Başlangıçtan günümüze değin Almanya'ya işçi göçüyle başlayan bu yeni yazını adlandırma konusunda çeşitli tartışmalar baş göstermiştir. Tüm yazarları ve araştırmacıları memnun edebilecek ve yazının imajını doğru şekilde belirleyebilecek bir kavram üzerine edebiyat eleştirmenleri tarafından henüz tam anlamıyla bir tanımlama getirilememiştir. Yazının kavramsal yolculuğu Gastarbeiterliteratur (Konuk İşçi Yazını), Literatur der Betroffenheit (Acı Çekenlerin Yazını), Migrantenliteratur (Göçmen Yazını), Interkulturelle Literatur (Kültürler arası Yazın) şeklinde süregelmiştir. Söz konusu yazın üzerine var olan kavramların çokluğu yabancılar tarafından ortaya konulan edebi eserlerin hangi çatı altında toplanacağı ya da ortak paydada birleşeceği sorunsalını gündeme getirmiştir. Çalışmada yazının dönemsel analizinden hareketle yapılan tanımlamalarına yer verilerek terminolojik sorunların nasıl giderildiği gözler önüne serilecektir.

***

Göçü Yaşayan ve Yansitan Ressam: Ömer Kaleşi
(513) Süreyya Genç (Bartın University)

Bu bildirinin konusu Yugoslavya-Kırcova'da doğan ve ailesiyle Türkiye'ye göçen Ömer Kaleşi'dir. Eserleriyle izleyiciye; yaşadıklarını, deneyimlerini ve duygularını kendine özgü bir üslupla aktarmıştır. Göçmeden önce yaşadıklarını, köyünün yakıldığını, çocukların mağaralarda sığındığını anımsayan sanatçının kullandığı kırmızı, yaşadıklarının izlerini taşır. Sanatçı Balkan Dramı adını verdiği bir dizi eserle, vatan terk etmenin acısını, belleğindeunutamadığı ve unutamayacağı sahneleri, Yugoslavya'da yaşadığı iç savaşın etkinlerini kırmızının ikiyüz seksen tonunu kullanarakkendine özgü bir üslupla ve portrellerle anlatır, izleyiciye. Paris'te yaşamakta olan sanatçı hakkında çok sayıda kitap yazılmış ve televizyon filmleri çekilmiştir. Bu bildiride; göçü hatırlamanın, insanlık dramının parçası olarak resimlerine yansıtan bir sanatçının hikâyesi anlatılacaktır.

***

SESSION 13A – Kurdish Migration and Identity - I

	Room: SR 3
Chair	Kevin Smets, Free University of Antwerp & Vrije Universiteit Brussells, Belgium
117	Application of 'New' Minority Status to Syrian Kurdish 'Refugees' in Turkey – Işılay Taban
321	Continuity and Reconstruction - Young Kurdish Migrants' Attitudes Towards

	Past and Future of the Kurdish Identity in Turkey –**Karol Pawel Kaczorowski**
219	The Resiliency of Kurdishness: the Kurdish Identity in the Greater Binghamton Area - **Aynur De Rouen**
127	How Yarsani Define Their Religion in Sweden - **Seyedehbehnaz Hosseini**

Application of 'New' Minority Status to Syrian Kurdish 'Refugees' in Turkey –
(117) Işılay Taban (Sussex University)

The present paper considers the connection between minority and migration issues. Par-ticular focus will be the possible minority status of Kurdish Syrian 'refugees' in Turkey. They are linguistically and ethnically distinct from the majority of Syrian refugees; however, they are commonly subjected to generally applicable refugee protection. This general application gives rise to various problems for those who come from a Kurdish background. Kurdish Syrian refugees have started to leave the AFAD camps because education language in the camps is Arabic and they do not want to learn Arabic. Although the minority issue and 'minority definition' is controversial in Turkey, these Kurdish 'refugees' have a right to maintain their cultural, linguistic and ethnic characteristics. If it is considered that the main aim of human rights is to provide an equal life, this can only be ensured for this Kurdish refugee group through granting specific rights, which take into account their vulnerabilities, resulting from ethnic, cultural and linguistic diversities. The blanket 'refugee protection' or as it is in Turkey, blanket 'temporary refugee protection' for all 'refugees' would result in unequal treatment. Therefore, this paper raises questions about the continuous nature of Kurdish people's sta-tus as a minority, and the provision of minority protection regardless of their legal status in places where they reside.

***

Continuity and Reconstruction - Young Kurdish Migrants' Attitudes Towards Past and Future of the Kurdish Identity in Turkey
(321) Karol Pawel Kaczorowski (Jagiellonian University)

As Bernard Lewis (2005) stated, middle-eastern societies are characterized by specific lack of continuity connected with multiple destructions and reorganizations of political systems in the region. As a result, self-identification in the Middle East may often require combining a number of contrasting values. Such instability and drastic changes in political conditions (especially in the last century) are also factors that affect the identity of the Kurds in Turkey. Since the beginning of 21st century one can observe an intensive trend for establishing new journals, cultural and political societies and educational programs among Kurds in Turkey. While aiming at preserving Kurdish culture with respect to its history, these new initiatives often propose new approaches and dialogues with tradition. Presented paper will address this trend in regards to attitudes among young Kurdish migrants in Istanbul. Basing on narrations of narrations of migrants that can be affiliated with the new wave of internal migration in Turkey, examined will be a relation between a traditional identity (connected with Kurdish classic literature, oral traditions and close relations with nature owed to pastoral way of life) and identities which are characteristic for late modern times (affected by Kurdish leftist political and cultural programs and new approaches towards traditional values). Analyzed will be also the role of Turkish dominant culture which can be also treated as "predatory identity" [in accordance with the definition of this notion outlined by Arjun Appadurai (2006: 51-59)]. Construction of identity will be conceptualized as a narration contributing (along with social location and norms) to social belonging in accordance with theory of Nira Yuval-Davis Presented findings will base on 50 semi-structured interviews with Young Kurdish migrants from different districts of Istanbul. The selection was based on snow ball method.

***

The Resiliency of Kurdishness: the Kurdish Identity in the Greater Binghamton Area
(219) Aynur De Rouen (Binghamton University)

Kurds are the single largest state-less ethnic group living in the Middle East. In the wake of the First World War, many Kurds left their homeland in the Middle East and started to migrate to the West with the emergence of modern states in the region. They started to form diasporic communities across the globe from Europe to the Americas and Australia. Iraqi Kurdish refugees arrived at the Greater Binghamton area by the mid-1990s after Saddam Hussein's invasion of Kuwait. The economic embargo, violent conflicts, harsh living conditions, and fear were described as some of the main contributing factors that led many Kurds to migrate to this area. As key source material, oral history is the main tool for this study in exploring differences in regards to the identity construction in terms of generation, age, gender, educational background, language skills, and job status. Experiences of violent uprisings, wars, struggles against the imposed order, forced departures, bitter living conditions in the mountains and refugee camps, and integration into American society have intersected with a myriad of social and cultural variables. My principal interest in this study is to articulate how this diasporic group integrated into the host society and the resulting adaptation patterns of Kurdish refugees in their new surroundings while managing to retain their Kurdish identity. As such, this research creates a perspective for explaining how these refugees made adjustments based on their Kurdish culture and ethnic characteristics, along with the development of their collective identity in diaspora.

***

How Yarsani Define Their Religion in Sweden
(127) Seyedehbehnaz Hosseini (University of Vienna)

Iranian Kurdistan is still home to a number of religions and religious denominations. Among these, is Yārasan, which is little known but an important Kurdish religious minority in Kurdistan. Yārsan is a religious belief of Indo-Iranian origin, with some three million followers living in various parts of the Middle East. It is a manifest example of a religious belief's survival. Recently, it has become apparent that many members of this community have migrated to Western European countries. Like any other community, the Yārsani diaspora has been influenced by various political developments, including wars, genocide, and forced migration. Diasporic life comes with many great challenges and difficulties. It causes a transition not just away from one's homeland but also from many familiar religious and cultural values, believes, and traditions. It does not necessarily result in feeling like an outsider and having crises of belonging, but in various degrees of re-appropriation and reinterpretation of previous beliefs and values. This empirical, qualitative study is limited to the Swedish context and discusses identity issues of Yārsani immigrants, from the first generation to new immigrants who have moved in recent decades. The present paper examines by explaining how Yārsanis protect, reinterpret or abandon their belief systems. We will also investigate the ways in which Yārsani's define themselves and their ethnic-identity in a diaspora context. How do new contexts create open space for narrating Yārsani-ness.

***

SESSION 13B – Movers from Turkey in Austria - II

	Room: SR 4
Chair	**Gudrun Biffl, Donau University, Krems**
5589	Turkish Islamic Religious Associations and Movements in Austria – **Zsofia Windisch**
450	From Turkey to Austria: Case Studies of Asylum Seekers From Afghanistan, Syria and Iraq in Austria - **Josef Kohlbacher, Gabriele Rasuly-Paleczek and Maria-Anna Six-Hohenbalken**
419	Competences of Austrian Pupils with Parents from Turkey – What Happened? – **Barbara Herzog Punzenberger, Silvia Salchegger**
423	A Sociological Analysis of Photos and Biographies of "Guest Workers" from Turkey living in Austria: A Case Study - **Faime Alpagu**
625	Acculturation and psychological distress among Turkish female migrants in Austria - are cultural attitudes associated with mental health? – **Ekim San**

Turkish Islamic Religious Associations and Movements in Austria
(5589) Zsofia Windisch

In Austria, Islam recently became the second largest religion. In addition to this, Muslims in general consists of approximately 6,8 % of the Austrian society. People of Turkish origin in Austria are originated mainly from poor areas of Turkey, from Central/Eastern Anatolia with a low economic and educational background. Muslims in Austria partially have been affected by various religious (Islamic) associations and movements. The activities of these associations and movements might have been significant influencing factors to construct the worldview and religious orientation of people of Turkish origin in Austria. Therefore, my goal of the paper is to analyze how the existing Turkish Islamic associations and movements try to influence the religious and societal orientation of people of Turkish origin in Austria. My paper is a secondary research as it is based on a database, called "Islam-Landkarte", which was conducted by an empirical approach. The research consists of theological, sociological and socio-political parts regarding Islamic associations in Austria. ATIB (Turkish Islamic Union for Cultural and Social Cooperation in Austria) is by far the largest Muslim organization in Austria. The organisation is run by the Turkish 'Presidency of Religious Affairs' (Diyanet), which is the official authority for religious affairs in Turkey. It has strong ties to Turkey, therefore it does not emphasise great importance on integration. Islamische Föderation is the second largest organisations in Austria regarding membership after ATIB. Besides, it is a branch of the Milli Görüs movement. It aims to expand increasing role for religion in every-day life. The Milli Görüs movement represents anti-assimilation politics and integration or dialogue has been critically treated. Union Islamischer Kulturzentren (UIKZ/ VIKZ) represents a very traditional Sunni-Hanafi Islam as it is an umbrella organization of the Süleymanci Sufi Order. The organization emphasises great importance on traditional (Quranic) religious education, thus intercultural dialogue and integration are in second position. Another significant movement in Austria is the Gülen movement, which seeks to find the middle way between assimilation and segregation. In order to achieve this, it wishes a significant recognition of the host society but without them loosing the Turkish Islamic identity. This paper brings new facts about their possible influence on the people of Turkish background regarding social and religious orientation.

***

From Turkey to Austria: Case Studies of Asylum Seekers from Afghanistan, Syria and Iraq in Austria

(450) Josef Kohlbacher, Gabriele Rasuly-Paleczek and Maria-Anna Six-Hohenbalken (Austrian Academy of Sciences & University of Vienna)

This paper will present preliminary results of a current pilot study undertaken by members of the newly established RORNet (Refugee Outreach and Research Network, Vienna). Based on narrative interviews the life experiences of refugees in their home country, the reasons for leaving, the obstacles witnessed during their flight including short term refuge in Turkey - and their first experiences in Austria will be highlighted. In addition, the paper will offer insights into their expectations and perceptions of their living circumstances. The study itself – once completed – will also provide recommendations for integration initiatives for NGO´s and political decision-makers. Some of these goals will also be briefly focused at in the presentation.

***

Competences of Austrian Pupils with Parents from Turkey – What Happened? –

(419) Barbara Herzog Punzenberger (Johannes Kepler University), Silvia Salchegger (Standort Salzburg)

Competences in reading, mathematics and science are particularly important at the end of compulsory schooling with age 15/16 when youth has to decide how to continue their education. Standardized tests such as PISA give us the possibility to keep track of the changes over time on a macro level. For migration research what is happening to diverse groups in the cohort of 15/16-year old pupils is particularly interesting. Migration related analyses for Austria show positive developments. In total the gap between pupils with and without migration background has shrunk almost by half. These changes can at least be explained by a change of composition of the general category of pupils with foreign born parents - source countries have changed as well as social background. However, for those heritage groups with numbers in the sample big enough we can track the development of their competences while accounting for social background. This is true for the Turkish group in the Austrian PISA sample. Surprisingly their social background – highest educational degrees and professional positions - have seen less improvement compared to the whole category of pupils with foreign born parents and to the category of pupils with one or two native born parents. Nevertheless, at the same time, their competences have seen considerable amelioration. While reading scores of 15-year old pupils with parents from Turkey have more or less stayed the same during the years 2003 and 2009 in 2012 the improvement was rather large with a plus of 40 points. The explanation consits of various factors among them some which are empirically proven such as a decline of pupils in lower classes (because of less frequent repetition) and othres which are more speculative such as an increase of education related activities in the Turkish community in Austria.

***

A Sociological Analysis of Photos and Biographies of "Guest Workers" from Turkey living in Austria: A Case Study

(423) Faime Alpagu (University of Vienna)

The proposed paper is part of a PhD thesis with the underlying research question of what do "guest workers" photographs and letters show/tell about life in Austria to (extended) family members and acquaintances back in Turkey? From a retrospective viewpoint, this project deals with "guest worker" biographies and documents (primarily photographs and letters) that were sent back to (extended) family members and acquaintances in Turkey from ca. the mid 1960s to the late 1980s. The documents of "guest workers" are increasingly used in media and exhibitions in Austria but sustained analysis is still missing. The project follows a reconstructive approach by triangulating interpretative methods such as biographical case reconstruction and visual segment analysis. The aim is (i) to find out how these narrations complement and differentiate from each other, (ii) to determine whether and how these narrations corresponded with the actual situation, and finally (iii) to gain a differentiated visual representation of migration which goes beyond stereotypes and consequently provides a better understanding of how these groups experience(d) and (re)presented migration to those in Turkey. Analysis is done with a case study approach and according to theoretical sampling. Sampling takes into consideration the urban, rural, gender and ethnic aspects of the target group. Consequently, the aim of this study is to draw attention to the heterogeneity of the group. In this paper, the first results of one case study will be presented.

***

Acculturation and psychological distress among Turkish female migrants in Austria - are cultural attitudes associated with mental health? –
(625) Ekim San (Medical University of Vienna)

Acculturation refers to a complex process of cultural adaptation as a result of contact between individuals and groups of different cultural backgrounds. Data concerning the relationship between acculturation and mental health in Turkish migrants in Europe are heterogeneous. The aim of this study was to investigate the association between acculturation orientations and psychological distress among Turkish female migrants in Vienna. A further concern was to compare the characteristics of interest between counselling clients (help-seeking group) and non-counselling clients (non-help seeking group). 96 women who were born in Turkey, aged 18-75 years were included to the cross-sectional study. The participants were recruited in a women's health centre and in cultural and social venues. Depression, somatic complaints and acculturation orientations - interpreted as bidimensional attitudes towards the mainstream and heritage cultures - were surveyed with the following measures: Beck Depression Inventory II, Brief Symptom Inventory, Complaint List and Vancouver Index of Acculturation. Women who made use of psychological consultation in Turkish had a significantly lower socioeconomic status and a significantly higher psychological distress than women who did not seek help. Biculturalism was associated with the lowest levels of psychological distress. However, only the help-seeking behaviour, host language skills and the burden due to psychosocial stressors were found to be significant predictors of mental health symptoms in Turkish female migrants. Prospective longitudinal studies including representative samples of Turkish female migrants are required to analyse the direction of the relationships between acculturative, migration-specific, socio-demographic variables and mental health outcomes and moreover, to make generalizations about the Turkish female population.

SESSION 13C – Balkan Göçleri

	Room: SR 5
Chair	**Gökçe Bayındır Goularas, Yeditepe University , Turkey**
548	Abbasi Bağdat'ının Kuruluşunda Göçün Rolü - **Mustafa Hizmetli**
549	1914 Rum Göçüne Patrikhanenin Tepkisi -**Ahmet Efiloğlu**
509	Balkan Savaşları Sonrası Rumeli'den Türk Göçlerinin Osmanlı Basınındaki Yansımaları – **Emrah Çetin**
506	Muhacir Gazetesi'ne Göre Göçerler ve Sorunları –**Özgür Tilbe**
523	1989 Göçü Öncesi ve Sonrası Bulgaristan Göçmenlerinin Mutfak Kültürü –

Abbasi Bağdat'ının Kuruluşunda Göçün Rolü
(548) Mustafa Hizmetli (Bartın University)

Müslümanların Medine'de kurdukları ilk İslam devletinin bir göçten (hicret) sonra kurulmuş olması göçe özel bir sembolik kazandırmış, kurulan ilk İslam şehirleri birer göç yurdu olarak nitelenmiştir. Abbasilerin başkent olarak inşa ettikleri Bağdat da ülkenin dört bir yanından yapılan göçler sayesinde kısa sürede bir milyon nüfuslu mamur bir metropol haline gelmiştir. Cürcan, Horasan, Fergana, Buhara, Semerkand, Kabil, Harezm, Belh, Merv, Tüster, Soğd, Yemen, Şam, Afrika, Hicaz, Kûfe gibi bölge ve şehirlerden Kureyş, ensar, Rebia ve Mudar kabilelerine mensup Araplar ile Rumlar, İranlılar, Türkler, Deylemliler Bağdat'a çeşitli sebeplerle (iş, ikta ve iskan) çoğu kendi adlarıyla anılan sokak ve mahallelere yerleşmişlerdi. Çalışmanın amacı VIII. Yüzyılda farklı bölge ve şehirlerden başta şehrin inşasında çalışmak olmak üzere çeşitli saiklerle Bağdat'a göç edenlerin başkentin gelişimindeki rollerini kaynaklardaki veriler ışığında ortaya koymaktır.

***

1914 Rum Göçüne Patrikhanenin Tepkisi
(549) Ahmet Efiloğlu (Bülent Ecevit University)

Balkan Savaşları Balkanlarda ve Anadolu'da büyük nüfus hareketliliğine neden olmuştu. Bu nüfus hareketliliğinin Osmanlı Devletine bakan tarafı Balkanlardan çok yüksek miktarda Müslüman nüfusu Anadolu'ya göç etmek zorunda kalmıştı. Ancak Müslüman göçü hiç beklenmedik bir sonuç doğurmuş Doğu Trakya ve Batı Anadolu'da yaşan Rumlardan 200 bine yakın bir nüfus Yunanistan'a ve Yunanistan'ın Balkan Savaşı sırasında ele geçirdiği Ege Adalarına göç etmişti. Rumların göç ediyor olmaları Fener Rum Ortodoks Patrikhanesini çok rahatsız etmişti. Patrikhane varlığının ve otoritesinin devamı için Rumların göç etmesine karşı çıkıyordu. Anadolu'daki Rum varlığı Patrikhanenin gücünün temel kaynağıydı. Göç edenlerin dışında Anadolu'da hala daha büyük bir Rum nüfusu yaşıyor olsa da Trakya, Marmara ve Batı Anadolu'daki Rum nüfusunun azalması "kutsal gaye"ye ulaşmayı zora sokacaktı. Bundan dolayı Patrikhane 1914'ün başlarından itibaren İttihat ve Terakki hükümetini Rum göçünü durdurması için zorlamaya ve baskı altına alamaya çalışacaktı.

***

Balkan Savaşları Sonrası Rumeli'den Türk Göçlerinin Osmanlı Basınındaki Yansımaları
(509) Emrah Çetin (Bartın University)

Osmanlı Devleti'nin kuruluş ve gelişim döneminde Balkanlar'a Türk ve Müslüman nüfusun iskanı meselesi devlet için son derece önemli bir konuydu. Belirli bir iskan programı çerçevesinde Balkan coğrafyasına yerleştirilen Türk nüfus devletin buradaki varlığını yüzyıllar boyunca devam ettirmesinde önemli bir rol oynamıştı. Ancak eski gücünü yitirmiş olan Osmanlı Devleti 19. yüzyıldan itibaren Balkan topraklarını kaybetmeye başlamıştı. Devletin bölgedeki hakimiyetinin zayıflamasına paralel olarak buradaki Türk ve Müslüman nüfus da Anadolu'ya göç etmeye başlamıştı. Bu göç dalgasının en büyük halkasını Balkan Savaşları sonrasında Rumeli'den Anadolu'ya yapılan göçler oluşturmaktaydı. Osmanlı Devleti'nin savaşı kaybetmesinin ardından bölgedeki baskı ve zulümlere dayanamayan insanlar evlerini terk edip Osmanlı topraklarına sığınmışlardı. 20. yüzyılın belki de en acı göç hareketı Osmanlı basınında da geniş yankı uyandırmıştı. Bu çalışmada dönemin önde gelen gazetelerinden yola çıkarak Balkan Savaşları sonrasında Rumeli'den Türk göçlerinin Osmanlı basınındaki yansımaları ortaya konulmaya çalışılacaktır. Böylelikle Rumeli muhacirlerinin yaşadığı bu trajedinin Osmanlı toplumuna ne ölçüde yansıdığını görmek mümkün olacaktır.

***

Muhacir Gazetesi'ne Göre Göçerler ve Sorunları
(506) Özgür Tilbe (Bartın University)

Osmanlı Devleti, Rumeli'de sınırlarını genişletirken fethettiği bölgelerde kalıcı olabilmek için uyguladığı yöntemlerden biri de, iskân politikasıdır. 19. yüzyılın sonu ile 20. yüzyılın başında devletin gücünü kaybetmesine, milliyetçilik fikirlerinin Balkan uluslarına sıçraması yol açarken egemenler arasındaki mücadelelerin de eklenmesiyle birlikte, Rumeli "Barut Fıçısına" dönüşür. Devletin bölgedeki hâkimiyetini kaybetmesi sonucunda, egemen grupların değiştiği bölgede iskân edilmiş olan insanlar, 8 veya 9 kuşak sonra, vatanları olarak gördükleri Rumeli'de göçer/muhacir durumuna düşer. Kuşkusuz Osmanlı Devleti'nde son dönemlerin en büyük sorunlardan birisi de göçerler ve yer değiştirmedir. Bu yeni insanlık durumu da, dönenim düşünsel ürünlerinde dile getirilir. Bu ürünlerden birisi de, 9 Aralık 1909'da Muhacir Gazetesi adıyla yayınlanan gazetedir. 11 Aralık 1910 yılına kadar haftada iki gün yayımlanan gazete, toplam 90 sayıdan oluşmaktadır. Bu bildirideki amacımız, Osmanlı Devleti'nin son dönemine damgasını vuran göçerleri ve onların sorunlarını, göçerler tarafından çıkarılan ve onların sesi olan Muhacir Gazetesi'nin bakışıyla ortaya koymaktır.

***

1989 Göçü Öncesi ve Sonrası Bulgaristan Göçmenlerinin Mutfak Kültürü
(523) Cahit Kahraman (Namık Kemal University), İlhan Güneş (MEB, İnönü Ortaokulu)

1989 göçü öncesi, dünyada eşzamanlı olarak gittikçe gelişen ve zenginleşen mutfak kültürü, Bulgaristan Türklerini de etkilemiştir. Pazardaki çeşitlilik arttıkça, yemek alışkanlıkları da değişime uğramıştır. Büyük göçten sadece 30-40 sene evvel kısıtlı imkânlar ile sınırlı sayıda yemek çeşidi üretebilirken, alım gücünün artmasıyla yemek kültüründe de hızlı gelişmeler olmuştur. Artan ürün çeşitliliği yemeklere de yansımış, farklı lezzetler mutfaklara girmiştir. Göçmen yemekleri denilince hamur işleri, börek ve pideler akla gelir. Ayrıca, göçmenlerin çok zengin turşu, komposto ve konserve kültürüne sahip oldukları da bilinir. Bu çalışma, 1989 öncesi Bulgaristan'ın farklı bölgelerinde yaşayan Türklerin yemek alışkanlıklarına ışık tutmasıyla birlikte, göç öncesi ve sonrasında göçmen mutfak kültüründe bir farklılık oluşup oluşmadığını tespit etmeğe çalışılacaktır. Bu amaçla, 1989 yılında Türkiye'ye göç etmiş 50 kişiye 8 sorudan oluşan anket düzenlenmiştir. Bu verilerden yola çıkarak oluşan yeni bulgular tespit edilmiştir. Türkiye'nin farklı bölgelerine yerleşen göçmenler, kendi göçmen pazarlarını kurmuşlardır. Bulgaristan'dan getirilen ürünler bu pazarlarda satılması böyle bir arz talebin hala devam ettiğine işaret etmektedir. Bu unsur da çalışmamızda incelenmiş ve derlenmiştir.

***

SESSION 13D – Göç ve Avrupa

	Room: SR 6
Chair	Vildan Mahmutoğlu, Galatasaray University, Turkey
364	Avrupa Birliği'ne Üye Ülkelerde ve Türkiye'de Göçmenlerin Sağlık Hakkı – **Melike Çallı**
399	Hollanda'ya Göçün Hollanda Kimliğine Etkileri – **Mustafa Güleç**
402	Almanya'daki Suriyeli Mültecilerin Neden Ülkelerinden Ayrıldıkları ve Hangi Koşullar Oluşursa Ülkelerine Geri Dönebileceklerine İlişkin Bir Araştırma – **Sedat Benek, Alan Hassaf, Saud Huseein**

283	Birinci Kuşak Göçmenlerin Ulusötesi Sağlık Hizmeti Kullanımı -Danimarka, İngiltere ve Almanya Örneği - **Nilufer Korkmaz Yaylagül, Suzan Yazıcı**
517	Camın Doğudan Batıya Göçü – **Gül Karpuz**

Avrupa Birliği'ne Üye Ülkelerde ve Türkiye'de Göçmenlerin Sağlık Hakkı
(364) Melike Çallı (Gazi University)

Son yıllarda Dünya'da ve Türkiye'de artan uluslararası göç sonucunda göç edenlerin gittikleri ülkelerde insani koşullar altında yaşabilmeleri için bir takım düzenlemelere gidilmiş ve bu düzenlemelerden biri ise göçmenlerin sağlık hakkına yönelik düzenlemelerdir. Sağlık hakkı, insanın sağlıklı şekilde hayatını sürdürebilmesi için sahip olması gereken hak olup, sağlıklı olma ya da sağlık kavramı tıbbi anlamda negatif şekilde özellikle hastalığın yokluğu olarak tanımlanabilir (Bury, 2005: 2). Bireylere sağlık hakları bağlamında sunulan sağlık hizmetlerini, toplumu oluşturan bireylerin hastalanmasını önlemeye yönelik koruyucu sağlık hizmetleri, ikinci aşamada koruyucu sağlık hizmetleri almasına rağmen hastalananlar olursa onları hastalıklardan kurtarma yönünde çaba gösterilmede sağlanan tedavi edici sağlık hizmetleri, son aşama da ise tedavi sonrası kalıcı bozukluk ve sakatlığın günlük hayatta etkisini azaltmak ya da yok etmek için rehabilitasyon hizmetleri oluşturur(Güzel,2012). Sağlık hakkı ile ilgili ülkelerin ulusal mevzuatlarına ve uluslar arası mevzuatta temel dayanakları incelendiğinde, bireylere bu hakkın o ülke vatandaşı olsun ya da olmasın, yani çeşitli nedenlerle uluslararası göç edenler de dahil olmak üzere en temel insan hakkı olması dayanağı ile devletlerin bunu sağlaması zorunluğu ve kendi ülke vatandaşlarından ayrım gözetmeksizin sağlanması vurgulanmaktadır. Her ne kadar Avrupa Birliği mevzuatında ve Türk hukuk sisteminde göçmenlere yönelik sağlık hakkı ile ilgili yasal düzenlemeler söz konusu olsa da uygulamada sınırlılıklar yer almakta ve kendi ülke vatandaşlarından farklı muamele yapılamayacağı belirtilse bile göçmen grupları arasında bile farklı uygulamalar söz konusudur. Çalışmada, uluslararası göç edenlerin sağlık hakkına yönelik düzenlemelerinde göçmen grupları düzenli, düzensiz ve mülteci ve sığınmacılar kapsamında ele alınacaktır. Bu çerçevede, Avrupa Birliği'ne üye olan ülkelerin yasal mevzuatları ile Avrupa Birliği mevzuatı incelenecektir. Ayrıca Türkiye'de 5510 sayılı kanun, 6458 Sayılı Yabancılar ve Uluslararası Koruma Kanunu ve Geçici Koruma Yönetmeliğindeki göçmenlerin sağlık hizmetlerinden yararlanmalarına yönelik düzenlemeler incelenerek değerlendirilecektir.

***

Hollanda'ya Göçün Hollanda Kimliğine Etkileri
(399) Mustafa Güleç (Ankara University)

II. Dünya Savaşı sonrasında yeniden yapılanma sürecine giren Hollanda'da oluşan işgücü açığı, 1960'lı yıllardan itibaren Türkiye ve Fas gibi İslami kültürel coğrafyadaki ülkelerden getirilen düşük ücretli misafir işçiler aracılığıyla kapatılmaya çalışıldı. Scheffer (2007) ve Pos (2014), söz konusu göçün, Hollanda'nın ulusal kimliğine etkilerini tartışırken, dönüşümleri günümüze kadar üç evreye ayırıyor: 1960'lı yıllarda misafir işçilerden kaçınma, görmeme ya da yok sayma; 1970 ve 80'li yıllarda anlaşmazlık ve sürtüşmelerin baş göstermesi ve 1990'lı yıllardan günümüze kadar ise kabullenme. Van Heuckelom (2015), Eski Doğu Bloku ülkelerinin AB'ye katıldıktan sonra, bu ülkelerden Hollanda'ya olan göçü Hollanda'daki Polonyalı göçmen imgesi üzerinden incelediği çalışmasında, Kuzey Afrikalı ve Türk kökenli göçmenlerde yerel halk ile düşmanca etkileşim görülürken, Polonyalı göçmen imgesinde bu öğenin öne çıkmadığını öne sürüyor. Yazar Heijne (2016) ise son Suriyeli mülteci akınını da işin içine katarak, Hollanda'da göçün etkisiyle bir "tehdit kültürünün" oluştuğunu, "toplum, ülke, ulus nedir?" sorularının tartışıldığını, ulusal kimliğin tehdit altında olduğunu söyleyen siyasi partilerin seçmen sayısını sürekli çoğalttığını, Hollanda'daki toplumsal kıskançlığın hiçbir yerde olmadığı kadar arttığını ve net görüş bildirmeyen ya da tavır takınmayan alışılmış siyasi partilerin aşırı kolaycı ve faydacı yaklaşımlarından dolayı seçmenlerin net (fakat sert) söylemlerle gelen aşırı sağ partilere kaydığını belirtiyor. Bu görüş, Galtung tarafından da destekleniyor: "seçkinlerin sahip olduğu toplum imgesi ile iktidar sahibi olmayan halkın toplum imgesi arasında büyük bir mesafe olmamalıdır. Halkın, toplumun nasıl sunulduğunu ve aslında nasıl planlandığını bir ölçüde etkileme hakkı olmalıdır. Demokrasi, şeffaflık olmadan anlamsızdır. Bunun koşulu ise bağımsız medyadır" (Galtung, 2013: 115).

Bu çalışma, yukarıdaki görüşleri temel alarak, söz konusu göçün, Hollanda ulusal kimliğini yeniden nasıl canlandırdığını, toplumsal söylemin dönüşümünün nedenini ve nasılını tartışıp göçün toplumsal bilinçaltını yüzeye çıkarıcı etkilerini irdeleyecektir.

***

Almanya'daki Suriyeli Mültecilerin Neden Ülkelerinden Ayrıldıkları ve Hangi Koşullar Oluşursa Ülkelerine Geri Dönebileceklerine İlişkin Bir Araştırma
(402) Sedat Benek (Harran University), Alan Hassaf (The Adopt Revolution), Saud Huseein (ARC)

Birleşmiş Milletler Mülteciler Yüksek Komiserliği (UNHCR), 16 Ağustos 2015 tarihi itibariyle Suriyeli mültecilerin sayısının 4.015.070 kişiye ulaştığını, ülke içinde evleri bırakıp başka yere göç etmek zorunda kalanların sayısının ise 7,6 milyonu bulduğunu açıklamıştır. Suriyeli mültecilerin komşu ülkeler dışında en çok gittiği yer Avrupa Birliği (AB) ülkeleridir. AB'ye üye ülkeler arasında en fazla Suriyeli mülteci kabul eden ülke ise Almanya'dır. Bu çerçeveden hareketle Suriye'den Almanya (Berlin, Hannover, Bremen, Leipzig ve Eisenhüttenstadt)'ya giden 889 Suriyeli mülteci ile 24 Eylül-2 Ekim 2015 tarihleri arasında "yüz yüze görüşme" yöntemiyle bir anket çalışması yapılmıştır. Bu anket çalışması sonucunda şekillenen bu bildiri, Almanya'ya gelen Suriyeli mültecilerine "neden ülkelerinden ayrıldıklarını ve büyük oranda hangi koşullar oluştuğunda ülkelerine geri dönebileceklerine" ilişkin sorular sorulmuş ve bu sorulardan alınan cevaplar çerçevesinde düşünce ve beklentilerini ortaya koymak amacıyla hazırlanmıştır. Katılımcılar tarafından doldurulan anket formları, SPSS İstatistik Paket Programı kullanılarak analiz edilmiş ve elde edilen frekans tabloları yorumlanmıştır.

***

Birinci Kuşak Göçmenlerin Ulusötesi Sağlık Hizmeti Kullanımı -Danimarka, İngiltere ve Almanya Örneği
(283) Nilufer Korkmaz Yaylagül (Akdeniz University), Suzan Yazıcı

Türkiye'den Avrupa'ya işçi göçü 1960'larda ülkeler arasındaki işgücü anlaşmalarıyla başlamıştır. Çoğunlukla ekonomik temelli olan bu göçlerle, günümüzde Avrupa'da yaklaşık 4 milyon civarında Türk göçmen bulunmaktadır. Göçmenler, Türkiye'de bulundukları süre içinde de sağlık hizmetine ihtiyaç duyduklarından, sağlık hizmetlerini kullanma pratikleri önemli bir konu haline gelmiştir. Bu araştırmanın amacı, göçmenlerin ev sahibi ülkede ve kendi ülkelerinde sağlık hizmetlerine yönelik deneyimlerini ortaya koymak ve bulundukları ülkelere göre karşılaştırmaktır. Araştırma, Akdeniz Üniversitesi, Kophenag Üniversitesi, Oxford Üniversitesi ve Hildesheim Üniversitesi işbirliğiyle gerçekleştirilen etnoğrafik, nitel bir araştırmadır. Araştırmada her ülkeden 50 yaş ve üzeri, toplam 67 Türkiyeli göçmenle görüşme yapılmış, zaman zaman gözlem ve informel görüşmeler de gerçekleştirilmiştir. Elde edilen bulgular, betimleyici nitel analiz yöntemiyle analiz edilmiştir. Katılımcıların çoğu Türkiye'de kaldıkları süre içinde sağlık hizmetlerinden yararlanmakta, ancak çok azı, sadece acil durumlarda Türkiye'den sağlık hizmeti aldıklarını belirtmişlerdir. Her üç ülkeden katılımcıların çoğu, ev sahibi ülkenin sağlık hizmetlerini daha güvenilir ve sağlık çalışanlarını daha insancıl bulduklarını, Türkiye'deki sağlık hizmetlerini ise uzmana kolay erişim, hızlı tetkik yaptırabilme ve bazı hizmetlerin daha ucuz olabilmesi nedeniyle tercih ettiklerini belirtmişlerdir. Ulusötesi sağlık hizmetleri, her üç ülkeden göçmenler tarafından kullanılmaktadır. Almanya'daki göçmenler Almanya-Türkiye arasında ikili sosyal güvenlik ve sağlık hizmeti anlaşması bulunması nedeniyle Türkiye'de sağlık hizmetlerinden ücretsiz yararlanabilmekte, bu durum ise Türkiye'de sağlık hizmeti kullanma sıklığını etkilemektedir. Danimarka ve İngiltere'de yaşayan göçmenler ise Türkiye'de sağlık hizmetlerinden ücretli olarak yararlanabilmektedir.

***

Camın Doğudan Batıya Göçü
(517) Gül Karpuz (Atatürk University)

Cam, M.Ö. II. binde Mezopotamya'da keşfedilmiş ve dünyaya yayılımı buradan olmuştur. Mezopotamya'dan Mısır'a sıçrayan cam, en güzel örneklerini burada vermeye devam etmiştir. Kaş-Uluburun Batığı kazısında ele geçen, M.Ö. XIV. yüzyıla tarihlendirilen cam külçeler, en eski hammadde kaynakları olarak bilinmekle birlikte Suriye'den Ege'ye cam ticareti yapıldığını göstermektedir. M.Ö. VIII. yüzyılda cam üretimi Helenistik dönemin sonuna kadar, İspanya, Afrika, Alplere kadar geniş bir coğrafyada görülmektedir. Roma döneminde camcılık, Helenistik dönemin bilgi ve tecrübeleri kullanılarak geliştirilmiştir. M.Ö. I. yüzyılda, Akdeniz kıyısı Suriye-Filistin bölgesinde, üfleme tekniğinin keşfi ile üretimde büyük bir artış görülmüştür. Doğulu cam ustaları, Roma İmparatorluğu'nun batı topraklarına, özellikle İtalya'ya sanatlarını götürmüş, en önemli özelliği inceliği ve hafifliği olan Roma camcılığını geliştirmişlerdir. Roma dönemi cam yayılımdaki ana etken gezici ustaların varlığı ve serbest üfleme tekniğinin getirdiği seri üretimdir. IV. yüzyılda, ana cam üretim merkezleri arasında İtalya ve Belçika da bulunmaktadır. VII. yüzyıl itibari ile İslam fetihleri ile cam sanatının gelişmiş olduğu Mezopotamya ve Mısır'da hakimiyet kurulmuştur. Eyyubi ve Memluk döneminde, XIII-XIV. yüzyılda Halep ve Şam cam yapım merkezi haline gelmiş olup cam pazarı doğuda Çin, batıda Avrupa'ya kadar uzanmıştır. Hristiyan hacılar ve Haçlılar tarafından batıya götürülen mineli ve yaldızlı cam eserler burada büyük beğeni toplamıştır. Timur'un 1400 yılındaki istilasından sonra Suriye cam ustaları Semerkant'a götürülmüş ve Suriye camcılığı tamamen bitmese de eski canlılığını yitirmiştir. Bununla birlikte daha önceden Doğulu ustaların etkisi ile cam endüstrisi kurulmuş olan Venedik, bu tarihlerde dünya cam pazarında Memluk etkili mineli ve yaldızlı camlarıyla önemli bir yer edinir. XV. yüzyıldan sonra cam üretim merkezi Avrupa olmuştur. Cam doğuda keşfedilip geliştirilmiş ve Avrupa'ya göç etmiş, Avrupa'da gelişimi devam eden, günlük yaşamımızın bir parçası olan fonksiyonel ve dekoratif malzemedir.

SESSION 13E – Edebiyat ve Göç - VI

	Room: SR 7
Chair	**Sonel Bosnalı, Namık Kemal Univesity, Turkey**
479	Babadan Oğula Göç: Bereketli Topraklar Üzerinde and Gurbet Kuşları'nda Göç - **Yakup Çelik**
315	Aykırı Bir Yazarin Göçmen Oğlu: V.L. Andreyev'in Bir Yolculuk Hikayesi – **Mehmet Özberk**
515	Edebiyat-Göç İlişkisinin Anadoludaki Düşünsel Hayata Etkisi (Mevlana ve Haci Bektaş Veli Örneği) – **Aliye Yılmaz**
363	Edebiyatımızın Kanayan Yarası Kan Davasına Bağlı Zorunlu Göçe Dair Cumhuriyet Dönemi Romanlarından Birkaç Tetkik - **Polat Sel**
261	Edebiyat ve Göç Yanılsaması - **Semran Cengiz**

Babadan Oğula Göç: Bereketli Topraklar Üzerinde and Gurbet Kuşları'nda Göç
(479) Yakup Çelik (Yıldız Technical University University)

The novel of Orhan Kemal named Bereketli Topraklar Üzerinde (1954) is based on the story of people came from villages to Çukurova in attitude of expectancy. People migrate from village to town. On the other hand, his novel named Gurbet Kuşları (1964) deals with migration from Çukurova to big cities. These two novels completing one another deal with a father and his son obliged to migrate in order to survive in hard conditions and different places. In this paper with reference to novels of Orhan Kemal; adventures, emotions and thoughts of people who migrate to Çukurova and İstanbul in expectation are discussed within the frame of migration issue.

***

Aykırı Bir Yazarın Göçmen Oğlu: V.L. Andreyev'in Bir Yolculuk Hikayesi
(315) Mehmet Özberk (Artvin Çoruh University)

Vadim Leonidoviç Andreyev (1902-1976) yaşadığı dönemde büyük eserlere imzasını atan Rus edebiyatının aykırı yazarı L.N. Andreyev'in oğludur. Andreyev ailesi Ekim Devrimi neticesinde Finlandiya'ya göç etmek zorunda kalır. Babasının ölümünden hemen sonra buradan ayrılan sanatçı edebiyat dünyasına otobiyografik çalışmalarıyla girer. V.L. Andreyev 1917-1946 yılları arasında sürecek olan göçmen yaşamını birçok çalışmasında açıkça yansıtırken tuttuğu günlüklerle ve hatıratıyla Rus göçmen edebiyatına katkıda bulunur. Bildirimizin asıl kaynağı olan "Bir Yolculuk Hikâyesi" (İstoriya odnogo puteşestviya, 1974) adlı eseri V.L. Andreyev'in Finlandiya'dan Avrupa'ya göç ederken yaşadığı tecrübeleri ve tarihin izlerini gözler önüne serer. Bu kitabın ikinci bölümünde V.L. Andreyev 1921 yılının İstanbul'unu göçmen bir Rus'un gözleriyle görmemizi sağlar. İstanbul'un tarihinin, kültürel yapısının, göçmenlerin yaşadıkları semtlerin, buradaki yaşam şekillerinin ve Türklerin yabancılara olan yaklaşımının ortaya konulduğu bu eser objektif bir bakış açısıyla okuyucuya sunulmaktadır. Bu çalışmamızda, Rus göçmenlerinin Avrupa'ya göç ederken önemli bir geçiş yeri olarak kabul ettikleri İstanbul'a, günümüz Rus edebiyatında ve ülkemizde hakkında çok fazla çalışma bulunmayan V.L. Andreyev'in anılarıyla ışık tutmaya çalıştık.

***

Edebiyat-Göç İlişkisinin Anadoludaki Düşünsel Hayata Etkisi (Mevlana ve Haci Bektaş Veli Örneği)
(515) Aliye Yılmaz (Süleyman Demirel University)

Edebiyat ve göç arasında çift yönlü bir ilişkinin olduğu söylenebilir. Bir taraftan tematik açıdan "göç" edebi ürünü beslerken diğer yandan, göçmen edebiyatçılar vasıtasıyla oluşturulan edebi ortamlar, farklı boyutlarıyla birer etkileşim merkezi kimliğiyle karşımıza çıkmaktadır. Buna bağlı olarak oluşturulan edebi ortamlar ve edebi ürünler toplum zihniyetini etkileyerek düşünsel hayatın inşasında ve gelişmesinde etkin rol oynar. Mevlana ve Hacı Bektaş Veli, birer göç kervanıyla Anadolu'ya gelip yerleşen şahsiyetlerdendir. Nitekim onlar, kaleme aldıkları edebi eserleriyle Anadolu'nun düşünce hayatını şekillendirmede etkin rol oynamışlardır. İki manevi önder olarak da Mevlana ve Hacı Bektaş Veli, oluşturdukları dini-kültürel muhitleriyle, bölgenin yapıtaşları haline gelmekle kalmamış uluslar arası bir kimlik kazanmışlardır. Bu bildiride kültürlerarası etkileşimi sağlamaları açısından birer köprü görevi gören Mevlana ve Hacı Bektaş Veli'nin Selçuklu'dan Osmanlı'ya kadar süren etkileri, göç-edebiyat ilişkisi bağlamında tarihsel ve sosyolojik bir yöntemle ele alınacaktır.

***

Edebiyatımızın Kanayan Yarası Kan Davasına Bağlı Zorunlu Göçe Dair Cumhuriyet Dönemi Romanlarından Birkaç Tetkik
(363) Polat Sel (Trakya Unıversty)

The subject of vendetta, in other words, blood vengeance stands out as a bloody inheritance which has held on for centuries and been passed down from generation to generation among clans and tribes in closed communities, especially in backward regions. When the reasons of the emergence of vendetta are examined, it is understood that while sometimes it is based on a very simple reason, it may sometimes be caused by highly serious reasons. Such an important fact has took place in the geography of Anatolia from past to present and by continuing to take place, it still goes on to create an agenda as an important problem in the society. This given fact has been researched and dealt with by many disciplines mainly sociology, psychology, history, and law. In this study, this fact is analysed on the chosen Republic period novels, 'Yaşamak Yasak (Living is Forbidden)' by Hasan Kıyafet; 'Yaylanın Derdi (The Trouble of the Highland)' by Ahmet Cemil Akıncı and 'Sular Durulursa (When Settlement Down takes place)' by Ahmet Günbay Yıldız in the light of comparison and novel analysis method.

***

Edebiyat ve Göç Yanılsaması
(261) Semran Cengiz (Köln University)

Bu çalışmada 18. yüzyıldan beri toplumsal bilincin şekillenmesinde önemli bir rol oynayan edebiyatın göç olgusuna yaklaşımı, kuramsal bir çerçevede ele alınmaktadır. Edebiyatın göçü ideolojik bir yanılsamaya dönüştürdüğü tezi, 1960'lardan beri Almanya'da gelişen Türk-Alman Edebiyatı örnekleminde ve Marksist eleştiri kuramı ekseninde irdelenmektedir. Edebiyat dünyasında göç olgusu, günümüzde maalesef sadece simgesel alanın bir nesnesi olarak yer almakta ve bütün gerçekliğinden soyutlanarak bir yanılsamaya dönüştürülmektedir. Bu ideolojik dönüştürmede, modernist kapitalizmin güdümünde giderek araçsallaşan edebiyatın "yarar" amaçlı yaklaşımları etkili olmaktadır. Göç gerçekliği etrafında oluşturulan edebi kanon, olguyu tarihi bağlamından koparıp küresel dünyanın doğal bir sonucu olarak işaretlemekle bir taraftan hakim ideolojiye hizmet etmekte bir taraftan da göçün ideolojik bir yanılsamaya dönüşmesine sebep olmaktadır. Edebiyat, göçe duyarsız kalmamakta ve her fırsatta bu "sorun"u kendi kurgusal gerçekliği içerisinde ele almaktadır; ancak yazarlar çoğu zaman olguyu var eden gerçekliği değil de yan sebepleri işaret edip, gerçeklikle imgesel alan arasında asılı duran ideolojik bir fantazi üretmektedirler. Edebiyat aracılığıyla yaratılan bu ideolojik fantazi, her geçen gün olguyu tekdüzeleştirmekte ve okurun bilinç dünyasında bu simgesel anlamın kökleşmesine hizmet etmektedir. Böylelikle bir yandan, okurun gerçekliği sorgulamasının önüne geçilirken bir yandan da egemen bilincin idare etme kabiliyetine gelebilecek eleştiriler savuşturulmaktadır. Edebiyat, sözde "göç gerçekliği"nin sadece sonuçlarına atıfta bulunarak kavramı özünden uzaklaştırmakta ve ona yeni, ancak bir o kadar da çarpık bir anlam yüklemektedir. Oysaki göç, edebiyatın yarattığı bu ideolojik algının ötesinde, tarihsel boyutları ve esaslarıyla olumsuzlanmış bir yaşamsal süreç olarak, toplumsal bilinçte karşılığı olan bir küresel sendromdur.

SESSION 14A – Syrians and Refugee Politics

	Room: SR 4
Chair	**Deniz Eroğlu Utku, Trakya University, Turkey**
320	Understanding Turkey's Syrian Refugee Politics: A Neo-Classical Realist Analysis - **Zeynep Şahin Mentücek, Ela Gökalp Aras, Bezen Balamir Coşkun**
358	"Deserving Refugee" or "Undeserving Migrant": The Case of Syrian Refugees in Turkey and the EU – **Funda Ustek Spilda**
449	A Critical Analysis of Turkey's Contradictory Governance of Syrian Refugees Oscillating Between Humanitarianism and Securitization - **Canan Şahin**
437	The Role of Public Diplomacy in the Refugee Policy of Turkey - **Halil Yılmaz, Hayati Aktaş**
578	Contextualizing Refugee-NGOs in Izmir – **Denise Tan**

Understanding Turkey's Syrian Refugee Politics: A Neo-Classical Realist Analysis
(320) Zeynep Şahin Mentücek, Ela Gökalp Aras, Bezen Balamir Coşkun (Gediz University)

Migration and refugee studies have rarely deal with the foreign policy dimension of state responses to migration in general, refugee crises in particular. On the other hand, except some studies like Bett and Loescher, 2010 international relations theories are very limited in addressing migration-asylum nexus, although the topic currently moved to the high politics and turned into a key concern of many international actors. In this paper, we seek to understand Turkey's responses to Syrian refugee crisis from the lens of neo-classical realist theory which contends that contends that the impact of power capabilities on foreign policy is indirect and complex, because systemic pressures must be translated through intervening unit-level variables such as decision-makers' perceptions and state structure. Drawing on process tracing and theory testing methods, we argue that Turkey has been able to deal with Syrian refugee movement in four years without asking international support due to the its material power. Elite agreement and harmonization impeded to present refugee crisis as a security and social threat, rather an opportunity to exert normative power, to blame the international community for their lack of attention; to prove Turkey's global importance for Europe, hence to push the EU to take Turkey's candidacy more seriously. As the neoclassical realism proposes, Turkey's place in the international system, being a middle power, brought some relative gains, but it seems impossible to make benefits at the level of its desired pace due to the international systemic constraints such as involvement of Russia into Syrian war, lack of solid alliance support, US uneasiness/resiliency to intervene, and EU's crisis. This paper will contribute to examine the states responses to refugee crisis from a theoretical perspective that will facilitate comparative studies as well as put the migration/refugee nexus into the agenda of neo-classical realism.

***

"Deserving Refugee" or "Undeserving Migrant": The Case of Syrian Refugees in Turkey and the EU
(358) Funda Ustek Spilda (Goldsmiths, University of London)

How to count refugees is a highly contested issue? Even when there are accepted definitions for "asylum seekers", "refugees" and "internally displaced people", how individuals are allocated into these categories differ significantly between EU member states, and between the national and international institutions involved in counting refugees. Organisations such as Frontex, EASO, Europol, Eurojust, Eurostat and member states produce refugee statistics for the EU, as well as international bodies such as the

UNHCR and International Organisation for Migration. In Turkey, the Directorate General for Migration Management, Turkish Border Police, Disaster and Emergency Management Authority are all responsible for the registration and counting of refugees. Despite the numbers produced by these different organisations rarely, if ever, match one another, and there are important concerns about the counting methods used by these organisations; in political debate, numbers occupy a privileged status and exert a strong influence in member states' stance towards refugees. Numbers also play a key role on how asylum decisions are made, and how EU countries negotiate the distribution of refugees in the EU and beyond (i.e. Turkey). In this paper, I look at how the recent changes in data collection practices (from a traditional census to register-based in Turkey) and practices used for refugee registrations in Turkey and the EU (i.e. open border v. border controls) shape how refugees are counted. I argue that despite a common framework for refugee protection, the highly politicised nature of refugee negotiations in the EU reflects on who gets to be counted as a "deserving refugee" and an "undeserving migrant". The empirical material for this paper comes from an ERC research project called ARITHMUS (Peopling Europe: How data make a people), which investigates census practices across 5 countries (Estonia, Finland, the Netherlands, the UK and Turkey) and 2 supranational organisations (Eurostat and UNECE).

***

A Critical Analysis of Turkey's Contradictory Governance of Syrian Refugees Oscillating Between Humanitarianism and Securitization
(449) Canan Şahin (Middle East Technical University)

Governance of Syrian refugees in Turkey has national, regional and international aspects. The dominant discourse that AKP (Justice and Development Party) has employed with respect to Syrian refugees is characterized by a pragmatic humanitarianism which has interventionist ambitions in the region with an increasingly sectarian policy framework. The humanitarian dimension served to conceal the pragmatic national, regional and international governance of the refugee crisis. The national aspect involved the use of a discourse of Islamic solidarity to reinforce AKP's vote base, while the regional aspect was based on deployment of a discourse for an active support for the freedom fighters in Syria. As for the international aspect, refugees have been incorporated into a monetary and political negotiation with EU with an increasing level of securitization. This three dimensional governance embodied contradictory policy frameworks. Construction of detention camps, deprivation of refugees of rights acknowledged in Geneva Convention and their getting utilized as agents of diplomatic and political bargain beg for an analysis to reveal the contradiction between discourse and practice. To this end, this paper endeavors to historicize and contextualize AKP's refugee policies. Firstly, AKP's "saviour" role will be critically investigated by linking its efforts to the political stakes it has in Turkey, Syria and the Middle East. The impact of emergence and retreat of Arab Spring on Turkey's refugee policy will also be analyzed to the extent that it accounts for Turkey's hegemony construction efforts. Secondly, the paper will focus on the "victim" discourse employed by AKP by focusing on the political economy of the refugee crisis using empirical data including statistics, official and NGO reports, public speeches and international treaties. Lastly, the paper will bring this two levels of analysis, i.e. area studies and political economy, together from a critical refugee studies perspective to bring into light what AKP's contradictory policy means for the agency of Syrian refugees. The paper aims to maintain a discussion arguing that Syrian refugees in Turkey have been treated as pragmatic "agents without genuine agency" in a victim-saviour dialectics with multiple layers in a policy framework designed to fortify AKP's national, regional and international interests.

The Role of Public Diplomacy in the Refugee Policy of Turkey
(437) Halil Yılmaz, Hayati Aktaş (Karadeniz Technical University)

This paper aims to indicate the importance of public diplomacy in Turkey's refugee policy. Almost 2 million Syrian people have migrated to Turkey due to Syrian Civil War. This situation brought some social and economic problems for the government and the public diplomacy is an important way to handle these problems. The term public diplomacy has recently gained prominence thanks to modernisation process and this brings new insight to diplomatic history. Accordingly, public diplomacy based on the fields of communication, technology, society and politics requires to be compromised with the recent developments. Using TV, radio and social media platforms is possible in order to reach this compromise by creating the needed perception about the problems at hand. Also, some activities are conducted for humanitarian aid by the collaboration of state and NGOs under the scope of public diplomacy. For example, AFAD, Turkish Red Crescent and İHH are some ofthe associations that take part in organization and distribution of aids in Turkey. In this respect, Turkey took a significant responsibility for Syrian people who fled to its territories. Public diplomacy has two dimensions in terms of refugee problem Turkey.First dimension is internal and it's related to economic and social problems.2 million Syrian people, undoubtedly,create some problems because they need to be employed and their social adaptation will take a certain time period.It's also possible that some people in Turkish society may stand opposed to refugees because of unemployment rate and social deterioration.Public diplomacy,especially media and foreing aid ,can be a useful tool for creating moderate perception towards refugees in the society by increasing their adaption. Second dimension is international and it is related to foreign aid for refugees. Turkey can use public diplomacy in order to gain international aids for refugees in its territories. Moreover, this can increase Turkey's prestige as humanitarian country in the international arena.

***

Contextualizing Refugee-NGOs in Izmir
(578) Denise Tan (University of Vienna)

According to UNHCR, over 350 000 refugees have arrived at Greek islands during September and October 2015. Most of them stranded at Lesbos and Chios next to Izmir's coast. Thus, over three hundred thousand people must have entered and left Turkey's refugee-hotspot within these two months alone. Furthermore, this number doesn't include all those refugees, who have settled in Izmir or who are somehow stuck there. Pictures and reports from the district of Basmane, where countless people stayed and lived on the streets, were spread through national and international media. As city authorities seem to be overtaxed with the situation, NGOs are the first starting points for journalists as well as academics to gather information on the situation. Several local NGOs were newly established as a reaction to the high influx of people, fleeing from Syria. Quickly, these NGOs became implicitly recognized as experts on the refugee situation. Though, what are these young civil society organizations exactly doing and how can their work be embedded within the realms of refugees' daily lives and struggles? These questions, amongst others, are at the centre of my Master thesis, which is based on ethnographic fieldwork conducted during August, September and October 2015 with refugee-NGOs in Izmir. The work of several organizations was observed, though one was chosen for an in-depth case study analysis. As the thesis is currently a work in progress, the final outcomes will be presented for the first time at the conference. Applying an anthropological approach, the empirical outcomes should not only contribute to the field of migration and refugee studies but much more to the general civil society discourse, which is until now mostly dominated by other social sciences like political science and international relations studies.

***

SESSION 14B – Migrant Identities

	Room: SR 5
Chair	**Elif Gezgin, Çanakkale Onsekiz Mart University, Turkey**
446	The Balkans Migrations to Turkey and Its Impact to The Balkan Identity – **Erjada Progonati**
209	Transnational Identity among the Bulgarian-Turkish Migrants in Turkey – **Özge Kaytan**
438	Trapped in cultural barriers: the views of majority and minority university students on inter-ethnic contact - **Fatma Zehra Çolak, Ides Nicaise**
554	Turkish migration to Germany: effects on culture, identity and public perception – **Sabine Klasen**
407	Struggle of the Alevi Religious Community for Recognition: Formatting of Alevism into liberal Islamic Alevism – **Alev Çakır**

The Balkans Migrations to Turkey and Its Impact to The Balkan Identity
(446) Erjada Progonati (Hitit University)

Historically migrations have affected Turkey in its social and cultural experiences. But at the other side Turkey itself has affected different countries and groups along the time. This is because since the time of Ottoman Empire, Turkey owns a strong link with other countries and especially its neighboring geographies. The expansion of the Ottoman Empire into Europe and the Balkans since the 15th century had been accompanied by constant and intensive migration of different ethnic groups. The groups focused on this research are people with the origine from the Balkan countries that have migrated to Turkey in various periods. These groups are especially chosen for the fact that they have a collective culture, history and past with Turkey. With other words the emigrants from Balkan countries have migrated to Turkey on the grounds that they consider Turkey as their historical homeland. Mixed once again with Turkish identity the emigrants try to reproduce their identity. In this direction, the problems relating to clash of identities and attachments, disputes on values of inter-generations have been highlighted. Therefore, the identity issue has been examined in context of migration and new integration in Turkish society.

***

Transnational Identity among the Bulgarian-Turkish Migrants in Turkey
(209) Özge Kaytan (Middle East Technical University)

The Bulgarian-Turkish migrants have transnational identities, which have multiple attachments to more than one space, and indicate interplay between ethnicity and nationality. The borders of nation-states do not determine the transnational identity perception of migrants. These borders may only indicate political confinements. However, for Bulgarian-Turkish migrants, the border between Turkey and Bulgaria refers only to a geographical location, which is not related to any political boundary. Hence, a visible interplay of ethnic identity and national identity among Bulgarian Turkish migrants is a significant determinant for their transnational identity. Migrants tend to equalize ethnicity and nationality in Turkey, as they acquired a majority status in Turkey. However, it is complicated when it comes to defining where the hometown is for these migrants. Although Bulgaria is a geographical hometown for Bulgarian-Turkish migrants, Turkey has become the political and legal home. The aim of this paper is to analyze the perception of identity among Bulgarian-Turkish migrants regarding their dual-citizenship statuses and memories about the migration process. How they perceive homeland is going to be explained in the paper as a reference to their transnational multiple attachments between the two countries. In this paper I ask, to what extent the transnational perspective is embedded in migrants' identities, and in what ways these migrants construct a transnational identity. The paper explores identity practices and experiences of a group of Bulgarian Turkish migrants and their multidimensional identity construction. The fieldwork was conducted in the form of semi-structured interviews with 8 migrants who migrated to İzmir from Bulgaria in 1989 and after 1989. In the interviews I asked about their migration stories, the meanings of homeland, citizenship and minority, their perception of discrimination and the differences between the two societies in order to understand and map their perception of identity.

***

Trapped in cultural barriers: the views of majority and minority university students on inter-ethnic contact
(438) Fatma Zehra Çolak (Katolik University of Leuven), Ides Nicaise

Drawing on findings from semi-structured interviews with 40 Flemish and Turkish-Belgian university students from the University of Leuven, this paper aims to understand the perspectives and experiences of students on (lack of) inter-ethnic contact. Since the views of participants about each other are mainly characterized by the discourse of difference and challenges of interaction as an outcome, this study focused on delineating the contents of these barriers as narrated by the students themselves. Integrated Threat Theory by Stephan and Stephan is used to analyze the data, since it proved to be a useful theoretical tool to explore the mutual perspectives of different group members and uncover the contents of interaction barriers perceived by them. Realistic threat is not mentioned by university students as preventing positive contact outcomes and worsening relations with other group members. Cultural distance in the form of symbolic threat has emerged as the most salient barrier shaping the perceptions of both group members on interaction. It is found that students underline differences in cultural/religious values and lifestyles to explain lack of contact between two groups and the obstacles to developing sustaining relationships. Intergroup anxiety is especially experienced by Flemish students, whose fear of causing offence and not knowing how to approach to the other group members hamper their interaction with out-group and act as a barrier to the development of positive inter-group relations. For Turkish-Belgian students, having to deal with negative stereotypes and broad categorizations of their ethnic group impede contact with majority students.

***

Turkish migration to Germany: effects on culture, identity and public perception
(554) Sabine Klasen (United Nations University)

The paper examines the Turkish migration to Germany over time, starting with the Guestworker Agreement in 1961. By looking at the structures and developments of the Turkish community in Germany, the paper tries to identity effects of migration on culture, identity and public perception, which has changed over time. While Turkish migrants were initially "guest workers", defined by their economic identity, their role became much broader today. By outlining positive initiatives and outcomes of integration in Germany, the paper is trying to draw the focus to positive aspects of migration and cultural exchange for both countries.

Struggle of the Alevi Religious Community for Recognition: Formatting of Alevism into liberal Islamic Alevism
(407) Alev Çakır (University of Vienna)

The European Commission emphasized in the context of the European Action Plan 2020 the aim to activate the entrepreneurial spirit in Europe, and thereby stressed the importance of so-called ethnic economies. According to the OECD, in relative terms migrants are more entrepreneurial active than members of the so-called majority society in many European countries. In Europe, migrant entrepreneurs from Turkey are often the largest immigrant group that is entrepreneurial active. However, since the last few years the question whether and how so-called ethnic entrepreneurship could be seen as an opportunity for socio-cultural integration and the relationship between the economic activities, integration and identities of immigrant entrepreneurs has become an increasingly debated topic. Therefore, this paper explores the relationship between subject formation – discursively constituted social identities offered by institutions such as in programs for migrant entrepreneurs of the city of Vienna or the Chamber of Commerce Austria – and processes of subjectivation or identity constitution of migrant entrepreneurs from Turkey. In this context, this study pays special attention to the question of how and why so-called ethnic entrepreneurship of migrants from Turkey is promoted and constituted in Austria. By applying Content Analysis and Discourse Analysis of interview data, documents and protocols of participant observations, this study examines whether and how subject formations (promoted by institutions) are reflected in the subjectivity processes of migrant entrepreneurs from Turkey; in particular, this paper analyzes how these subject formations are negotiated by the migrant entrepreneurs, which continuities or overlaps but also breaks and resistances occur in this process. This study also examines which structural categories (i.e. gender, class, and ethnicity) and their intersectionality structure these subjectivation processes. A systematic analysis of the relationship between subject formation and subjectivation of migrant entrepreneurs from Turkey considering in particular structural categories, offers contributions to the debate on migrant entrepreneurship, integration and the processes of subjectivation of migrant entrepreneurs.

***

SESSION 14C – Göç ve Uyum

	Room: SR 7
Chair	**B. Dilara Şeker, Manisa Celal Bayar University, Turkey**
621	Göç, göçmenlik ve ayrımcılık bağlamında "yerlilik" kavramı üzerine düşünceler - **Melek Göregenli**
575	İngiltere'de Yaşayan Göçmenlerin Kaygı Düzeyleri Üzerine Bir İnceleme – **Emine Akman**
574	İranlı Mültecilerin Uyum Süreçleri: Manisa Örneği – **Betül Dilara Şeker**
573	Türkiye'deki Uluslararası Öğrencilerin Ayrımcılık Algısı, Bilişsel Kapalılık İhtiyacı ve Kültürleşme Tercihlerinin İncelenmesi – **Betül Dilara Şeker**
576	Vali ve Büyükşehir Belediye Başkanının Ulus Ötesicilik Kavramı Çerçevesinde Yeni Rolleri ve Kamu önetiminde Ortaya Çıkaran Yeni Yapı – **Cemal Öztürk**

Göç, göçmenlik ve ayrımcılık bağlamında "yerlilik" kavramı üzerine düşünceler
(621) Melek Göregenli (Ege University)

Bu alan araştırmasının amacı İngiltere'de yaşayan göçmenlerin kaygı düzeylerinin algıladıkları ayrımcılık ve sahip oldukları İngilizce yeterlilik düzeyleri arasındaki ilişki örüntüsünü betimlemeye çalışmaktır. Çalışmada temel olarak İngiltere'de yaşayan göçmenlerin günlük yaşamlarında sahip oldukları kaygı düzeyi ile genel olarak algıladıkları ayrımcılık düzeylerini belirlemek amacıyla yaşam doyumları ölçülmüş ve göçmenlerin kaygı düzeyleri ile algıladıkları ayrımcılık ilişki incelenmiş, ayrıca, sosyo-demografik değişkenlere göre göçmenlerin kaygı ve algıladıkları ayrımcılık düzeylerindeki farklılıklar da istatistiksel olarak analiz edilmiştir. Çalışma İngiltere'de göçmen nüfusun yoğun olarak yaşadığı Londra'da gerçekleştirilmiştir. Enfield, Haringey, Hackney, Islington ve Waltham Forest bölgeleri veri toplanacak Türkiye'den gelen nüfusun en yüksek oranda yaşadığı yerler olarak belirlenmiştir. Bu bölgelerde yaşayan Türkiye'den gelen göçmenlerle görüşülerek anket uygulaması gerçekleştirilmiştir. Çalışmanın duyurulması ve katılımcılara ulaşılması için göçmelerle ilgili yerel dernek gibi kuruluşlardan da yardım alınmıştır. Bu amaçla oluşturulan anket formunda daha önce Türkçe'ye geçerliği ve güvenilirliği kanıtlanmış Kaygı Ölçeği

***

İngiltere'de Yaşayan Göçmenlerin Kaygı Düzeyleri Üzerine Bir İnceleme
(575) Emine Akman (Celal Bayar University)

Bu alan araştırmasının amacı İngiltere'de yaşayan göçmenlerin kaygı düzeylerinin algıladıkları ayrımcılık ve sahip oldukları İngilizce yeterlilik düzeyleri arasındaki ilişki örüntüsünü betimlemeye çalışmaktır. Çalışmada temel olarak İngiltere'de yaşayan göçmenlerin günlük yaşamlarında sahip oldukları kaygı düzeyi ile genel olarak algıladıkları ayrımcılık düzeylerini belirlemek amacıyla yaşam doyumları ölçülmüş ve göçmenlerin kaygı düzeyleri ile algıladıkları ayrımcılık ilişki incelenmiş, ayrıca, sosyo-demografik değişkenlere göre göçmenlerin kaygı ve algıladıkları ayrımcılık düzeylerindeki farklılıklar da istatistiksel olarak analiz edilmiştir. Çalışma İngiltere'de göçmen nüfusun yoğun olarak yaşadığı Londra'da gerçekleştirilmiştir. Enfield, Haringey, Hackney, Islington ve Waltham Forest bölgeleri veri toplanacak Türkiye'den gelen nüfusun en yüksek oranda yaşadığı yerler olarak belirlenmiştir. Bu bölgelerde yaşayan Türkiye'den gelen göçmenlerle görüşülerek anket uygulaması gerçekleştirilmiştir. Çalışmanın duyurulması ve katılımcılara ulaşılması için göçmelerle ilgili yerel dernek gibi kuruluşlardan da yardım alınmıştır. Bu amaçla oluşturulan anket formunda daha önce Türkçe'ye geçerliği ve güvenilirliği kanıtlanmış Kaygı Ölçeği (Oner ve Le Compte, 1985) ve Algılanan Bireysel Ayrımcılık Ölçeği (Ruggiero ve Taylor, 1995) ile katılımcıların dil yeterliği ve sosyodemografik bilgi soruları yer almıştır. Araştırmada 121 kadın ve 157 erkek olmak üzere toplam 278 göçmen katılımcı yer almıştır. Çalışmada elde edilen verilerin analiz edilmesi için Pearson Korelasyon analizi ile t testi ve ANOVA kullanılmıştır. Gerçekleştirilen analiz sonucu İngiltere'de yaşayan göçmenlerin algıladıkları ayrımcılık ve kaygı düzeylerinin birbiri ile istatistiksel olarak anlamlı şekilde pozitif yönde ilişkili olduğu bulunmuştur. Ayrıca göçmenlerin ingilizce yeterlilik puanlarının da sahip oldukları kaygı düzeyleri negatif yönde ile ilişkili olduğu ancak ing yeterliliğin kaygı algılanan ayrımcılık ile ilişkili olmadığı bulunmuştur. Sonuç olarak, göçmenlerin kaygılı olmalarının ev sahibi toplum içinde yaşadıkları ayrımcılık deneyimleri ile bağlantılı olduğu ortaya konulmuştur.

***

İranlı Mültecilerin Uyum Süreçleri: Manisa Örneği
(574) Betül Dilara Şeker (Celal Bayar University)

Türkiye'nin çatışma bölgelerine yakınlığı, Avrupa'ya geçiş güzergâhında bulunması, görece istikrarlı ekonomik ve politik konumu ülkeyi mülteciler için gün geçtikçe daha cazip hale getirmektedir. Türkiye üzerinden üçüncü ülkelere ve Türkiye'ye yönelik artan insan hareketliliği özellikle ülkede yaşayan farklı göçmen gruplarla ilgili bilgi ve araştırma gereksinimini ortaya çıkarmıştır. Göçmen gruplar içinde mülteciler en hassas gruplar olarak tanımlanabilir. Türkiye'de 2015 yılı Mart ayı itibariyle kayıtlı mülteci ve sığınmacıların sayısı 58,275 tir (UNHCR, 2015,). Türkiye'de yaşayan mülteci gruplar içinde Afganistan, Irak ve İranlılar en kalabalık grupları oluşturmuşlardır. Manisa, coğrafi konumu ve mevcut iş olanakları nedeniyle göç sürecinden etkilenmektedir. Manisa'da yoğun olarak İranlı ve Afganlı mülteciler yaşamaktadır. Bu grupların en önemli özelliği, üçüncü ülke tarafından kabul edilinceye kadar yasal statülerindeki belirsizliğin devam etmesi nedeniyle ülkede kalma sürelerinin uzamasıdır. Bu belirsizlik sürecinde mülteci gruplar yaşamlarını ev sahibi toplumla etkileşime girerek sürdürürler. Bu etkileşim bireysel ve kültürel olarak farklı düzeylerde değişimlerin yaşandığı kültürleşme süreci olarak adlandırılır. Bu sürecin özellikle göç öncesi ve göç sürecini daha zorlu geçiren gruplar için daha travmatik olduğu bilinmektedir. Bu çalışmanın amacı; Manisa ilinde yaşayan İranlı mültecilerin yaşadıkları sorunlar ve uyum süreçlerinin ortaya konulmasıdır. Çalışmaya Manisa'da yaşayan İranlı mülteciler arasından kartopu örnekleme yöntemi ile ulaşılan yaşları 28-49 arasında değişen toplam 13 gönüllü katılımcıdan (5 = Kadın, 8 = Erkek) oluşmaktadır. Çalışmada, veri toplama aracı olarak konu ile ilgili alan yazın taraması yapılarak, araştırmacılar tarafından geliştirilen yarı yapılandırılmış bir görüşme formu kullanılmıştır. Çalışma fenomenolojik desende görüşme yöntemi ve içerik analizi tekniği kullanılarak gerçekleştirilmiştir. Araştırmada ilgili alan yazın dikkate alınarak dört tema ve bu temalarla ilgili kategoriler oluşturulmuştur. Katılımcıların yaşadıkları sorunlar, bunların çözümüne ilişkin önerileri, uyum süreçleri, beklentileriyle ilgili görüşleri paylaşılmıştır. Katılımcılar dil yetersizlikleri ve farklı kültürel özellikleri nedeniyle uyum sürecinde zorluklar yaşadıklarını ifade etmişlerdir.

***

Türkiye'deki Uluslararası Öğrencilerin Ayrımcılık Algısı, Bilişsel Kapalılık İhtiyacı ve Kültürleşme Tercihlerinin İncelenmesi
(573) Betül Dilara Şeker (Ege University)

Türkiye'de okuyan uluslararası öğrenciler ev sahibi toplumla girdikleri etkileşim sonucu yaşanabilen kültürel değişim baskısı sonucu ayrımcılık algısı gibi farklı psikolojik süreçler deneyimleyebilmektedir. Göçmelerin ev sahibi toplumla etkileşimi ile sahip oldukları bilişsel kapalılık düzeyinin ilişkili kavramlar olduğu ve bilişsel kapalılığın bireylerin kültürleşme stratejileri üzerinde etkili olduğu bilinmektedir (Kosic, Kruglanski, Pierro, ve Mannetti, 2004). Bu çalışmada temel olarak uluslararası öğrencilerin algıladıkları ayrımcılık ile bilişsel kapalılık ihtiyacı ve günlük yaşamlarında sahip oldukları çeşitli değer, tutum ve davranış bakımından Türkiye'de kültürleşme tercihleri arasındaki ilişkinin incelenmesi amaçlanmıştır. Ayrıca çalışmanın ikincil amaçları olarak öğrencilerin sosyodemografik özellikleri ile ayrımcılık, bilişsel kapalılık ihtiyacı ve kültürleşme tercihleri arasındaki ilişkiler ve farklılaşmalar incelenmiştir. Çalışmada öğrenim amacıyla Celal Bayar Üniversitesine 32 farklı ülkeden gelen 208 (132 = erkek, 76 = kadın) öğrenci katılımcı olarak yer almıştır. Katılımcıların algıladığı ayrımcılık ölçmek amacıyla algılanan bireysel ayrımcılık ölçeği (Ruggiero ve Taylor, 1995); kapalılık ihtiyacını ölçmek için ise bilişsel kapalılık ihtiyacı ölçeği (Webster ve Kruglanski, 1994) kullanılmıştır. Öğrencilerin, kültürleşme tercihini ortaya koymak amacıyla araştırmacılar tarafından hazırlanan sorular sorulmuştur. Araştırmanın istatistiksel analizlerinde tanımsal istatistiksel analiz yöntemleri, korelasyon analizi, ve gruplararası karşılaştırma analizleri kullanılmıştır. Çalışma bulguları incelendiğinde algılanan ayrımcılık ve bilişsel kapalılık ihtiyacının negatif yönde ilişkili olduğu gözlenmiştir. Ayrıca algılanan ayrımcılığın kültürleşme tercihlerine yönelik sorular ile negatif yönde ilişkili olduğu bulunmuştur. Sonuç olarak, katılımcıların kültürleşme tercihleri uyum yönünde olduğunda daha az ayrımcılık algıladıkları görülmüştür.

***

Vali ve Büyükşehir Belediye Başkanının Ulus Ötesicilik Kavramı Çerçevesinde Yeni Rolleri ve Kamu önetiminde Ortaya Çıkaran Yeni Yapı
(576) Cemal Öztürk (Bitlis Eren University)

Dünyada farklı şekillerde ortaya çıkan değişimler sadece küresel anlamda değil ulusal ve yerel anlamda da değişimlere neden olmaktadır. Türkiye gerek transit geçişler gerekse insan taşımacılığı noktasında önemli bir konumda bulunmaktadır. Bu yüzdendir ki Türkiye, göç ve göçe bağlı olarak sık sık ulusal ve uluslararası alanlarda sorunlar yaşamaktadır. Bu sorunlara dayalı olarak Türkiye'de Kamu yönetimi alanında göç idaresi ve göç yönetimi konularında önemli değişim yaşanmıştır. Önceki düzenlemelerde bu konu ile görevli idare Emniyet Genel Müdürlüğü iken; yaşanan değişime paralel olarak İçişleri Bakanlığına bağlı ayrı bir Göç Genel Müdürlüğü teşkilatı kurularak görev ve sorumluluk bu kuruma devredilmiştir. Merkezi idarede ortaya çıkan bu yeni kurum, merkezin uzantısı konumundaki taşra yapılanmasında da değişikliğe neden olmuştur. Dolayısıyla il idaresinde Vali ve Büyükşehir Belediyelerinin bulunduğu yerlerde de Büyükşehir Belediye başkanlarının görev ve sorumluluk alanlarına bu yeni yapılanmanın faaliyetleri de dahil edilmiştir. Bu değişim ulusal seviyede hukuki, idari ve teknolojik boyutlu bir yapısal değişimin ulus ötesi alandan Türk Kamu Yönetime yansımasının sonucudur. Bu değişimin yansımaları, ulusal saygınlık ve etkinin uluslararası alanda kolaylıkla anlaşılabilmesini sağlayacaktır. Çalışmada, ulus-ötesicilik kavramı çerçevesinde kamu yönetimlerinde "göç" le ilgili ortaya çıkan yeni yaklaşımlar, teşkilatlanma ve görev alanı (İl İdaresi Kanunu ile 5216 Sayılı Büyükşehir Belediye Kanunu değişik 6360 sayılı Kanun) çerçevesinde le alınacak; Türk Kamu yönetiminde ki mevcut durum karşılaştırmalı olarak incelenecek ve değerlendirmelerde bulunulacaktır.

***

SESSION 14D – Göç ve Eğitim - IV

	Room: SR 6
Chair	**Sevinç Üçgül, University of Erciyes, Turkey**
389	Dil Değinimi Açısından Bulgaristan Türk Göçmenlerinin Dil Kullanımları - **Sonel Bosnalı, Zehra Şafak**
292	Anadili Ediniminde Aile Faktörü: Avrupa Ülkelerindeki Türk Çocukları – **Hülya Pilancı**
218	Batı Avrupa Ülkelerinde Yaşayan Türk Çocukların Eğitim Sorunları - **Cihan Aydoğu**
217	Göçmenlerin Almanca Yabancı Dil Ders Kitaplarında Uluslara Göre Ele Alınış Biçimleri ve Sıklık Oranları – **Gönül Karasu**
468	Küresel Dünyada Turist Göçerler Olarak Yabancı Uyruklu Yüksek Öğretim Öğrencileri: Erzurum Atatürk Üniversitesi Örneği – **İsmail Öz**

Dil Değinimi Açısından Bulgaristan Türk Göçmenlerinin Dil Kullanımları
(389) Sonel Bosnalı, Zehra Şafak (Namık Kemal University)

Türkler, 14. yüzyılda göçerek yerleştikleri Bulgaristan'da, Türkçe ve Bulgarcanın yanında diğer etnik grupların dillerinden oluşan çok dilli bir ortamda uzun süre yaşamışlardır. Osmanlı döneminde önemli bir statüye sahip olan Türkçe, dönemin sonlarından itibaren "azınlıklaşma" ve "işlevsizleşme" süreçlerine maruz kalmıştır. Daha sonraki yıllarda, Bulgaristan'da azınlık konumundaki ana dilleri ile hem resmi dil konumundaki Bulgarca hem de yine azınlık konumundaki Romanların dili çok uzun dönem temas halinde olmuştur. Ancak 1989 yılında zorunlu bir göç sonucu Türkiye'nin farklı bölgelerine yerleşen Türkler, ayrıca bu yeni topraklarda resmi dil olan standart Türkçe ile de temas halinde bulunmuştur. Bulgaristan Türkleri ve dilleri üzerinde yapılan önemli çalışmalar bulunmakla birlikte, özellikle Türkiye'ye göç eden topluluğun dili ve dil kullanımı, dil değinimi açısından henüz incelenmemiştir. Türkiye'ye göç eden Bulgaristan Türklerinin buradaki dil kullanımları ve pratikleri nasıl betimlenebilir? Daha önceki dilsel davranışları yeni göç ortamına uyarlanmış mıdır? Yeni toplum-dilsel koşullar dil davranışlarını ve dillerinin yapısını ne ölçüde etkilemiştir? gibi sorular çerçevesinde çalışmalar mevcut değildir. Bu çalışmada, 1989 yılından itibaren Türkiye'ye göç eden Bulgaristan Türklerinin dil kullanımlarından hareketle, çok dilliliğin en önemli nedenlerinden biri olan göç olgusunun toplum-dilsel etkileri dil değinimi açısından incelenmektedir. Bulgaristan'ın Deliorman bölgesinden göç eden Türklerin aile içi dil kullanımları üzerine veri toplamak için, katılımcı gözlemleme yöntemi kullanılmıştır. Elde edilen bütünce üzerinde yapılan inceleme, göç bağlamında en önemli hadiselerden biri olarak ortaya çıkan çok dilliliğin, hem dillerin yapıları hem de konuşurlarının dil kullanımları üzerinde çok boyutlu toplum-dilsel sonuçlarının bulunduğunu göstermektedir. Söz konusu dil topluluğunda, üç dil arasında ödünçleme, düzenek kaydırımı, düzenek karışımı ve düzenek kopyalaması gibi, konunun dilsel boyutuyla ilgili hadiseler her seviyede (ses, biçim, sözcük ve sözdizimi) gözlemlenebilmektedir.

***

Anadili Ediniminde Aile Faktörü: Avrupa Ülkelerindeki Türk Çocukları
(292) Hülya Pilancı (Anadolu University)

Çocukların anadil gelişimine hız ve şekil veren en önemli çevresel faktörlerden biri anne babaların çocuklara yönelttikleri dildir. Anne babaların kullandığı dil gerek sözcük dağarcığı gerekse içerdiği yapıların zenginliği bakımından çocukların dil gelişimini önemli ölçüde etkilemektedir. Çocuk, kendisine yöneltilen dili, dildeki genel düzenlilikleri ve istisnaları öğrenebileceği bir veri tabanı gibi kullanmaktadır. Çocuğun dil gelişimini etkileyen diğer bir faktör de anne babaların çocuğun iletişim çabalarına ne kadar duyarlı olduğudur. Avrupa ülkelerinde yaşayan Türk çocukları için kültürel kökenle ve dille ilk kurulan bağ aile içinde olmaktadır. Her kuşakta anne babalar çocukları ile anadilleri arasında bir köprü görevi görmektedir. Bu nedenle Avrupa ülkelerindeki Türk çocuklarının anadili gereksinim ve olanakları belirlenirken, ailelerin anadillerine karşı gösterdikleri tutum belirlenmeden, genç kuşakların anadil edinmede ulaşacakları düzey de netleştirilemeyecektir. Çalışmalar, çocukların anadil yetisinin değişime açık olduğunu, anne babaların etkisi ile şekillenebileceğini, ve uygun çevresel faktörlerin etkisi ile gelişebileceğini göstermektedir. Bu çalışmada, Avrupa ülkelerinde yaşayan Türk ailelerin, anadilin gerekliliğini ve çocukları ile anadilleri arasında bağ kurma durumunu nasıl algıladıkları doküman incelemesi ve araştırmacının elde ettiği verilerle incelenmeye çalışılacaktır.

***

Batı Avrupa Ülkelerinde Yaşayan Türk Çocukların Eğitim Sorunları
(218) Cihan Aydoğu (Anadolu University)

Günümüzde resmi rakamlara göre yurt dışında 5 milyonu aşkın Türk vatandaşı yaşamaktadır. Bu rakamın yaklaşık 4 milyonu Batı Avrupa ülkelerinde bulunmaktadır. Ancak 70'li yıllardaki yoğun göçün ardından geçen bunca yıla rağmen birçok sorun çözülememiş ve vatandaşlarımızın hayatını olumsuz yönde etkilemeye devam etmiştir ve halen devam etmektedir. Bu vatandaşlarımızın ve özellikle de ikinci, üçüncü kuşak gençlerin ve çocukların yaşadıkları ülkeye uyum süreçlerini ortaya koymaya yönelik yapılan birçok araştırma, bu gençlerin ve çocukların gerek okulları ve gerek aileleri ile yaşadıkları kültür çatışmalarının eğitimdeki başarılarını olumsuz etkilediğini ortaya koymaktadır. Türk çocukların ve gençlerin eğitim yaşantılarında karşılaştıkları temel sorunlar, üniversiteye gidememe, okulda ayrımcılığa maruz kalma, iki kültür arasında sıkışıp kalma, okuldaki başarı düzeylerinin beklenenden düşük olması ve anadili öğrenme imkânlarının yetersiz ve kısıtlı olması şeklinde sıralanabilir. Bu çalışma Türklerin yoğun olarak yaşadıkları Almanya, Belçika ve Fransa'daki durum ile sınırlandırılmış ve Türk gençlerin ve çocukların eğitim alanında yaşadıkları sorunlar alanda yapılmış çalışmalar doğrultusunda tartışılmış ve çözüm önerileri geliştirilmeye çalışılmıştır.

***

Göçmenlerin Almanca Yabancı Dil Ders Kitaplarında Uluslara Göre Ele Alınış Biçimleri ve Sıklık Oranları
(217) Gönül Karasu (Anadolu University)

Bu çalışmada, üçü Almanya ikisi Türkiye basımı olmak üzere beş adet Almanca Yabancı dil ders kitabında yer alan, farklı ülkelerden gelen göçmenlerin konu ediliş biçimleri ve geldikleri ülkelere göre dağılım sıklıkları ortaya konulacaktır. Ayrıca göçmenlerin meslek grupları, yaş, cinsiyet gibi veriler tablo şeklinde ortaya konulmaya çalışılacaktır. Bu çalışma bir içerik analizi çalışmasıdır. İçerik analizi yapılacak kaynaklar Almancayı yabancı dil olarak öğreten ders kitaplarıdır; "Studio d", "Sowieso1" ve "Themen aktuell1" (Almanya basımı) ve "Deutschstube" ile "Deutsch ist Spitze" (MEB Yayınları). Ön inceleme ve deneyimlerimiz bu kaynakların her birinde konunun farklı sıklıkta ve biçimde ele alındığını göstermektedir. Sonuç olarak farklı ülkelerden gelen göçmenlerin ders kitaplarındaki sunuluş sıklıkları ve veri bilgileri tablo şeklinde sunulduktan sonra günümüzde göç konusunun farklı uluslara karşı hoşgörüyü artırmak amacıyla dil öğretiminde daha yoğun işlenebileceği üzerinde durulacaktır.

***

Küresel Dünyada Turist Göçerler Olarak Yabancı Uyruklu Yüksek Öğretim Öğrencileri: Erzurum Atatürk Üniversitesi Örneği
(468) İsmail Öz (Ataturk University)

Yaşadığımız dünyanın fiziksel şeklini tanımlamanın bir sonucu olarak coğrafi bir adlandırma olan 'küre', yeryüzünün dört bir yanında mevcut farklı beşeri topluluklar arasındaki her türde etkileşimi sınırlayan engellerin ortadan kalkması anlamında sosyal bilimler içinde 'küreselleşme'ye dönüşür. Engellerin ortadan kalkması malların ve bilginin yanı sıra insanların hareketliliğin de artmasını sağlar. Zygmunt Bauman'ın akıntı olarak tanımladığı bu hareketlilik insanlar açısından iki tür ortaya çıkarır: aylaklar ve turistler. Aylaklar hem yoksul hem de eğitim ve öğretimden yoksun gezginler olarak yaşadıkları yerden daha iyi koşullar içeren başka yerleri aramak için zorunlu ve çoğunlukla yasadışı bir şekilde gezinirlerken, iyi eğitimli turistler gezinmeyi isteyerek ve yasal bir şekilde parasını ödeyerek gerçekleştirirler. Bu noktada turistler 'hafif' olduklarından daha az engelle karşılaşırken, aylaklar çok daha fazla engelle karşılaşmalarına neden olacak bir şekilde 'ağır'dırlar. Günümüzde turistik akıntılar içerisinde yer alan az gelişmiş ve gelişmekte olan ülkelerin öğrencileri, kendilerinin de onayladıkları modern batı tarzı bir eğitimi almak üzere başka ülkelere göç gerçekleştirebilmektedirler. Bu göçlerin rotasında bulunan Türkiye üniversitelerinden biri olarak Atatürk Üniversitesi, gerek konumu ve gerekse gerçekleştirdiği pek çok ikili anlaşmalar vasıtasıyla kendine turist öğrenci çekebilmektedir. Öyle ki Atatürk Üniversitesi 2015-2016 yılı verilerine göre 2111 öğrenciyle Türkiye üniversiteleri arasında 6. sıradadır. Çalışmamızın amacı öğrencilerin Atatürk Üniversitesini neden tercih ettiklerini, karşılaşabildikleri sorunları (barınma, sosyal ilişki, uyum, dil vs.) ve bu sorunların, tercihlerini gözden geçirmelerinde etkili olup olmadığını ortaya koymak ve sorunlar karşısında çözüm önerileri sunmaktır. Sorunların ortaya çıkarılması ise yüz yüze gerçekleştirilecek nitel görüşmelerle sağlanacaktır.

***

SESSION 14E – Göç ve Edebiyat - VII

	Room: SR 7
Chair	**Mustafa Hizmetli, Bartın University, Turkey**
508	Bir Göçebe Ruh: Yahya Kemal Beyatlı – **Haluk Öner**
524	Sebepleri ve Sonuçları Bağlamında Gülten Akın Şiirinde Göç Olgusu - **Yasin Genç**
505	Çağdaş Türk Resim Sanatında Göç Teması: Ramiz Aydın Örneği - **Ferhunde Küçüksen Öner**
498	Klasik Türk Şiirinde Gurbet – **Kürşat Şamil Şahin**
176	Türkiye Sineması'nda Zorunlu Göç: Büyük Adam Küçük Aşk ve Güneşi Gördüm - **Gül Yaşartürk**

Bir Göçebe Ruh: Yahya Kemal Beyatlı
(508) Haluk Öner (Bartın University)

Çocukluk yıllarında Üsküp'ten İstanbul'a göçle başlayan yurt arayışını sürekli devam ettiren Yahya Kemal, İstanbul'dan Paris'e; Paris'ten tekrar İstanbul'a gelişiyle hem aidiyet hissini pekiştirdiği evine kesin dönüş yapmış olur hem de onun tarih, edebiyat, sanat anlayışının olgunlaşmasını sağlar; ancak zihniyet sahasında yurdunu bulan şair, yaşamının geri kalanında kendine ait bir ev yahut mekâna sahip olamamıştır. Bu tercih bir taraftan onun sanatını besler diğer taraftan göçebe ruhla yaşamını devam ettirdiğini gösterir. Bu bildiride Türk şiirinin zirve şahsiyetlerinden Yahya Kemal Beyatlı'nın hem gerçek anlamıyla göç tecrübesinin hem de soyut anlamda göçebe bir ruha sahip oluşunun sanatı üzerine etkileri üzerinde durulacaktır.

***

Sebepleri ve Sonuçları Bağlamında Gülten Akın Şiirinde Göç Olgusu
(524) Yasin Genç (Dumlupınar University)

Çeşitli sosyal, siyasi ve ekonomik sebeplerle insanların yaşadıkları yeri terk edip başka yerlere gitmesi olarak tanımlanabilecek olan göç, Gülten Akın'da, Seyran Destanı adlı eserinin neredeyse tamamının onun üzerine inşa edildiği önemli bir izlektir. Türkiye'de sanayinin kurulmasını takiben 1920'lerde başlayan taşradan büyük kentlere doğru göç, 40'lı ve 50'li yıllara gelindiğinde oldukça yoğunlaşmıştır. Çeşitli sebeplerle yurtlarını ve ocaklarını bırakıp Anadolu'nun İstanbul, Ankara ve İzmir gibi büyükşehirlerine göç eden insanları, üniversite öğrencisi olduğu yıllarda, Ankara'da gözlemleme olanağı bulan Gülten Akın, onların hayatlarını, göçme nedenlerini ve bu göçün doğurduğu sonuçları şiirlerinde irdelemiştir. Bununla beraber şair, Seyran Destanı'ndan yirmi sekiz yıl sonra yayımladığı Celaliler Destanı isimli eserinde de "büyük kaçgunluk" olarak nitelenen ve 1603-1610 yılları arasında gerçekleşen göçü mısralarına taşımaktadır. Bu çalışmada, ilk aşamada göçün sosyolojik, siyasi ve ekonomik sebep ve sonuçlarına kısaca değinilecektir. Bunun ardından, Akın'ın kitabına da ismini veren, Ankara'nın Seyran Bağları'na yerleşen ve orada yeni bir hayat kurmaya çalışan göçmenlerin göç sebeplerinin ve göçün doğurduğu sonuçların şiire ne şekilde aktarıldığı tespit edilmeye çalışılacaktır. Son olarak ise Celaliler Destanı'nda anlatılan göçle Seyran Destanı'ndaki göçün ilgileri kurulmaya çalışılacaktır.

***

Çağdaş Türk Resim Sanatında Göç Teması: Ramiz Aydın Örneği
(505) Ferhunde Küçüksen Öner (Bartın University)

Göç, insanoğlunun tarih boyunca hareketliliğinin farklı ve çift kutuplu anlamlara sahip eylemlerinden biridir. Savaş, mübadele gibi kriz anlarının zorunlu kararları olabileceği gibi daha iyi yaşam koşulları arayışının bir sonucu da olabilir. Göçe dair her tecrübe içinde insan ve toplumlara dair farklı duyguları, hikâyeleri biriktirir. Türk resim sanatı da bu kadar farklı hikâyeyi ve duyguyu barındıran göç olgusuna duyarsız kalmamış ve bu kavramı duygusal, ideolojik, sosyolojik boyutlarıyla yansıtmıştır. Bu bildiride Ramiz Aydın örneğinde çağdaş Türk resminin göç olgusuna hangi perspektiflerden baktığı daha geniş manada sanatın sosyoloji, psikoloji, edebiyat gibi disiplinlerle ilişkisi göç teması üzerinden irdelenecektir.

***

Klasik Türk Şiirinde Gurbet
(498) Kürşat Şamil Şahin (Bartın University)

Doğup yaşanılan yerden uzak kalmak olan gurbet, vatanından ayrı yaşama halinin verdiği duygu, gariplik ve yabancılığı da ifade eder. Gurbet konusu ayrılık, hasret, ölüm gibi temalarla beraber kullanılmıştır. Bundan dolayı da çoğunlukla arzulanmayan ve istenmeyen bir yer olarak anılmıştır. Gurbet âşığa dert ve keder verir. Yurdundan ayrılan insan mazisiyle ilişkisini hemen koparamaz ve onun yeni yere alışması zor olur. Klasik Türk şiirinin estetik dünyasında gurbet genelde sevgiliden ayrı kalmak olarak tasavvur olunur. Tasavvuf söz konusuysa bu dünya gurbettir. Tasavvufa göre asıl vatan âlem-i bekâdır ve içinde yaşadığımız dünyada insan misafir olarak bulunur. Hakikate erişmek için vatandan ayrılma söz konusudur. Herkesin gurbeti farklıdır. Cahil ve görgüsüzler arasındaki ehl-i irfanın gurbeti gibi halinden dilinden anlamayan insanların arasında bulunmak da gurbettir. Çalışmada; şairler tarafından çeşitli anlatımlara konu olan gurbet kavramı, seçilmiş beyitlerden hareketle açıklanıp genel bir değerlendirme yapılmıştır.

***

Türkiye Sineması'nda Zorunlu Göç: Büyük Adam Küçük Aşk ve Güneşi Gördüm
(176) Gül Yaşartürk (Akdeniz University)

Türkiye Sineması'nda iç göç, 1960'lı yıllardan itibaren doğudan batıya, köyden kente göçün yoğunluğuna paralel olarak; sıkça işlenmiş bir konudur. 1960'lı yıllarda iç göçü ele alan filmler kırdan kente göçü, manevi değerlerin yitirilmesi ve iş sorunu üzerinden ele almışlardır. 1980'li yılların sonundan itibarense, içgöçün konu olarak ele alınması seyrekleşmiştir. Türkiye 1990'lı yıllarda sosyolojik bir olgu ve yeni bir iç göç biçimi olarak zorunlu göç ile tanışmıştır. Zorunlu göç çoğunlukla güvenlik şartları nedeniyle gerçekleşen iç göçe verilen addır. Zorunlu göç 1990'lı yılların sonlarından itibaren pek çok filmde karakterin özelliklerinden biri olması bağlamında ya da yan olay örgüsü olarak yansımasını bulmuştur. Söz konusu filmler arasında yer alan, 2001 tarihli Büyük Adam Küçük Aşk (Handan İpekçi) ve 2009 tarihli Güneşi Gördüm (Mahsun Kırmızıgül) ise zorunlu göçü ve zorunlu göçle yer değiştiren karakterleri merkezlerine almaktadırlar. Çalışma kapsamında öncelikle göç ve zorunlu göç terimleri tanımlanarak, aralarındaki farklardan söz edilecektir ardından, 1990'lı yıllardaki istatistik verilerden yararlanılarak zorunlu göçe dair kuramsal çerçeve oluşturulacaktır. Büyük Adam Küçük Aşk ve Güneşi Gördüm filmlerinin analizinde ise, ilk olarak filmlerde sunulan zorunlu göçün kuramsal bölümde yer verilen verilerle uyumlu olup olmadığı, ikinci olarak zorunlu göçün hangi tema ve hangi karakterlerle ilişkilendirilerek yansıtıldığı, üçüncü olaraksa filmlerde zorunlu göçün sonuçlarının nasıl sunulduğu araştırılacaktır.

***

SESSION 15A – Kurdish Migration and Identity - III

	Room: SR 3
Chair	**Welat Zeydanlıoğlu, Kurdish Studies Network, Sweden**
5611	Kurdish American Students and Parents in Nashville Public Schools: When the Old and Newlives Encounter, New Possibilities and Interpretations – **Demet**

	Arpacık
418	Transnational Immigrant Self: Cultural Model of Conflict and Self-Making in Kurdish Diaspora - **Sinan Doğan**
208	Kurdish Women and Voice. the Transformation of Lack into Abundance – **Katharina Brizic**
259	Imagining Future: Kurdish Migration Dynamics – **Lana Askari**
305	Conflict Zones Between Transnational Memorial Sites in Turkey/North Kurdistan on the The Example of the Barracks Built in 1937 By German Architects in Dersim/Tunceli and Their Musealization Process Since 2011 - **Ezgi Erol**

Kurdish American Students and Parents in Nashville Public Schools: When the Old and Newlives Encounter, New Possibilities and Interpretations
(5611) Demet Arpacık (City University New York)

Kurdish students are the third largest ethnic group in Nashville Public Schools in Tennessee, the U.S. This qualitative study interviews 15 Kurdish students from middle school, high school, and college and their parents to obtain a comprehensive understanding of the experiences, challenges, opportunities, problems and of Kurdish immigrants vis-à-vis the American education system as well as the new lifestyle. The study finds that the intersectionality of ethnicity and religion plays an important role in shaping the experiences of Kurdish immigrants in the new context. Kurds' collective experiences prior to and after immigration, while showing some substantial differences, form a symbiosis that is seen in their interpretations of their lives in the U.S. in relation to their country of origin. The study also found out that the increased Islamaphobia in the U.S. context affects the experiences of Kurds, especially the second and third generations as they group up and socialize more with Americans than their first generation parents. Kurds were, nonetheless, by no means a homogenous group, their experiences were largely differentiated based on factors such as socioeconomic class, education, time of immigration, generation as well as religiosity. In addition to shedding light on a diaspora group that is hardly mentioned in the academic research, this study will also contribute to the field of immigration, education as well as identity studies.

***

Transnational Immigrant Self: Cultural Model of Conflict and Self-Making in Kurdish Diaspora
(418) Sinan Doğan (Koc University)

The present research investigates the politically constituted cultural model of conflict in Kurdish diaspora in the contexts of transnational political advocacy, "super-diverse" cultural plurality and gendered power relations. The model also plays significant roles in constructing autonomous-related self-concepts. The study is based on a nine months long ethnographic research among Kurdish diasporic communities in North West England. By drawing on the theoretical grounds of cognitive and psychological anthropology, I aim to contextualise the findings of the research with a brief critique of the relevant academic literature. Cultural models are cognitive schemas which enable and complicate interpretation of outside worlds. The cultural theory of conflict that the Kurdish immigrants interpret and reproduce meanings through is mainly based on continuous conceptualisations of war, peace, liberation, and oppression. Members of the diaspora actively question and reproduce the transnational concepts of war, peace, and terrorism through a comprehensive but fluid understanding of liberation. In the case of transnational settings, reproduction of the concept of home occurs as the main component of diaspora organisation and identity making. Kurdish diaspora creates an identity and organise itself transnationally through political dispute and conflict, and becomes "battlespace diaspora" (Demir, 2016). Secondly, super-diverse social environments of a wide range of cultural identities such as political, gendered, and linguistic identities, alongside ethnic and religious identities, enable the immigrants to involve in an enriched variety of cultural settings. This allows the immigrants to form multicultural solidarity networks in order to cope with socioeconomic deprivation and to establish enduring relationships. Moreover, Kurdish feminism as a set of concepts which includes the radical science of gender relations, deconstruction of traditional patriarchal gender roles, and in general, women's liberation movement; has been facilitating female and male selves to construct psychological autonomy and relatedness as the result of politically intercultural and pro-feminist solidarity.

***

Kurdish Women and Voice. the Transformation of Lack into Abundance
(208) Katharina Brizic (University of Freiburg)

Voice is a sociolinguistic concept referring to the ability to make oneself understood in a globalized world (Blommaert 2005). For women from the Kurdish areas in the Middle East, this concept is highly conflictual, as it means making oneself understood against a lack of resources, of schooling, power, or gender equality. From a supraindividual and globalized perspective, it also means confronting (accusations of) terrorism, statelessness, and migration. My research question is how Kurdish women raise their voices, confront the lack and tackle success, above all academic success for their daughters. My data draw on the wealth of biographical narrations by immigrant mothers and daughters from eastern Turkey; evaluations and school grades assigned by the daughters' teachers in Vienna; and a quantitative Viennese survey on multilingualism, family language transmission and shift. The narrative, discourse and quantitative analyses reveal a strong link between mothers' and daughters' academic aspirations on the one hand, and their will to leave behind male dominance as well as family languages on the other hand. At the same time, gender and languages turn out to be a core line of distinction for many teachers. At this point, a disastrous proximity emerges between the inequalities experienced by Kurdish female migrants before and after migration, i.e. in Turkey and in the Austrian schooling system. The objective of my study is a deeper understanding of how inequality is confronted intergenerationally by Kurdish women, and how teachers can impede or support these processes. The comprehensive aim is to open up systematic ways of coping with inequality in the Austrian schooling system, with a specific focus on the growing numbers, experiences and visions of Kurdish immigrants to Central Europe.
Blommaert, J. (2005): Discourse.

***

Imagining Future: Kurdish Migration Dynamics
(259) Lana Askari (University of Manchester)

This paper focuses on how Kurds experience temporality, imagine and (re) negotiate their future on their migratory journey towards Europe. Based on multisided fieldwork conducted in Sulaimani (Iraqi Kurdistan), Istanbul (Turkey) and Athens (Greece), I attempt to draw out people's different imaginative life trajectories and the processes of constant renegotiation during precarious times. Recent clashes between the Islamic State (IS) and Kurdish forces in Syria and Iraq have destabilised the safety situation in the region, alongside with recent economic hardship in Iraqi Kurdistan, creating new regional and outward (cyclical) migration patterns. How can anthropology research the prospective dimensions of life when placed in social spaces of (seemingly) timeless conflict? Living in circumstances of instability is fertile ground for researching how people find agency in precarious times and deal with the aspect of unforeseen events (Pedersen and Højer, 2008; Vigh, 2008; Whyte, 2008), often found in the predicament of migrant stories (Jackson, 2008). The current "migrant crisis" in Europe has changed migration processes, with new political decisions and civic engagement ruling the daily actions of migrants and locals. What motivates people to leave (yet again) or to stay, and how are these choices informed along their journey towards Europe, notably in major cities, such as Istanbul and Athens, which have a long history of being transit spaces or hubs for migrants? I aim to explore how migrants engage in these new social and political landscapes, how the city informs their social navigation in times of crisis, and what types of agency (if any at all) they have at their disposal. Which futures are imaginable, desired and pursued? Thus, this paper engages with issues of social navigation, temporality and future imaginaries in anthropology, and will add to timely debates on new migration dynamics in the Middle East and Europe.

***

Conflict Zones Between Transnational Memorial Sites in Turkey/North Kurdistan on the The Example of the Barracks Built in 1937 By German Architects in Dersim/Tunceli and Their Musealization Process Since 2011

(305) Ezgi Erol (University of Vienna)

The present research work focuses on the barracks that were built by German architects in 1937 and were used as a stronghold during the massacre of Dersim in 1937/1938. After the massacre, the barracks were empty until the 50's. From 1950 on the barracks were renovated and used as housing for public administration officers. Moreover, they were used as a shelter for homeless people. In 2005 the barracks were rated as an example of early republican architecture by the ministry of cultural heritage in Erzurum. Along with the decision of musealizing the barracks, in 2011 there was a negotiation process between the government and the residents for a resettlement program of some residents in state-owned co-operative flats. This work will analyse the historical development of the barracks in relation to local and global politics of memory of the massacre of Dersim to the Kurds. In addition, this work looks at the continuities of the persecution and repression of Kurds as well as the destruction of their living under historical and present perspectives. Lastly, the research work will concentrate on the process of musealization and history mediation and in doing so it will face the conflict area between the (not) coming to terms with the accountability of the massacre and the experiences of former cohabitants that migrated to German-speaking countries. Through the survey method of image-biographical interviews, the image of the barracks as a memorial site is brought into focus, specifically from the perspective of former residents and their experience for the purpose of the question, which role can the barracks play for the memory of the local population of the massacre in 1938.

***

SESSION 15B – Movers from Turkey in Austria - III

	Room: SR 4
Chair	**Gudrun Biffl, Donau University, Krems**
5588	"Schau Du Machame Du Hund" the Story of an Islamophobic Inscription on St. Stephens Cathedral in Vienna – **Ernst Fürlinger**
622	Scope and Limitations in the Recognition of Foreign Qualifications in Austria - **Isabella Skrivanek, Thomas Pfeffer**
623	Migration and Addiction – Challenges for Health Prevention - **Anna Faustmann, Lydia Rössl**

"Schau Du Machame Du Hund" the Story of an Islamophobic Inscription on St. Stephens Cathedral in Vienna
(5588) Ernst Fürlinger (Danube University, Krems)

St. Stephan's Cathedral is in the centre of Vienna and a vital place for the collective memory and national identity of Austria. The cultural commemoration is featured in the relics, monuments and objects of the various epochs of the Austrian history, which may well be in conflict with the norms and values of the pluralist republic and immigration society Austria is today. The paper reflects upon this constellation of tensions between the historic memories of a catholic nation on the one hand and a modern republic resp. globalised society on the other, taking the example of an islamophobic inscription on the South-tower of St. Stephen's cathedral. It was placed there 100 years after the infamous siege of Vienna by the Turks in 1683, together with the 'head of a Turk' and a 'Turkish canon ball', and was only dismantled in the 1980s. This process of events/deeds is a mirror of social and religious changes over time, which are on the one hand linked with a shifting position of the Catholic Church towards Islam since 1965, on the other with a new presence of a Muslim population on the territory. The Austrian Empire once saw herself in defence against the arch-enemy, the Osman Empire. The conflict then and its representation in the inscription may be taken as a precursor of the Mohammed-caricatures of today and the concomitant Muslim strategies and discourses.

***

Scope and limitations in the recognition of foreign qualifications in Austria
(622) Isabella Skrivanek, Thomas Pfeffer (Danube University, Krems)

Formal qualifications are of high relevance in the Austrian labour market, which has a strong focus on skilled workers and comprehensive professional qualifications ("Berufe"). They are not only a prerequisite for regulated professions, but they also have an important signalling function to communicate skills. Furthermore, pay can be linked to formal qualifications in collective agreements, which cover more than 90% of wage and salary earners in Austria. This paper analyses what and how foreign qualifications are recognised in Austria. It discusses the scope and limitations of the current system, and shows options for improvement. The analysis is based on desktop research, review of literature and expert interviews. We find that Austria has highly differentiated measures in place. However, the overall system of recognition is very fragmented due to many competent authorities and no general coordination and monitoring scheme. Also, traditional recognition procedures focus on equivalence of curricula and is limited to regulated professions in case of vocational qualifications. Thus, there are a number of gaps in the current system. While there has been progress in the provision of information and counselling for foreign trained individuals, we conclude that more substantial measures are required to improve their labour market position and to better use their skills potential. This comprises a right to the assessment of foreign qualifications, an overall approach to recognition, better bridging programmes (availability, financial support) and coherent measures for the validation of non-formal and informal learning.

***

Migration and Addiction – Challenges for Health Prevention
(623) Anna Faustmann, Lydia Rössl (Danube University, Krems)

Although migration itself does not trigger addictive behaviour, the interrelationship between many different factors – such as migration experiences in combination with living conditions in Austria – may affect prevalence of addiction. This leads to new requirements in health prevention, especially when considering the limited uptake by

Turkish and Ex-Yugoslavian citizens of prevention and early diagnosis measures. (Statistik Austria 2015: 68) Furthermore, migration is connected with major mental challenges, on the one hand due to separation from family, friends and familiar surroundings, on the other due to challenges in adaptation to a new cultural setting. Also, uncertain residence status and precarious financial living conditions may add stress. Particularly difficult situations are faced by refugees, who are often traumatized from experiences of war and violence. Therefore, it is necessary to take the increasing diversity of the Austrian society into account and to reconsider concepts of prevention. In our research project a combination of different methods of social sciences were applied, e.g. qualitative interviews, focus groups and a quantitative online survey. The findings are that the consumption of potentially addictive substances is affected by personal history and experiences as well as by the traditional consumption and behaviour patterns in in the source countries. People distinguish clearly between legal and illegal substances and (ab)use. The social acceptance of addictive behaviour is determined by the degree of legality: More than 90% of the respondents consider alcohol and tobacco consumption, excessive use of internet or mobile phones as well as excessive working as totally or highly socially accepted in Austria. Youngsters as well as unemployed are amongst the risk groups. Even though migration- and culture-specific aspects play a minor role in addiction, some factors may favour addictive behaviour: social uprooting, lack of integration in country of origin as well as the host country, stigmatization and tabooization. Migrants tend not to talk to anybody outside their family about their addiction. Therefore, they do not obtain professional consultation and therapy as often as natives.

SESSION 15C – Workshop: Göç Çalışmalarında Faktöryel Modelin Kullanımı

	Room: SR 5
Tutor	M. Murat Yüceşahin, Ankara University, Turkey

Bu eğitim çalıştayı yeni araştırmacılar içindir ve ayrıca Kayıt olunması gereklidir. Kapasite sınırlıdır. Kayıt olmak için **Turkmig@Gmail.Com** adresine yazınız.

SESSION 15D – Workshop: Türkiye'de Göçmen Sağlığı ve Sağlık Kayıtlarında Göç Verileri

	Room: SR 6
Panel	Muhammet Ceren, Ministry of Health, Turkey

Bu çalıştay Göçmen sağlığı ile ilgilenen ve/veya sağlık kayıtları ve istatistikleri ile ilgilenen araştırmacılara hitab etmektedir.

Author Index

A. Aslı Şimşek	16	Bezen Balamir Coşkun	85, 164
Adem Kalça	22	Bilge Deniz Çatak	120
Ahmet Beşe	43, 103	Brian Van Wyck	53
Ahmet Efiloğlu	157	Burcu Kümbül Güler	97
Ahmet Şahin	36, 77	Burcu Özdemir	72, 110
Alan Hassaf	160	Burcu Togral Koca	94
Albeniz Tuğçe Ezme	113	C. Erdem Hepaktan	101
Alev Çakır	169	Çağlar Başol	56
Alexa Arena	121	Çağlar Özbek	42
Ali Çağlar	43, 70, 130	Cahit Kahraman	140, 158
Ali Faruk Yaylacı	110, 119	Çakan Osman Tanıdık	72
Ali Rıza Gökbunar	24	Can Eminoğlu	7
Ali Soysüren	94	Can Karabıyık	77
Ali Tilbe	12, 26	Canan Şahin	165
Ali Türünz	59	Cansu Aydın	121
Ali Zafer Sağıroğlu	33, 48, 73	Cemal Öztürk	172
Aliye Yılmaz	162	Cemal Sarı	52
Alpaslan Demir	36, 47	Cengiz Tüsgil	117
Andrew Clarke	33	Ceren Kaya	48
Anıl Al Rebholz	30	Ceylan Turtuk	5
Anna Faustmann	180	Christine Inglis	131
Annalisa Morticelli	34	Çiğdem Manap	9
Apostolos Papadopoulos	93, 107	Cihan Aydoğu	173
Arda Umut Saygın	15, 30	Cihan Kızıl	109
Arif Akgül	122	Coşkun Çılbant	64, 77
Arzu Kökcen Eryavuz	20	Cumhur Aslan	63, 88
Aslı Ilgıt	84	Daniel Williams	132
Atakan Durmaz	22	Danielle Schoon	125
Atıf Akgün	78	David Makofsky	70
Aycan Gürlüyer	103	Demet Arpacık	177
Aynur De Rouen	153	Denise Tan	166
Aynur Özgür Tüsgil	117	Deniz Alçin Şahintürk	37, 88
Ayşe Asude Soysal Doğan	115	Deniz Aras	52
Ayşe Betül Nuhoğlu	139	Deniz Coşan Eke	105
Ayşe Kıran	13	Deniz Eroğlu Utku	45, 125
Ayşegül Aycan Solaker	78	Deniz Özalpman	17, 52
Ayşegül Kanbak	122	Derya Kahvecioğlu	100
Ayşegül Kayaoğlu	132	Derya Kurtuluş	28
Azize Serap Tunçer	113	Dilek Çınar	42
Bahadır Nurol	128	Dionysis Goularas	145
Barbara Herzog Punzenberger	155	Doğa Başar Sarıipek	97
Bart Van de Putte	5	Duncan Gullick Lien	79
Başak Ekenoğlu	4	Duygu Öztin Passerat	38
Batuhan Fatih Mollaoğulları	89	Ebru Dalğakıran	60
Bayram Ünal	11, 70, 100, 108, 109	Ece Demiray Erol	76, 114
Besim Can Zırh	142	Ece Keskin	48
Betül Dilara Şeker	135, 169, 170, 171	Ece Kurtoğlu	112
Betül Nuhoğlu	145	Efnan Dervişoğlu	67

Efruze Esra Alptekin	129	Fundagül Apak	51
Ekim San	156	Gabriele Rasuly-Paleczek	155
Elif Gezgin	124, 167	Gamze Polat	109
Elif Gökçearslan Çifci	57, 110	Gamze Okumuş	74
Elif Sabahat Uyar Mura	87	Gamze Özer	51
Emel Coşkun	32	Gloria Tauber	133
Emel Topçu	85	Gökçe Bayındır Goularas	99, 145, 146, 156
Emilia Lana De Freitas	34		
Emine Akman	170	Gökhan Akgün	3
Emine Güzel	13	Gökhan Mura	75
Emrah Çetin	157	Gönül Karasu	174
Emrah Onur Karataş	91	Gudrun Bifflvii, ix, x, 133, 144, 154, 179	
Emre Eren Korkmaz	44	Gül İnce Beqo	6
Erdem Erinç	91	Gül Karpuz	161
Erich Striessnig	96	Gül Kayalıdere	137
Erjada Progonati	167	Gül Yaşartürk	176
Ernst Fürlinger	180	Gülnihal Gülmez	38, 50
Ertan Karabıyık	126, 127	Gülsen Demir	112
Ertuğrul Güreşçi	23, 62, 65	Gülşen Gerşil	49
Esin Gülsen	19	Gülsüm Çamur Duyan	102, 117
Esin Hamdi Dinçer	148	Güneş Gökgöz	121
Esin Ömer	46	Güven Şeker	22, 36, 122
Esma İgus	140	Hakan Aracı	64
Esma Sönmez Öz	141	Halil Yılmaz	166
Esra Yıldız	56	Haluk Öner	175
Esra Yılmaz Eren	50	Hamdi Emeç	20
Ezgi Arslan	3, 110	Hande Erdem	106
Ezgi Erol	179	Harun Aras	147
Fahriye Çakır	51	Hasan Akça	83
Faime Alpagu	155	Hasan Boynukara	93, 107
Faruk Aksel	91	Hasan Selim	65
Fatih Özdemir	68	Hatice Handan Öztemiz	24
Fatih Yaman	81	Hayati Aktaş	166
Fatime Güneş	127	Hayriye İsmailoglu	140
Fatma Rodoplu	147	Heidi Siller	133
Fatma Tosun	61	Heiko Berner	134
Fatma Zehra Çolak	168	Helen Macreath	84
Ferhan Saniye Palaz	69	Hilal Uludağ	21
Ferhunde Küçüksen Öner	175	Hülya Bayrak Akyıldız	26
Fethiye Tilbe	138	Hülya Pilancı	173
Feyza Ceyhan Çoştu	104	Hülya Yeşilyurt Temel	64
Fikret Ema	11	İbrahim Akça	116
Filiz Göktuna Yaylacı	2, 82, 119	İbrahim Aksakal	146
Filiz Künüroğlu	19	İbrahim Erol	114
Filiz Tutku Aydın	81	İbrahim Sirkeci	vi, viii, 18
Fuat Güllüpınar	61, 104	İbrahim Soysüren	94
Fulya Akgül Gök	57, 110	İlhan Güneş	158
Fulya Memişoğlu	56	İlke Şanlıer	29
Funda Ustek Spilda	164	Ilkka Henrik Makkinen	96

İlknur Saatçi	128	Mehmet Azimli	114
İnan Keser	75, 139	Mehmet Evkuran	111
İnci Öykü Yener-Roderburg	42	Mehmet Özberk	162
İrem Öz	43	Mehmet Rauf Kesici	148
İrfan Atalay	90, 130	Mehmet Yiğit	76, 77, 138
Irmak Evren	31	Melahat Demirbilek	48
Isabella Skrivanek	180	Melek Göregenli	169
Isabelle Mariacher	17	Melike Çallı	159
İshak Aydemir	102, 117	Melis Karakuş	2
Işık Kulu-Glasgow	6	Melisa Yazdan Panahi	97
Işıl Acehan	45	Meltem Yılmaz Yener	118
Işılay Taban	152	Mert Can Erdoğan	115
İsmail Güllü	21, 76	Meryem Günaydın	47
İsmail Öz	174	Methiye Gül Çöteli	121
İsmet Güneş	88, 101	Mina Furat	11
Jeffrey H. Cohen	vii, ix, 2, 17, 18, 26	Mine Karakuş Yetkin	2, 82
Jens Schneider	131	Miris Meryem Kurtulmuş	10
Johannes Berger	134, 135	Muammer Tuna	42
Josef Kohlbacher	155	Muazzez Yıldırım	112
Kadir Karagöz	24, 138	Muhammed Ziya Paköz	121
Kamil Civelek	14, 128	Muhammet Ceren	181
Karen Phalet	viii, 1	Münevver Göker	72, 106
Karol Pawel Kaczorowski	152	Murat Koraltürk	45
Karolina Nikielsa-Sekula	72	Murat Kuşlu	100
Katharina Brizic	178	Murat Taşdan	146
Katharine Sarikakis	viii, ix, 15, 27	Murat Yüceşahin	5, 19, 30, 68, 181
Katja Kaufmann	29	Müslim Demir	89
Kevin Smets	28, 151	Mustafa Çakmak	69
Kezban Çelik	128	Mustafa Güleç	159
Kürşat Şamil Şahin	176	Mustafa Hizmetli	157, 175
Kuvvet Lordoğlu	94, 126	Mustafa Kocaoğlu	62, 65
Lana Askari	178	Mustafa Mıynat	23
Levent Yaylagül	91	Mustafa Ökmen	9, 11
Liudmila Bukalerova	62	Mustafa Utku Güngör	84
Loukia-Maria Fratsea	93	Müzeyyen Ege	92
Ludwig Strohner	134, 135	N. Ela Gökalp Aras	83, 164
Lydia Rössl	180	Nalan Saka	151
M. Hakan Yalçınkaya	88	Nergiz Yiğit	76
M. Rauf Kesici	112	Neriman Hocaoğlu Bahadır	95
M. Yasir Altıntop	100	Neşe Çakı	61
Macit Balık	140	Nesime Ceyhan Akça	67
Makbule Şiriner Önver	122	Neslihan Arslan	86
Margaret Greenfields	124	Neslihan Yalçınkaya	88
Margarethe Hochleitner	133	Nesrin Tanç	74
Maria-Anna Six-Hohenbalken	155	Nevena Gojkovic Turunz	70
Maurice Crul	131	Nihal Şirin Pınarcıoğlu	122
Medine Sivri	77, 149	Nihan Kocaman	139, 145
Meghan R. Menchhofer	83	Nilay Kılınç	18
Mehmet Akif Kara	10	Nilüfer Korkmaz Yaylagül	91, 160

Nimet Keser	75	Selda Geyik Yıldırım	137
Nour Halabi	16	Selin Akyüz	7
Nurhan Kavaklı	57	Selman Kesgin	95
Nurşen Gürboğa	123	Selver Özözen Kahraman	55, 58
Nurtaç Ergün Atbaşı	80	Semran Cengiz	163
Oğuz Alyanak	75	Şenay Kırgız Karak	78
Oğuzhan Ömer Demir	8, 120	Şenay Üçdoğruk Birecikli	20
Oktay Aktürk	23, 65	Serap Aslan Cobutoğlu	39
Oktay Öztürk	62	Serap Gün	136
Olga Kuznetcova	62	Seray Çağla Keleş	112
Olgu Karan	86, 106	Serkan Baykuşoğlu	118
Onur Unutulmaz	60, 71, 108	Sertaç Sonan	4
Özge Burcu Güneş	110, 123	Setenay Dilek Fidler	119
Özge Karayalçın	132	Sevda Savur	129
Özge Kaytan	167	Sevengül Sönmez	27
Özgür Tilbe	158	Sevgi Kurtulmuş	85
Özlem Akay-Dinç	111	Sevim Şermet	66
Özlem Pehlivan	81	Şevin Gülfer Sağnıç	84
Özlem Zeybek	101	Sevinç Üçgül	141, 172
Özlen Çelebi	81	Seyedehbehnaz Hosseini	153
Öznur Akyol	37, 88	Seyfeddin Buntürk	136
Pelin Karakuş	20	Sherene Özyürek	33
Pelin Mastar Özcan	23	Sibel Aybarç Bursalıoğlu	50
Pelin Sönmez	32	Sibel Ezgi Ağıllı	32
Peter Stevens	5	Sibel Selim	24, 65
Philip L. Martin	vii	Silvia Salchegger	155
Philip Schuster	135	Sinan Doğan	177
Philipp Schnell	131	Sinan Zeyneloğlu	17, 18, 86, 95, 146
Pınar Hatice Şenoğuz	2	Sinem Esin	90
Pınar Sezgintürk	14	Sinem Yılmaz	5, 53
Pınar Yazgan	59, 131	Sinibaldo De Rosa	143
Polat Sel	163	Sonel Bosnalı	161, 172
Ramazan Aras	143	Songül Cek	150
Ramazan Temel	64, 89	Şükrü Aslan	99
Recep Volkan Öner	16	Şule Dursun	54
Rey Koslowski	55	Süleyman Kıvanç Türkgeldi	103
Rıdvan Keskin	24, 65	Sümeyye Aydın	116
Rita Maria Garstenauer	135	Süreyya Genç	151
Rodger Fernandez	33	Sutay Yavuz	98
Sabina Pachariz	143	Suzan Yazıcı	160
Sabine Klasen	168	Tahire Erman	ix, 7, 8
Şahbender Çoraklı	66, 150	Tanju İnal	25, 38
Samim Akgönül	vii, 41, 143, 145	Thomas Davoine	135
Saniye Dedeoğlu	ix, 4, 73, 86, 87, 126	Thomas Lindner	96
Saud Huseein	160	Thomas Pfeffer	180
Seçil Paçacı Elitok	118	Tuba Duman	58
Seda Taş	40, 100	Tuba Yüceer Kardeş	3, 106
Sedat Benek	160	Tuğba Ay	101
Selami İnce	104	Tuğba Elmacı	92

Tuğçe Aral	112	Yaprak Civelek	71, 80
Tuğrul İnal	12, 25	Yasemin Akış Kalaylıoğlu	54, 117
Tülin Canbay	35, 62	Yasemin Yüce Tar	128
Tuncay Aras	116	Yasin Dönder	47
Tuncay Bilecen	41, 137	Yasin Genç	175
Türken Çağlar	70	Yeliz Yazan	33
Uğur Altıntaş	107	Yeşim Yaprak Yıldız	125
Uğur Bilgen	64	Yıldız Akpolat	136
Ulaş Sunata	56, 112	Yıldız Aydın	40, 115
Ülkü Sezgi Sözen	33, 35	Yücel Vural	4
Ümran Akdağcık	108	Yunus Purtaş	24
Ümran Türkyılmaz	25	Yusuf Adıgüzel	69
Uygar Dursun Yıldırım	37	Yusuf Soyupek	10
Veli Duyan	106	Zehra Şafak	172
Vildan Mahmutoğlu	158	Zeynep Arslan	144
Welat Zeydanlıoğlu	176	Zeynep Şahin Mentücek	164
Wolfgang Lutz	96	Zeynep Selin Acar	81
Yakup Çelik	149, 162	Zsofia Windisch	154
Yakup Çoştu	98, 104, 142		

www.gocdergisi.com
www.migrationletters.com
www.tplondon.com/bordercrossing

www.tplondon.com/rem
www.tplondon.com/jgs
www.tplondon.com

NOTES: